"十三五"国家重点图书出版规划项目

西北联大与现代文明丛书

◎ 郭立宏　李寻　总主编

王战 高远 主编

现代地质学重镇

西北联大与现代地质事业

西北大学出版社

图书在版编目（CIP）数据

现代地质学重镇：西北联大与现代地质事业 / 王战，高远主编. —西安：西北大学出版社，2017.9
（西北联大与现代文明 / 郭立宏，李寻主编）
ISBN 978-7-5604-3754-5

Ⅰ. 现… Ⅱ. ①王… ②高… Ⅲ. ①王战—访问记 ②西北联合大学—校史 Ⅳ. ①K825.46 ②G649.284.11

中国版本图书馆 CIP 数据核字（2015）第 256497 号

"十三五"国家重点图书出版规划项目

西北联大与现代文明丛书

总 主 编　郭立宏　李寻

现代地质学重镇：西北联大与现代地质事业

主　编　王战　高远
出版发行　西北大学出版社
电　话　029-88302590　88303593
邮　编　710069
经　销　全国新华书店
印　装　西安华新彩印有限责任公司
开　本　787 毫米×1092 毫米　1/16
印　张　21.25
字　数　286 千字
版　次　2017 年 9 月第 1 版　2017 年 9 月第 1 次印刷
书　号　ISBN 978-7-5604-3754-5
定　价　78.00 元

图片提供　西北大学档案馆、西北大学地质学系、陕西理工大学西北联大汉中办学纪念馆、城固县博物馆荀保平等单位和个人

序一

从大历史的角度来看,对西北联大的伟大意义无论做多高的评价都不过分。

西北联大是西北地区现代高等教育的源头,自 1937 年成立到如今,已经分蘖出 70 多所现代高校。在这方面,学术界已经做了深入的研究,达成广泛的共识。

西北联大还是中国现代化过程中一个至关重要的发展环节,这方面,则有待更深入的研究和讨论。

自 19 世纪中叶以来,受世界历史大潮流的影响,中国形成了东部沿海地区发达、中西部地区相对落后的经济格局。现代文明的要素总是先出现于东部沿海地区,然后逐步向中西部地区渗透。到今天为止,东部沿海地区相对发达、中西部地区相对落后的总体格局依然没有根本性的变化。

现代文明的渗透是个缓慢的过程,靠渐进式渗透不仅发展缓慢,而且永远也改变不了大的战略格局。只有采取非常规的超大规模的文明内迁,才能使落后的中西部地区获得跨越式的发展。

从过往的历史来看,中西部地区的跨越式发展只经历过两次:一次是抗日战争时期的教育、工业大规模内迁;另一次是新中国成立后的三线建设。在这两次大规模现代文明内迁过程中,西北联大都发挥了十分重要的作用。

其实早在全面抗战之前，国民政府就已经在规划将平津地区部分高校迁入陕西，成立"西北大学"，但没有付诸行动。全面抗战的爆发为这项战略构想的落实提供了契机。战争的残酷破坏以及它所激发出的高昂爱国热情，消除了寻常内迁的动员难度与社会成本。平津地区的一流高校快速"空降"西北，并在随后的八年中分立成5所独立的大学。经过新中国成立后的快速发展，到三线建设时，以西北联大为基干的高校已经发展到了30多所，遍及各个行业，为国家的工业发展、现代文明建设培养了关键性的人才。值得强调的是，这些人才已不只局限于西北，而是分赴全国各地，为国家的现代化建设服务。

大学是现代文明之母，不仅表现在大学带来了新的理念、新的知识、新的技术，还在于大学所培养出的具有现代理念与知识、技能的人才，分赴实际工作岗位后，经过数十年的埋头工作，在各个具体领域里推进了现代文明的发展。基于这种认识，我们对于西北联大的研究溢出教育领域，进入更为广阔的现代文明范围。目前呈现在读者面前的这四本书，就是这项研究工作的阶段性成果。

其中《热血书生上战场：西北联大与抗日战争》不仅记载了当年西北联大师生投笔从戎、走上抗战前线的热血故事，还辑录了当时数位西北联大校长的回忆录，从各个层次展现出设立西北联大时的战略考量。《现代地质学重镇：西北联大与现代地质事业》《现代医学之源：西北联大与现代医学事业》，分别从地质矿产和医学两个领域，回顾了西北联大所做出的重要贡献。《知识分子何谓：西北联大知识分子群体研究》则从价值观的角度重新定义现代知识分子的意义，指出：高扬自由主义理念，固然是知识分子的使命之一；但埋头苦干、在每一个物质生产领域里扎扎实实地建设现代文明的基础，同样是现代知识分子的重要使命。从大历史的角度来看，西北联大知识分子群体所做的工作，更具建设性的意义。

"西北联大与现代文明"的研究才刚刚开始，在我们所涉猎的范围，如教育文化、家政、纺织工业、航空工业、现代农业、水利等多个方面，均可看到西北联大的影响，未来将会有更多的研究作品问世。

从大的历史格局来看，中国的现代化必须是整体的现代化，东部沿海地区发达、中西部地区落后这种不平衡的格局如果不改变，就不能说国家已经实现了全面的现代化。只有中西部地区崛起了，才意味着中国真正崛起了。当前形势下，党中央、国务院又提出"一带一路"的战略构想，这项高瞻远瞩的战略构想给中西部地区又带来了一次重大的发展机遇，西北联大的后继者们当抓住这次机遇，再立新功，争取在实现全面现代化的过程中做出更大的贡献。

是为序。

郭立宏

2017年春

序二

为什么要纪念西北联大

中国知识分子在民族大义面前，与祖国共命运、与河山同沉浮、义无反顾的献身精神不应忘记！

他们对祖国西北开发使命的崇高自觉不应忘记！

他们期待祖国辽阔西北有发达的高等教育的愿望不应忘记！

西北联大与西南联大是国民政府同时决策组建的两个大学共同体。七七卢沟桥事变之后，中华民族处于生死存亡的危急关头。1937年9月10日，国民政府教育部第16696号令："以北京大学、清华大学、南开大学和中央研究院的师资设备为基干，成立长沙临时大学。以北平大学、北平师范大学、北洋工学院和北平研究院等院校为基干，设立西安临时大学。"其中长沙临时大学不久转徙云南，合组西南联合大学；而西安临时大学迁至陕西汉中，改为国立西北联合大学。十分遗憾的是，目前有关西北联大的文献研究极为薄弱，其史实很少为世人所知。

事实上，西北联合大学对中国高等教育的发展产生过重要推动作用，在中国高等教育史上具有十分重要的地位。

一、西北联大是西北高等教育生长
发展的重要推动力量

在组成西北联大的几所高校到来之前,西北虽然有一些高等教育的萌芽,但根基相对薄弱,且时断时续。例如,原清光绪二十八年(1902)设立的陕西大学堂,辛亥革命后(1912)改名为省立西北大学,20世纪20年代升格为国立西北大学,旋更名为国立西安中山大学,但在1931年被改为西安高中。而西北联大的主体都有比较好的基础,有较强的实力。例如北平大学,1927年由北洋政府下令将北京9所国立大学合并而成,包括工学院、医学院、农学院、法商学院、女子文理学院5所学院,各院均有各自的历史。北洋工学院创建于1895年10月,原名天津西学堂,后用过北洋大学堂(1903)、北洋大学校(1912)、国立北洋大学(1913)等校名,是中国第一所现代意义上的大学。北平师范大学发端于1902年创立的京师大学堂师范馆,1912年改名为"国立北京高等师范学校",1923年7月改为"国立北京师范大学校",1931年7月,与被改名为"北平大学第二师范学院"的女师大合并,成立"国立北平师范大学",是中国第一所师范大学。北平研究院1929年9月9日成立,以北平大学的研究机构为基础,有物理、化学、镭学(后改为原子学)、药物、生理、动物、植物、地质、历史等9个研究所。这些院校和研究机构迁徙来到西北,组成一个高等教育联合体,大大提高了西北地区高等教育的实力。

在西安期间,西安临时大学分为第一院、第二院、第三院共三大院,包括文理、法商、教育、农、工、医6大学院,24个系。其中校本部为第一院,在西安城隍庙后街四号(含国文系、外语系、历史系、家政系);第二院在今西北大学太白校区(有数学系、物理学系、化学系、体育学系,以及工学院6系);第三院在北大街通济坊,有法商学院3系（法律学系、政治经济学系、商学系）、农学院3系（农学系、林学系、农业化学系）、医学院（不分系）和教育系、生物系、地理系。西安临时大学教授共计有106名，包括文理学院的黎锦熙、许寿裳、陆懋德、赵进义、傅种孙、曾炯、张贻惠、岳劼恒、刘拓、张贻侗、金树章、黄国璋、殷祖英等35人，法商学院的沈志远、寸树声等12人，教育学院的李建勋、马师儒、袁敦礼、董守义、齐璧亭、王非曼等15人，农学院的周建侯、汪厥明、虞宏正等16人，工学院的李书田、周宗莲、李仪祉（兼）、魏寿昆、张伯声、潘承孝等22人，医学院的吴祥凤、严镜清等6人。西安临时大学于1937年11月15日开学上课，据1938年2月10日的统计，全校学生总计1472人（含借读生151人）。学生以文理学院（439人）、工学院（386人）、法商学院（279人）居多。

太原失守后，日军沿同蒲铁路南下，侵抵晋陕交界的黄河风陵渡一带，西安东大门告急。国民政府西安行营主任蒋鼎文命西安临大再迁汉中。1938年3月16日，西安临大正式迁离西安。全校千余师生编为1个参谋团，1个大队，下分3个中队14个区队106个分队，每个中队500至600人，先乘火车至宝鸡，再徒步200余公里，过渭河，涉凤岭，渡柴关，翻越秦岭到达陕南汉中。

1938年4月，国民政府行政院第350次会议通过《平津沪地区专科以上学校整理方案》，教育部根据《方案》下令："国立北平大学、国立北平师范大学及国立北洋工学院，原联合组成西安临时大学，现为发展西北高等教育，提高边省文化起见，拟令该校院逐渐向西北陕甘一代移布，并改称国立西北联合大学。"（《国民政府教育部给西安临时大学的训令》，1938年4月3日）在汉中初期，西北联大依然设有6个学院23个系，分布在三县六地。其中大学本部及文理学院设于城固县城考院（有国文系、外国语文系、历史学系、数学系、物理学系、化学系、生物学系），教育学院全部及工学院大部设于城固县城文庙（有教育学系、家政系、矿冶工程学系、机械工程学系、电讯工程学系、化学工程学系、纺织工程学系），法商学院设于城固县城小西关外原县简易师范旧址（有法律学系、政治经济学系、商学系），体育、地理、土木三系和附设高中部设于城固县古路坝天主教堂，农学院在沔县（今勉县）武侯祠（有农学系、林学系、农业化学系）；医学院设于南郑县居民聚居区，不分系。

1938 年 7 月，根据教育部令将西北联大工学院、农学院独立设校。农学院迁设陕西武功（今陕西杨凌），工学院设在城固县城南古路坝。同月，根据国民政府教育部《战时教育实施方案》中关于"中等学校师资，设立师范学院，予以培养"，"师范学院应独立设置，或将大学教育学院改称"等规定，西北联大教育学院改称师范学院。1939 年 8 月，西北联大再次改组，由文、理、法商三学院组建国立西北大学，医学院独立设置，称国立西北医学院，师范学院独立设置，称国立西北师范学院。西北联大从而有国立西北大学、西北工学院、西北农学院、西北医学院、西北师范学院等 5 校。但这些学校并没有因为分立而缩小，反而得到扩大和发展。

如西北大学按凡成大学者必拥有 3 个以上学院之规定，将文理学院分为文学院与理学院，法商学院共设 3 院 12 系，形成了文学、史学、哲学、经济学、法学、社会学、数学、物理学、化学、生物学、地理学、地质学等完整的高等文理教育体系。1944 年 9 月，西北大学奉命新设边政系。1946 年 5 月，西北医学院（汉中部分）又奉命并入西北大学，改称西北大学医学院。1949 年，陕西省立商业专科学校（1941.09—1949）、陕西省立医学专科学校（1938.04—1949.05）、陕西省立师范专科学校（1944.07—1949.05）等并入西北大学，至 1949 年 10 月，西北大学已拥有文、理、法、商、医 4 大学院 15 系。

西北工学院复汇入东北、中原工学高等教育，形成了土木、矿冶、机械、电机、化工、纺织、水利、航空，以及从本科生到研究生的完整高等工程教育体系，师生共4000余人，是当时国内工科学科齐全、人数最多的一所工科高等学府。

西北农学院由西北联大农学院与国立西北农林专科学校合并而成，设有农艺学、森林学、农田水利学、畜牧兽医学和农业化学等6系和农业经济专修科。1940年增设植物病虫害系、农业经济系，1941年增设农业科学研究所农田水利学部，1946年增设农业机械学系和农产制造学系，形成了农艺、植物病虫害、森林、园艺、农田水利、畜牧兽医、农业化学、农业机械、农产制造、农业经济，以及从专科生、本科生、研究生到职业技术教育的完整的高等农学教育体系。

西北医学院汇入陕甘医学教育，奠定了西北医学高等教育和西北医学科学的基础。

西北师范学院设立有国文系、英语系、史地系、公民训育系、数学系、理化系、博物系、教育系、体育系、家政系、劳作专修科系。还极力从事西北社会教育，大大推进了西北中等教育、小学教育的现代化进程。

抗战胜利后，这些学校除西北工学院、西北师范学院一部分迁回平津复校为北洋工学院、北平师范大学、河北省立女子师范学院以外，所有分出院校皆留在西北，为西北地区构建文、理、工、农、医、师范等较为完整的高等教育体系奠定了牢固的基础。

今天在西北的西安交通大学，汇入由西北医学院发展来的原西安医科大学以及由西北大学法商学院发展来的原陕西财经学院。西北工业大学汇入西北工学院的大部分院系。西北农林科技大学汇入西北农学院的基础。至于西北大学则完全由国立西北大学演化而来，西北师范大学完全由西北师范学院演化而来。此外，西安的不少高等院校均与西北联大有直接源流和传承关系。从某种意义上来说，没有西北联合大学，就没有今天的西北高等教育。

二、西北联大的办学理念和文化传统具有独到的光彩

与西南联大一样，西北联大发展了战时大学联合管理体制。据1937年10月11日国民政府教育部部长王世杰发布的《西安临时大学筹备委员会组织规程》，西安临时大学以教育部、北平研究院、北平大学、北平师范大学、北洋工学院、东北大学、西北农林专科学校、陕西省教育厅等代表组成筹备委员会。王世杰兼任主席，聘任李书华、徐诵明、李蒸、李书田、童冠贤、陈剑翛、周伯敏、臧启芳、辛树帜等9人为委员。不久，又决定西安临时大学不设校长，指定徐诵明、李蒸、李书田、陈剑翛4人为常委，由常委商决校务。其中徐诵明是北平大学校长，李蒸是北平师范大学校长，李书田是北洋工学院院长，陈剑翛是教育部特派员。

西北联大沿袭西安临大制度，也不设校长，由校务委员会、常委商决校务。校务委员会为西安临时大学筹备委员会，常委依然是徐诵明、李蒸、李书田、陈剑翛。后因陈剑翛请辞，教育部复派胡庶华接任常委，同年10月，又派张北海任校务委员。校务委员会作为西北联大的统一领导机构，具有勘定临时大学校址，设置科系，吸收师资，容纳学生，决定已有各种设备之利用及新设备之设置等职能。

西北联大有统一的校训。1938年10月19日西北联大第四十五次校常委会议决议，以"公诚勤朴"为校训。根据黎锦熙的解释，其中"公"是以天下为公，"诚"是不诚无物，"勤"是勤奋敬业，"朴"即质朴务实，表达了西北联大为国家富强和民族复兴不懈奋斗的赤子情怀。西北联大有黎锦熙撰成的校歌歌词。其词曰："并序连黉①，

---

① 黉：(hóng) 学校。

卌①载燕都迥。联辉合耀，文化开秦陇。汉江千里源嶓冢②，天山万仞自卑隆。文理导愚蒙；政法倡忠勇；师资树人表；实业拯民穷；健体明医弱者雄。勤朴公诚校训崇。华夏声威，神州文物，原从西北，化被南东。努力发扬我四千年国族之雄风！"校歌将三校在平津办校40年，各有鲜明特色，在秦陇联合举办文理、政法、师范、农、工、医教育，以"公诚勤朴"为校训，传承民族文明，发扬民族精神的办学目标做了高度概括。

西安临大和西北联大出版有《西安临大校刊》和《西北联大校刊》，现存30期100余万字，包括分出各院校的校刊完整记载了西北联大母体与子体的历史。

特别值得指出的是，在西北联大的迁徙过程中，国民政府逐渐意识到西北联大对"发展西北高等教育、提高边省文化水平"具有重大意义，开始为构建西北高等教育格局做长远考虑。南迁汉中以后，徐诵明、陈剑翛二常委赴汉口向国民政府教育部陈立夫部长汇报工作时，本有继续向四川迁移的设想，而陈立夫指出："西北联合大学系经最高会议通过，尤负西北文化重责，钧以为非在万不得已时，总以不离开西北为佳。"根据国民政府建设西北后方的战略，教育部着手为西北建设完整的高等教育体系，遂有西北联合大学分设为国立西北工学院、国立西北农学院、国立西北大学、国立西北医学院、国立西北师范学院五校之举。对于这一重大战略部署，当时就有姜琦教授指出："民国二十八年（1939）夏，教育部鉴于过去的教育政策之错误，使高等教育酿成那种畸形发展的状态，乃毅然下令改组西北联合大学，按其性质，分类设立，并且一律改称为西北某大学某学院，使它们各化成为西北自身所有、永久存在的高等教育机关。"

---

① 卌：(xì) 四十。
② 嶓冢：古人称汉江源头。

根据国家的需要，西北联大及其分离出的国立五校逐渐形成了扎根西北、传承文明、放眼世界的办学理念。1939年5月2日，西北联大在城固本部举行开学典礼，常务委员的报告即说明："本校现改名为国立西北联合大学，其意义一方面是要负起开发西北教育的使命，一方面是表示原由三校院合组而成。"（《西北联大在城固本部举行开学典礼志盛》，《西北联大校刊》第1期）国防最高委员会委员长蒋中正为西北大学1940年毕业同学会题词："械朴多材。"教育部部长陈立夫1940年6月曾到国立西北大学视察，并为西北大学第四届同学会题词："学成致用，各尽所长，经营西北，固我边疆。"1941年，西北学会成立大会在西北大学举行，并创办《西北学报》，明确学会以"确立民族自信、加强民族团结，研求精神学术、砥砺个人品性、复兴民族本位文化、促进西北建设"为宗旨。1943年11月，西北大学主办的《西北学术》月刊创刊号出版，校长赖琏指出："国立西北大学创设陕西，吾人远观周秦汉唐之盛世，纵览陕甘宁青新区域之广大，不惟缅怀先民之功绩……故我们要恢复历史的光荣，创建新兴的文化，建设一个名副其实的西北最高学府，真正负起开发大西北的重大使命。"①编辑部主任郭文鹤在"发刊词"中也指出："西北大学，为西北最高学府。……今者学校当局，痛感文化使命之重，椎轮大路，先轫本刊，借以发扬我民族之精神，融合现世界之思想，且特别研究民族发祥地之西北数省，以冀对西北建设有所赞益，其意义至深且大也。"它说明，西北大学逐渐明确了"发扬民族精神、融会世界思想、肩负建设西北之重任"的办学愿景，表达了传承中华五千年灿烂文明、融汇世界优秀文化成果、建设祖国辽阔西部的高远追求。而独立出来的西北师院，也在1940年接到国民政府的命令和甘肃临时参议会的邀请后，决定西迁兰州，并于1944年全校迁到

---

①赖琏：《题词》，《西北学术》，1943（1）：扉页。

兰州办学。西北医学院也在侯宗濂先生的主持下，在1945年抗战胜利前夕做好了西迁甘肃办学的准备。

西北联大及其各学校主要是精神上的统一。在临时大学和联合大学期间，虽然西北联大有形式上的统一，但是并不妨碍各院校相对独立地组织教学活动。学生毕业时，发给的毕业证上，都有原有学校公章。1937至1939年，西北联大毕业学生660余人，仍发给原校毕业证书。其中北平大学251人，北平师范大学307人，北洋工学院39人，河北省立女子师范学院11人，他校转学借读生57人。在联合大学分立为五校以后，虽然学校的独立性得到加强，但西北联大各子体之间也保持着密切联系。最先分出的西北工学院与西北大学在近两年的时间共有一位校长。西北师范学院虽然在1939年8月名义上分出，但直到1944年11月完全迁往兰州前，一直在城固与西北大学合班上课，90%以上的教授合聘，共用图书馆等教育资源。西北医学院1946年8月复与西北大学合并回迁西安。五校联合招生、联办先修班、联办社会教育、联合创建西北学会，甚至联合争取权益，对外共同发声。西北联大"公诚勤朴"的校训为大多数学校所承续，或直接继承（如西北大学），或演为"公诚勇毅"（西北工业大学）、"诚朴勇毅"（西北农林科技大学）。1945—1946年，国民政府教育部命令国立西北大学分批为西北联大二十七年度、二十八年度两届各院系160余名毕业生（借读生、转学生）换发毕业证，这些毕业证书同时加盖有西北联大四常委徐诵明、李蒸、李书田、陈剑翛的签章、所在院院长、国立西北大学校长刘季洪签章和教育部核审章，表明分出各院校在更名七八年后，仍有精神上的联系。

三、西北联大取得了意义深远的教育成就

1937—1946年之间，西北联大与其子体国立五校形成了505名教

授、1489名员工的教职工队伍，培养的毕业学生9257名。

在西北联大与其子体国立五校的教师中，有徐诵明、李蒸、李书田、胡庶华、汪奠基、黎锦熙、马师儒、许寿裳、曹靖华、罗根泽、陆懋德、黄文弼、罗章龙、袁敦礼、虞宏正、张伯声、林镕、沈志远、汪堃仁、魏寿昆、盛彤笙、刘及辰、曾炯、傅种孙、张贻惠、黄国璋、李仪祉、高明等一大批著名学者。学生中有师昌绪、叶培大、傅恒志、史绍熙、吴自良、高景德、张沛霖、李振岐、赵洪璋、涂治、侯光炯、于天仁、王光远等杰出人才。

国文系黎锦熙开创拼音方案研究，编纂多部陕西地方志，所著《方志今议》被奉为现代方志学的"金科玉律"。外文系曹靖华一生致力于传播俄罗斯和苏联文学，号称现代苏俄文学第一人。历史系陆懋德研究中国史学方法成就卓著，其《中国上古史》与《史学方法大纲》分获1941年（第一届）、1942年（第二届）教育部著作发明奖。1939年3月，西北联大师生对汉张骞墓进行了考古发掘，并提出了保护维修方案。吴世昌撰稿、黎锦熙书丹的《增修汉博望侯张公墓道碑记》碑文对此有详细记载。王子云带来教育部西北艺术文物考察团历年间在河南、陕西、青海、甘肃等地搜集的1000余件文物，出版《中国历代应用艺术图纲》等10余部著作，出版西北文物丛刊，开中国艺术考古的先河。黄文弼三次参加西北科学考察团，获得了大量文物，发现西汉纸，首次论证了楼兰、龟兹等古国的位置，填补考古空白。李建勋领导的教育研究机构，分设教育原理、教育心理、教育行政、教材教法4部，开展工作。李建勋主持的《战时与战后教育》，程克敬主持的《师范学校训育》，鲁世英主持的《师资人格》，金树荣主持的《中等学校英语教材及教法之研究》《中等学校毕业生英语写作错误之分析》等，对当时的教育产生了积极作用。

数学系曾炯，以两个"曾定理"和一个"曾层次"闻名，丘成桐认为他是20世纪唯一可与日本数学家齐名的中国数学家。地质系张伯声的地壳波浪状镶嵌构造学说被公认为地质构造五大学派之一。地理系黄国璋是我国传播近现代西方地理科学的先驱,特别对中国古地理学的改造发挥过重要作用。农学院汪厥明为我国农业统计学科的创始人。虞宏正为我国西北地区的农业科学教育事业做出了开拓性工作。医学院蹇先器是中国皮肤性病学科的奠基人之一。林几是中国现代法医学的创始人。严镜清是国内遗体捐献的发起人和践行者。体育系袁敦礼、董守义在1945年联名倡议,首次提出我国申办奥运会。

西北联大及其分立五校的学生中不乏杰出人物。例如师昌绪,1945年毕业于西北工学院,2010年荣获国家最高科学技术奖。赵洪璋,1940年毕业于西北农学院农艺学系,培育出我国小麦推广面积第一的"碧蚂一号",毛泽东主席多次接见他,亲切地称他"挽救了新中国",人们也把他和水稻专家袁隆平并称为"南袁北赵"。

四、西北联大集中体现了优秀知识分子共赴国难的民族精神

抗战时期,平、津、冀四校一院,从平津冀沦陷区到西安,复从西安南迁陕南汉中,其中部分力量再从汉中迁西康①、迁兰州。抗战胜利后,一部分再回迁复校,大部分扎根西北。

整个联大的图书馆,刚开始时只有2000多册图书。教育部规定抗战期间教师的工资按"薪俸七折"发放,再加上抗战和通货膨胀的影响,教授只能靠微薄的薪金和"米贴"维持最低限度的生活。学生上晚自习用自制油灯照明。联大常委徐诵明1938年5月2日在联大开学典礼上就明确指出,上前线同敌人作战是救国,我们在后方

---

① 西康,中国旧省名,设置于民国二十八年(1939)。1955年,第一届全国人民代表大会第二次会议决议撤销。

研究科学，增强抗战力量，也一样是救国。师生们不畏艰苦，谱写出我国战时高等教育壮美的诗篇。

  在日军入侵、国难当头的大环境下，联大主动适应抗战需要，积极开展抗日救国活动。1938年9月8日，全校组织了734名学生参加了为期两个月的陕西省学生军训活动。史学家许寿裳教授在军训中，还以《勾践的精神》激励学生，李季谷教授讲《中国历史上所见之民族精神》，用"卧薪尝胆""荆轲刺秦"和文天祥的《正气歌》，激发学生爱国情怀。这些活动对振兴联大师生民族精神，发扬爱国主义精神，发挥了积极作用。西北联大有300余师生报名从军抗战。1944年43岁的地质地理系教授郁士元主动要求到抗日前线，被称为"抗战以来教授从军第一人"。

  由上可见，西北联大将高等教育体系系统植入西北，奠定了西北高等教育的基础。它从知识、思想、文化等方面促进了西部地区的社会进步，为战后中国西北建设奠定了思想文化基础，为21世纪的西部大开发蓄积了宝贵的人力资本。它凝聚和发扬了中华民族不屈不挠的精神，为中国高等教育的发展积累了宝贵的历史经验。胡锦涛总书记在清华大学一百周年校庆大会上的讲话中指出，我国高等教育凝聚了两大光荣传统：文化传统与革命传统。西北联大以其独特的历史地位和作用，成为20世纪我国高等教育精神传统的生动体现。

  国立西安临时大学—国立西北联合大学，是中国高等教育一段很重要的历史。为了使这一重大历史为世人认知，更加全面地了解20世纪我国高等教育的精神传统，传承和创新大学文化，我们钩沉、访谈、复原历史，以学术的形式围绕西北联大的办学历程、教育理念、教育成就展开探讨。

方光华

2016年秋

目 录

综述文章

西北联大对中国现代地质事业的贡献

………………………………………………… 唐　易 / 3

人物传记

波浪状镶嵌构造学说的创立人

——张伯声教授………………………… 秦　风 / 107

抗战从军的热血教授

——郁士元先生小传……………………… 秦　风 / 116

支持建都西安的地理教育家

——殷祖英教授…………………………… 秦　风 / 123

岩石矿物学的早期教育者

——王恭睦教授…………………………… 秦　风 / 126

五四运动前和毛泽东书信往来的古生物学家

　　——杨钟健先生 …………………… 秦　风 / 130

乱世过客

　　——牛道一 …………………………… 商　昭 / 137

不是教授的"教授"

　　——张尔道先生 …………………… 秦　风 / 142

早逝的地质英才

　　——姜渭南、郭勇岭 ……………… 秦　风 / 145

大庆油田主要发现人

　　——田在艺教授小记 ……………… 秦　风 / 148

胜利油田总地质师

　　——帅德福 ………………………… 秦　风 / 154

新疆要大富,石油要大上

　　——石油志士宋汉良……………………… 唐　易 / 158

为中国石油事业献身的将门之女

　　——追怀杨拯陆………………………… 夏　巳 / 163

中国探矿学科领头人

　　——刘广志院士………………………… 秦　风 / 174

打响中国地震预报的第一枪

　　——郭增建先生………………………… 秦　风 / 180

周可兴先生印象……………………………… 高　远 / 188

红外卫星云图预报地震的创始人

　　——强祖基教授………………………… 秦　风 / 196

口述回忆

忆西北联大时期的校友情

　　——1940级系友阎锡玧回忆母校 …………… 阎锡玧 / 203

追忆西北联大时期的学习与生活

　　——1940级系友韩祖铭回忆母校 …………… 韩祖铭 / 210

王战教授谈西北联大地质系的人物和往事

　　……………………………………………… 王　战 / 218

张国伟院士谈西北联大地质系的特点与影响

　　……………………………………………… 张国伟 / 280

黄建军高级工程师谈西北联大对中国

　　有色金属行业的贡献 ……………………… 黄建军 / 290

综述文章

西北联大对中国现代地质事业的贡献

□ 唐 易

一、地质学的学科构成

在中国，地质一词的原意为地之本性，1700多年以前，文献中便有记载："居中得正，极于地质。"但是，现代意义上的地质概念，却并非源于中国本土思想，而是来自国外，一般而言，是近代以来外国地质学家带来的。现代意义的地质，是指概括地球（或其某个局部）的物质组成及其历史演变情况的总称。

而地质学，就是关于地质各种现象的研究性的科学。当下，地质学已经形成了详细的划分体系，成为地质教育中不可或缺的一部分，也是人们了解学习地质的基础，在此有必要进行叙说。

基础地质学。主要是对地壳构成物、地质构造等的研究性学科。包括构造地质学、岩石学、结晶学、矿物学等。

矿产能源学。主要是对能源、矿产等方面的研究。包括矿床学、找矿及勘探学、石油地质学、放射性矿产地质学、煤田地质学、地热学等。

地质地理学。主要是对地球地理环境，以及相关历史的研究。包括古生物学、地史学、古气候学、古地理学等。

环境地质学。主要是针对人类生活的环境，以及自然灾害的研究。包括水文地质学、工程地质学、海洋地质学、地质灾害学等。

从上述所言地质学分科可以看出，地质学的研究范围十分广泛，分科也十分详细，而且无论是石油等地质能源，还是地震、泥石流等灾害防治，都与我们的生活息息相关，是关系国计民生的重要学科。

其功能主要有以下四个方面：第一，为国家和地区制定经济建设和社会发展规划、生产力布局和国土整治的的决策服务；第二，为工农业生产、基本建设和国防建设提供矿产资源和所需地质资料；第三，为防治地质灾害，如地震、干旱、洪涝水灾等，以及人民生活环境的保护提供服务；第四，发展科学，并对人们进行科学知识和唯物主义世界观的教育。

综上所述，地质事业实质上是一项关系国计民生、兴利除害、为各部门服务、为经济建设发展服务的重要事业，从国防、科学技术，到人民生活的方方面面，都与地质事业息息相关。所以，地质事业的研究和发展，不可或缺。

二、新中国成立前中国地质事业的发展概况

中国古代很早就有地质思想的萌芽。但是，直到近代，即鸦片战争以后，中国才出现了真正意义上的现代地质学，但这并非由中国本土思想演变而来，而是由外国人带来的，正如章鸿钊所言：从"客卿"开始的。从1840年到1949年的这段时间，中国地质事业的发展过程，是中国现代地质事业从无到有，从"客卿"调查到中国人自己调查，从个人行动到国家集体教育的一个发展过程。

1. "客卿"调研中国地质：掠夺与启蒙阶段（1840—1912）

1840年，鸦片战争爆发，中国国门大开，西方列强开始侵略中国，在带来经济掠夺的同时，也将西方的现代意义上的地质事业传入了中国。

最初的地质事业，主要是西方人来华进行实地调查，勘查中国的地形、环境、能源结构等，其目的并非是为了中国地质事业的发展，而是一定意义上的侵略，就是将调查所得结果报告给自己政府，以便更好地从中国掠夺资源。

来华进行地质调查之人，最早的是美国人。1862年至1865年，美国人奔卑来（Raphael Pumpelly），在中国北部一带进行了地质研究，由于发现中国的山脉大部分都是北北东—南南西方向，故留下了一个地质名词——震旦方向。此后，欧洲人、美国人接踵而至，对中国开展了全方位的研究。其中，最著名的有德国人李希霍芬、匈牙利人洛川（L. Loczy）、美国地质学家威理士（Baileg Willis）和勃拉克维德（E. Blackwelder）、法国人戴普拉（J. Deprat）等。他们的足迹遍布中国全国各地，西北、西南、东南、东北等地，且在进行地质调查的同时，他们还会发表一些著作，算是近代最早的关于中国地质现象描述、研究的资料。

19世纪后期中国的地质，总的来说，是由"客卿"代为调查的，在调查期间，基本没有中国人自发的参与，或者可以这样说，当时的中国，并没有形成地质这一概念，也并不了解地质调研的重要性。但当国外来华进行地质调查的情况越来越频繁时，中国的一批学者或者先进的知识分子，开始意识到外国人来华进行地质调研的目的，以及地质的重要性，开始了自发寻求地质知识的步伐。

但当时，由于对地质知识认识不深，社会上一般都认为，包括地质学在内的一切科学，不过是某种技艺、器用，无须科学原理，只需照搬过来就可以了，所以他们首先采用的手段就是译书，一时间，翻译之风盛行。19世纪七八十年代，华蘅芳，据他人口译笔录，翻译有地质学和矿物学名著《地学浅识》和《金石识别》；还有一些诸如《求矿指南》《相地探金石法》等他人译著。到19世纪末期，亦开始开办学堂，教授学生地质、矿物知识，如鲁迅、顾琅等，就曾在江南陆师学堂附近的矿务铁路学堂学习过地质相关知识，还编撰相关地质著作，如鲁迅著有《中国地质略论》，与顾琅合著的《中国矿产志》，这两部著作与邝荣光的《直隶省地质图》皆是那一时期少见的中国人自己编写的地质文献。20世纪初，外国人在焦作和延长雇佣中国工人勘探寻找石油，才有了第一代实际意义上的中国地质钻探工人。

可以说，这段时间，"客卿"有意或者无意之中，带来了中国现代地质的启蒙，为中国现代地质事业的真正开端奠定了基础。但这一时期，中国并没有出现自发进行实地调查的现象。总的来说，这一时期，主要是"客卿"代为调查的时期。

2. 中国地质事业的初步发展阶段（1912—1937）

1911年，辛亥革命爆发，清王朝灭亡。1912年，孙中山先生在南京组织了临时政府，民国到来。临时政府成立后，孙中山先生认为，中国现在必须进行地质事业攻关，且与西方的先地质调查后地质机构的做法相反，而应该先建立地质机构，再进行地质调查。于是，民国元年（1912），孙中山先生在矿务部下首设地质科，以章鸿钊为科长，这是中国地质事业的发轫，是从无到有的创造，是中国地质学界的一个新纪元。其中，章鸿钊、马君武、何燏时三人，在草创阶段，起着十分重要的作用。

开展地质工作，第一要务是人才。章鸿钊在南京任地质科科长时，强调"专门学校以育人才"，建议在南京成立地质讲习班，但后因政府迁往北京而作罢。1913年9月，地质科改名地质调查所，规划和总管全国地质调查工作，由自英国学

翁文灏

习地质归来的丁文江任所长。同时，又成立了地质研究所，意为培养地质人才的讲习所，章鸿钊任所长。研究所成立后，借得京师大学堂理科地质门的房屋和设备，招收了 30 名学生，开始培养自己的地质人才。

地质所成立之初，教员奇缺，诸事唯赖章鸿钊，同年，于比利时留学的翁文灏归国，在地质所担任教习，后续王烈等也纷纷于地质所任教，各种地质学科逐渐开设，冶金、采矿等均列入计

章鸿钊

划，渐渐趋于完备。30 名学生中，皆是中国早期赫赫有名的地质学家，如叶良辅、谢家荣、王竹泉、李学清、朱庭祜等。1916 年出版的关于他们在学习期间实地调查研究成果汇编——《农商部地质调查所师弟修业记》，是中国自编的第一部区域地质著作。

1916 年 6 月，研究所 18 名取得毕业证书的学生到地质调查所担任调查员，中国真正有了自己的地质专业队伍。这支队伍成立后，开始对中国一些地区进行了普查，于河北、山东等省绘制百分之一地质图，并对一些矿山，如大同、鄂城等地的铁矿，大同、吉安等地的煤矿等做了调查，书写报告。诸如岩石、矿物、古生物等的研究也相继展开。但相对于幅员辽阔的中国大地而言，如斯人员组成的地质队伍，太过薄弱了。

不过，这个临时的教育机构，却成为中国地质教育事业一个承前启后的关键开端。

章鸿钊曾言：国家一切远大的事业，非从教育着手，是绝对不会成功的。或有感于地质研究所的成就以及遗憾，1918 年，蔡元培任北京大学校长期间，创办了地质系，由王烈、李四光先后任教。这是我

丁文江

李四光

国第一个大学地质系,也是日后中国地质教育事业发展的重要阵地。

随后,中山大学在原广东大学地质系的基础上,于1928年成立中山大学地质系,聘请德国人叶格尔为系主任。清华大学于1927年开设地质课程,1929年设置地理系,1932年改为地质系,分为地质、地理、气象三个组,首任系主任为翁文灏。南京中央大学于1927年设置地学系,设地质、气象两门,首任系主任是竺可桢,1930年分为地质与地理两系。重庆大学于1936年创设地质系。除此之外,还有北洋大学的地质系。其实,北洋大学正式的地质系设立于1947年抗日战争胜利之后,但北洋大学从设立初期就开始从事地质找矿事业,1903年就设有矿冶系,1918年北洋大学与北京大学协作分工,改称采矿系。

上述院校地质学系的设立,培养了众多地质人才,使地质与中国之教育事业密不可分,促进了中国地质事业的发展。

与此同时,随着地质院校培养人才的增多,地方地质调查所也相继建立。1923年,河南省成立了第一个地方地质调查所;1927年,在长沙、广州成立了湖南、两广地质调查所;1928年,中央地质研究院成立地质研究所，李四光任所长，江西地质调查所也在这一时期成立；1935年，贵州地质调查所成立，朱庭祜任所长；1937年，四川地质调查所成立，是适应抗战形势设立的地质机构。这些不同地区地质机构的建立，说明中国的地质事业已经初步建立，地质队伍不断扩大，各机构间已有所分工。

虽然这段时间中国地质事业与之前相比，有了翻天覆地的变化，中国有了自己的地质教育，开始自发地进行地质调查。但同时，我们也不要期

竺可桢

望过高，总的来说，这段时间，中国地质事业刚刚起步，有了一些会画图、懂点水文、懂点岩石矿产的地质专家，做了一些地层古生物的研究，但缺乏应有的组织系统，偏重于地质应用，理论体系研究缺乏，多是依赖于外国地质考察团进行研究。且地质教育事业，也仅仅迈出了第一步。地质科学的活动中心主要是在华北地区。

3. 西北地质教育事业的开端（1937—1949）

1937年是一个分水岭。从1937年开始，中国地质事业的重心和发展，在全国范围内有了很大的变化，西北地区，也有了第一所正规的地质教育机构。

1937年7月7日，七七事变大爆发，由于华北和南京等地均受到日本侵略者的袭扰和侵略，之前原有的一些地质机构与教育机构迫不得已，纷纷迁徙。

北京大学、清华大学、南开大学三所大学，先迁至湖南长沙，组成长沙临时大学，同年10月25日开学。1938年4月又西迁昆明，改

称国立西南联合大学。西南联合大学是一所综合性大学，当时聚集了众多的专家教授，其中北京大学、清华大学等原有大学内的地质系，也都保留了下来，成为西南地区一个重要的地质教育机构。抗战胜利后，各自迁回原地。

南京中央大学于 1937 年后，迁至重庆，中央地质调查所亦是西迁，共同成为重庆等西南地区重要的地质教育力量，再加上 1936 年设立的重庆大学地质系，三个地质教育机构，相互协作，共同促进了战时重庆等广大西南地区中国地质事业的发展。抗战胜利后，南京中央大学迁回南京，1949 年成立南京大学地质系。中央地质调查所 1945 年迁回南京，1949 年后并入新机构。

中山大学在抗战时期迁往坪石，抗战胜利后，于 1945 年迁回广州。

而在西北地区，这时也出现了一所专门的地质教育机构——西北联大。西北联大的全称是"国立西北联合大学"，简称"西北联大"或者"联大"，是抗日期间多所大学合并、创立的一所综合性大学。1937 年，七七事变爆发，平津地区沦陷，北平大学、北平师范大学（今北京师范大学）、北洋工学院（原北洋大学，现在的天津大学与河北工业大学）等院校于 9 月 10 日迁至西安，组成西安临时大学。太原沦陷后，西安临时大学又迁往陕南，并改名为"国立西北联合大学"，至此西北联大成立。原北洋大学中的地质教育事业，保留了下来，于 1939 年设立了地质地理系，西北地区第一所专门培养地质人才的教育机构，由此成立。后来西北联大解体，地质地理系作为一个独立的院系，为西北大学所继承，一直延存至今，西北地区的地质教育事业并未随着西北联大的解体而中断。

此外，抗日战争之后，还有一些新的地质机构的设立，如台湾大学在原来"台北帝国大学"地质系讲座的基础上，于 1945 设置地质系，保留至今；山东大学于 1946 年成立矿物系，专攻矿物专业，新中国成立后合并至长春地质学院。

国立西北联合大学照壁

城固时期的国立西北大学校门

国立西北联合大学工学院旧址

国立西北联合大学部分教授合影

上述院校、机构，基本上是 1937 年之后到新中国成立前这一段时间内主要的地质教育力量。从上述地质院校、机构的分布来看，主要位于西北和西南两地。虽然一些院校在抗日战争胜利后迁回原址，但西北和西南地区的地质教育力量，并未随着诸多院校的回迁而湮灭，而是保留了下来，成为西北和西南地区地质教育事业的基础。

总而言之，这一时期，地质事业的重心由华北、南京等地转移到了西北、西南地区，地质事业虽然遭到了一定的损坏，但地质发展却并未停滞，而是以西北联大和西南联大为两个中心，继续发展。而其中最为引人注目的是：中国西北地区终于有了第一所专门的地质教育机构——西北联大。中国西北地区的地质教育事业，由此开端。

三、新中国成立前西北联大在中国地质事业发展中的地位

西北联大的形成，是抗战这一特殊时期出现的一个特别的现象。但是，这个特别现象，在新中国成立前，却有独特的地位和贡献，是抗战胜利的文化支撑点，同样也是中国现代地质事业发展中的兴发点和执行点。

如想了解新中国成立前西北联大在中国地质事业发展中的地位，首先，必须清楚西北联大在这一时期的贡献。如此，才能准确定位西北联大在这一时期的地位。

1. 促成了中国西北地区地质教育事业的开端

中国西北地区面积辽阔，资源丰富，本应是中国重要的矿产、能源地区，受到政府的重视。但事实上，在西北联大建立以前，中国西北地区并没有一个专门的、具有现代化意义的地质教育机构，虽然在西北联大建立以前，有许多地质学家来此进行地质调查，但却都是个人性质的、小规模的、粗略式的地质调查，对于广袤的西北大地而

言，无异于杯水车薪。

1939年，西北联大设地质地理系，将地质教育纳入正规的学院式教育，开始专业化、规模化地培养地质人才。西北联大位于秦岭巴山之间，背靠广袤的黄土大地，无论是地质教育，还是课外实践，都有着得天独厚的地理位置，都以西北地区为依托。事实上，西北联大设置地质地理系的初衷，也是为了培养地质人才，开发中国西北地区丰富的矿产资源，弥补西北地区矿产资源丰富而勘探开发较少的缺陷。

西北联大的地质地理系，是中国西北地区第一所高校中设置的地质教育专业，是中国西北地区第一个正规的地质教育机构，同样也是第一个以中国西北为开发目标的地质教育机构。西北联大地质地理系的设置，促成了中国西北地区地质教育事业的开端，同时，也奠定了西北地区地质开发的基础。

由于西北联大在西北地区规模化、专业化的地质教育，培养了众多地质人才，充实了西北地区地质人员。中国西北地区于1940年以后，出现了众多的地质调查机构，如1943年中央地质调查所设置的兰州西北分所，新疆、宁夏等地设置的地质调查所。这些地质调查所的成立与延续，与西北联大不无关系，很多地质调查所中就有西北联大地质地理系毕业生的存在。

总而言之，西北联大开创了西北地区地质教育的先河，是中国西北地区规模化、专业化地质教育的开端，对西北乃至全国地质事业的发展，有着重大贡献。

2. 促进了中国地质事业的发展

西北联大建立以后，会聚了众多名师专家。其中，地质专家亦有不少，他们在进行教育工作的同时，也亲自在全国各地进行矿产资源的调查和勘探，促进了新中国成立以前这一时期中国地质事业的发展。如殷祖英、李书田、王恭睦、霍世诚、田在艺等人。

殷祖英，河北房山人，在七七事变之后，辗转来到西北联大，地

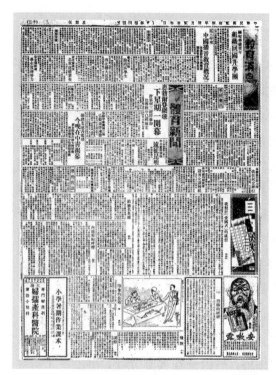

1939年6月23日申报：
西北联大近讯

1939年8月17日大公报：
今日的西北联大

质地理系设置以后,任地质地理系的教师。殷祖英在矿产资源地理知识方面,学识渊博,在任西北联大教授期间,于1943年,与黄文弼等人,参加西北科学考察团,深入甘肃、宁夏、青海、新疆等地,进行实地考察,详细了解了边疆地区的物产、民族特性、油矿资源等,并绘有有关地图;在地质教育方面,他著有众多地质学专著,是人们了解西北地区重要的资料,如《从地理上认识西北》《新疆及额济纳地理考察报告》《台湾的自然条件与资源》《从政观感记》《我国的资源地理》等;同时,殷祖英先生还撰写过一部万言书——《论战后国都问题》,其中详细介绍了西北地区的战略和资源的重要性,对于日后中国西部大开发,有着重要的启示作用。

李书田,河北秦皇岛人,原北洋工学院院长,七七事变爆发后,随北洋工学院来到西北联大。李书田是一位地质教育专家,对于抗战与教育的关系,有着独到的见解,后因一些理念分歧,出走西北工学院,辗转多地,开办学校,在抗战期间,将地质矿产教育推广至全国多地,促进了中国地质教育事业的发展;另一方面,李书田在积极推广教育、兴办学校的同时,也多次进行矿产资源的考察。1940年,李书田委派刘之祥教授两次到西康北部进行地质与矿产调查,并于第二次对攀枝花进行了详细的勘查,绘制了地质草图,这是攀枝花铁矿被发现过程中重要的一次勘查活动,为攀枝花铁矿的发现奠定了基础。

青年李书田

王恭睦,浙江黄岩人,于1941年来西北大学任教,后成为西北大学地质系"四大教授"之一。王恭睦在古生物和岩石地质方面,造诣颇高。1929年,在国立中央研究院地质研究所工作时,他就曾到浙江省江山市的一个第四纪晚更新世大熊猫、剑齿象群动物沉积层进行过发掘,搜集了猪、

1940年发现攀枝花铁矿之旅(左为刘之祥先生)

国立北洋工学院教室

国立北平大学工学院

20 世纪 30 年代初李书田考察黄河

1935 年李书田参加中国水利工程学会

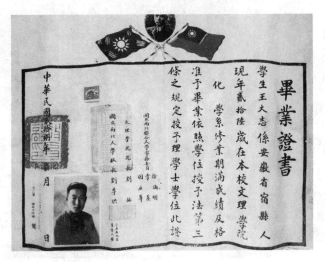

国立西北联合大学毕业证书

鹿、熊、豪猪、犀牛、象等数百件哺乳动物化石。1931年，他将相关研究发表于地质丛刊第一期（德文版），受到了国内外地质古生物工作者的关注。对于新中国成立以前中国古生物的研究，具有重大意义。

霍世诚，内蒙古托克托县人，新中国成立以前，在矿产地质方面，建树颇丰。20世纪30年代后期，他在山西、青海、甘肃等地进行过金矿、铜矿、铂矿，以及煤矿的调查，并于甘肃永登一带的侏罗系中发现了丰富的油页岩。1940年到1943年间，霍世诚又对川、黔、滇等地的铅锌矿、汞矿、磷矿、煤矿进行了详细调查，对我国矿产地质事业的发展，有重要的作用。

田在艺，陕西渭南人，于1939年考入国立西北大学地质地理系，毕业后，从事石油勘探工作，对中国陆相生油论，有重大的贡献，同时，他也是大庆油田的主要发现人。新中国成立以前，他曾先后在中国西北绝大多数地区从事石油地质调查，足迹遍及玉门、酒泉、青海、陕西、祁连各地，为中国西北地区石油地质事业的发展，做出了重要贡献。

以上只是西北联大地质地理系的一些教师、学生新中国成立以前在中国地质事业方面的贡献，且也只是列举了一些有代表性的人物，并非全部。

总而言之，新中国成立前西北联大在中国地质事业方面的贡献，是比较大的，涉及地质事业的方方面面，尤以西北地区为最，为中国西北地区地质事业的发展，奠定了基础。

3. 为抗日战争的胜利提供了矿产资源支持

西北联大和西南联大的成立，与抗日战争有着密切的联系，或者可以这样说，抗日战争的爆发，促成了西北联大和西南联大的成立。而反过来，西北联大和西南联大的成立，又为抗日战争的胜利，做出了一定的贡献。

国难当头，学子们退居秦岭、巴山之间，无非是想寻求富国强兵之道，学习一些马上用得上的知识和技能报效国家。而西北联大地质地理系设置的初衷，就是为了适应学子们的报国之心，在中国西北等后方地区寻找矿产资源，从而为正面战场提供矿产资源的支持。由此，在抗日战争期间，西北联大涌现出了许多杰出的人物。比如，上述提到过的殷祖英、李书田、田在艺、霍世诚等人，在寻找矿产资源方面，贡献卓著，保障了抗日战争期间后方资源的充实，促进了抗战的胜利。除此之外，西北联大还有一些人，直接参军，投身抗战之中，如西北联大抗战从军第一人郁士元先生、理学院毕业的高启伟、牛道一等。这些人，都为抗日战争的胜利，贡献了自己的一份力量。

西北联大地质地理系在抗战期间的贡献，主要是上面所述的在矿产能源方面的贡献，在促进中国地质事业发展的同时，又有力地支援了抗战，是抗日战争期间不可缺少的重要力量。

综上所述，新中国成立以前，西北联大在中国地质事业中的地位，是十分独特的，同样也是十分重要的。西北联大虽然并不是全国设立最早、贡献最大的地质教育机构，但却是全国地质事业发展过程中的重镇，是中国西北地区正规地质教育事业的开端。抗日战争时期，西北联大和西南联大南北遥相呼应，共同组成了抗战时期中国文人知识分子的阵地，共同促进了中国教育事业的发展，抗战时期中国地质事业并未停滞，能得以发展，与西北联大和西南联大有着莫大的关联，其中，西北联大对中国西北地区地质事业的发展，有着十分重要的贡献。

四、新中国成立后中国地质事业的发展历程

（一）中国地质事业的大发展和大转变（1949—1957）

1. 地质工作的新生与新兴地质机构的建立

1949年10月1日，中华人民共和国成立了！新中国的诞生，是中国经济发展的新纪元，是中国人民的新纪元，也是中国地质事业发展的新纪元。

新中国成立之初，旧中国的地质机构和地质人员几乎全部保留下来，因为在接管不久后，便能开展地质业务工作。到1950年4月，全国已经接管和重建了15个地质调查所和研究所，职工约800人。但新中国成立初期，除了新中国成立前长春已经建立的东北地质调查所，浙江省于1949年8月成立的地质调查所，便没有其余的地质机构。

为了经济的发展，地质力量必须得到充分有效的发挥。1950年2月，政务院财政经济委员会主持召开了地质会议，制订了全国年度工作计划，分配了当年的地质矿产调查任务，并动员全国的地质学家和部分测绘人员在东北、华北、华东、中南、西北、西南等地区，进行了野外地质调查工作。其中，尤以东北地区的规模最大。除了本地区地质人员外，北京和南京的地质调查机构、安徽马鞍山矿务局，都派

出人员参加，绝大多数人员在南方工作，由李春昱、佟诚担任大队的正副队长，而北方地区则由喻德渊担任地质队长，这是新中国成立之后，第一次大规模、有组织的地质调查活动。在东北地区，地质工作人员对十几个煤矿和有色金属矿区，做了比较详细的勘查，发现了许多稀有金属矿藏及新属、新种化石，绘制了详细的地质图300余幅，采集标本3万余件，并为鞍山、本溪等地区的矿山的恢复和进一步发展提供了大量地质材料。经过艰苦的努力，地质工作人员超额20%完成了任务。

而在1950年5月，李四光也冲破重重障碍，从国外辗转回到北京。回到北京后，周总理于第三天看望了他，并询问了关于中国地质事业发展之问题。李四光经过仔细研究筹谋，并征询了诸多地质界人士的意见，决定成立一个统一规划全国地质工作的机构。1950年8月，中央人民政府政务院第四十七次政务会议上，通过了成立中国地质工作计划指导委员会的决策，任命委员21人，李四光任主任委员，尹赞勋、谢家荣为副主任委员。

1951年，在中国地质工作计划指导委员会的领导下，300多名地质工作者组成84支地质队伍，分赴全国各地进行地质调查。以李璞为队长的西藏地质工作队也于这一年入藏，是中国地质工作者对西藏进行的第一次有组织的地质调查，为以后西藏地区地质工作的开展，提供了资料，奠定了基础。1952年，全国地质工作者相继出色完成了工作计划，任务包括80多个项目，并对中国5000多平方公里的国土测绘了图件，钻探进尺总计达到3万余米。

随着地质工作的不断推进，到1952年，全国已有地质人员644人，但根据国民经济建设的需要，更快地加强地质工作，已经刻不容缓。1952年8月，政府决定成立中央人民政府地质部，撤销中国地质工作计划指导委员会，任命李四光为部长。

在地质部成立的同时，重工业部、燃料工业部等有关部门，也相应地加强了各自的地质机构，其拥有的地质人员总量，和地质部大致相当，是中国地质事业发展的重要力量。

2. 地质工作的大转变与"一五"计划的实施

1952年11月17日，在北京召开了全国地质工作计划会议，政务院副总理、政务院财政经济委员会主任陈云在会上做了重要指示，强调：地质事业在国家经济建设中已成了一项最重要的事业，为了适应1953年我国即将开始的大规模经济建设，地质工作需要一个大的转变。地质工作不能像过去那样做多少算多少，国家没有一个整体的计划，而是要根据国家建设的需要，在一定时间内，完成一定的任务，探明一定的储量。全国地质计划会议的召开，标志着我国的地质工作开始大转变，将国家的需要，将加速国家经济建设的需要，放在首位。

会议的中心议题是制订1953年地质勘探计划，讨论如何完成这些任务。这是地质工作第一次成为国民经济计划的一个组成部分。围绕这个议题，地质相关机构做了一系列的调整和准备。最主要的，便是地质力量不足问题。

针对上述问题，地质部成立后，狠抓地质人才的培养工作，以求迅速扭转地质力量不足的状况。第一，合并院校，成立地质学院。1952年，在北京，原北京大学、清华大学、北洋大学、西北大学等院校地质系的一部分合并起来，成立北京地质学院；在长春，合并成立东北地质学院（后改名为长春地质学院）；在南京，创办了南京地质学校。这些院校在筹建期间，就已开始在全国招生。第二，在其他还保留地质系的院校中，如南京大学、西北大学、重庆大学等，加大经费，增加地质系招生名额。并采用开办大量短期培训班，以师傅带徒弟的方式，培养技术人员和地质人才。第三，向苏联专家学习，学习苏联先进的科学技术。当时，地质部及有关工业部门已经聘请了各方面的苏联专家，遍及中国找矿、教育、科研各个方面，通过向苏联学习，对中国地质事业适应第一个五年计划，培训地质骨干力量，促进中国地质事业的发展，对地质事业在较短时间内实现重大、快速转变，具有重大意义。

通过这些措施的实施，到1952年年底，"一五"计划实施前夕，中国地质部门培训的技术人员已达到1000多人，而到"一五"计划末期，技术力量已发展至1.9万余人。

1953年，"一五"计划开始，针对"一五"计划的总任务和总目标，地质部五年内的主要任务是：计划探明可供设计的煤炭储量为202.7亿吨，铁矿储量为24.7亿吨；计划完成地质勘探的钻探工作为923万米；并且加强对目前缺乏资源（石油）的地质勘探调查，以及开展全国矿产普查工作，加强水利资源和综合流域开发的地质勘查工作。

要全面完成"一五"计划为地质工作规定的任务，实际上是十分艰巨的挑战。地质部门为了完成在"一五"期间承担的任务，做出了极大的努力。首先，加强地质工作的计划性和组织性，加强协作，并鼓励群众报矿。其次，合理使用和提高现有技术人才，积极培养新的地质人才和勘查人才。在"一五"期间，大学、专科和中等技术学校地质专业毕业生平均增长率达到70%。如西北大学地质系自1952年至1954年，在国家燃料工业部和地质部的要求下，西大地质系教授张伯声先生挺身而出，发挥地质系全体教职工的力量，自主编译俄文地质专著、教材，自主招聘教师，自主购买地质仪器设备，经过不懈的努力，连续三年，每年招收400多名石油地质和矿产地质专修科学生，三年间共有千余名地质人才奔赴全国各地，为国家地质事业初期的发展，做出了重大贡献。其中，为国家做出贡献者不可胜数，仅石油方面，就涌现出了一大批佼佼者，如为石油事业献身的将门之女杨虎城将军的女儿杨拯陆，如为找油、寻油奉献一生的宋汉良，如奋战全国各地的阎敦实，等等。再次，在生产探矿装备方面，1953年着手将张家口铁路工厂改建为张家口探矿机械厂；"一五"计划后期，上海、北京、衡阳也都陆续成立了探矿机械厂，中国地质事业逐渐完善起来。

当时，重点勘探项目是金属矿藏和煤炭资源的开发。所以"一五"期间，在金属矿产资源勘探方面，取得了巨大的成就。"一五"计划原本要求对19种矿产进行勘查，但结果却是对74种矿产进行了勘查，有63种取得可供工业设计使用的储量。按计划除了两种未能达到预期目标外，其他都大大超过了原定计划指标的要求。与1949年前矿产储量估计数字相比较，一般都是原来估计储量的四五倍，铜的储量是1949年前估计数量的14倍，钼矿储量增加了50倍。

在区域地质调查方面，从1949年到1957年，利用过去一些区域路线地质调查和矿区资料进行综合归纳研究，以1∶100万区域地质调查编图和编测地质图为主，编制了《1∶100万地质图》《矿产分布图》《大地构造图》等一些文集。并于1955年进行了1∶20万区域调查试点，先在新疆组成中苏合作队，在阿尔泰、柯坪、西昆仑等地区进行试点。1956年又相继建成三个中苏合作队，对南岭、秦岭和大兴安岭地区进行了1∶20万区域地质调查。中苏合作队于1958年结束，共完成1∶20万22个区调图幅，约13万平方公里。通过这一时期的工作，基本上掌握了1∶20万综合性区域工作方法，培养了地质人才，为在全国范围内开展1∶20万区域调查工作奠定了基础。

在水文地质调查方面，20世纪50年代初，地质部通过采取短期培训等措施，于1955年建立了一支拥有1300多人、并拥有相应勘探设备和实验测试手段的专业队伍。为保障水利、电力、粮食等方面的供应，还在华北、松嫩、关中等平原，内蒙古、河西走廊、四川、新疆等地，开展了综合性的区域水文地质调查工作，为实现农田水利化提供了一部分重要的资料。此外，地质部陆续开展了北京、西安、包头、湛江、呼和浩特、沈阳、郑州、青岛、乌鲁木齐等城市的供水水文地质和部分矿区水文地质工作，并建立了一批地下长期观测站，为工业与居民用水提供了保障,为矿区的安全用水和井下排水所需的水文用水提供了资料。

在工程地质方面,为了摆脱洪水灾害的威胁,地质部与水利部门合作,共同编制了长江、黄河、淮河、辽河、珠江等主要河流规划;对长江三峡、黄河三门峡、汉水丹江口、梅山、佛子岭、南湾、新安江等200多个大中型水库进行了地质调查工作;同时,与铁道部合作,完成了宝成、集二、天兰、川黔、鹰厦等8条铁路和武汉长江大桥桥基工程的地质勘查工作,并且对一些海港、工厂厂基和国防工程的勘查工作。

"一五"计划期间,虽然重点是金属矿藏与煤炭资源的勘查,但是,作为重要能源的石油也被提上日程,并且在西北、东北地区取得了一定成绩,为新中国石油工业的起步,奠定了基础。

通过"一五"国民经济建设的锻炼,中国地质力量逐步增强,培养了大批地质钻探、地球物理普查、地球化学勘查、地形测量化验测试等多种地质人才,形成了多工种的联合作战能力。并在这一时期,成立成都地质学院,连同北京、长春两院,地质学院已达3所,地质学校也增加至10所,还建立了一批技工学校。除了中国科学院的地质科研机构外,地质部先后建立了地质矿产、矿物原料、水文地质、工程地质、地球物理探矿、勘探技术等5个研究所和地质力学研究室,大部分省、自治区也都设立了地质局。中国地质事业进入了新的发展时期。

(二)曲折中的发展(1958—1965)

1957年,地质工作第一个五年计划取得胜利并超额完成了任务,保障了"一五"计划的顺利实施。中国地质事业也得到了长足发展。地质院校的建立,地质力量的增强,科研工作的进步,勘探任务的成功,都表明第一个五年计划要求的地质工作大发展和大转变的任务基本实现。

1958年，中国"大跃进"运动开始，中国地质事业也开始走上了一段曲折中谋求发展的道路。

1. "大跃进"时期的地质事业

1958年，全国"大跃进"运动开始，其目的是想调动一切积极因素，实现中国经济建设的高速发展，地质事业亦不例外。

当时，地质部在"大跃进"思想的指导下，提出了脱离实际的"跃进"计划和设想，同时提出全党、全民办地质的口号。为了贯彻这种做法，地质部变动地质队伍的建制，把专业地质队伍分散为以专区为单位的普查勘探队，并抽调力量建立地、县地质机构，组织老矿工和人民公社社员上山找矿。后来1958年秋，为配合完成年生产1070万吨钢的任务，地质部又让全国高等和中等地质院校的学生全部上山找矿。在此期间，全国各省市领导重视地质工作，在地质队的宣传和组织下，群众找矿、报矿达到了前所未有的规模，地质部门工作人员也积极忘我地工作，使这一时期的地质工作取得了一定的成绩。

人民群众采矿运输的热烈场面

在区域地质调查方面，从1958年开始，陆续建立省、自治区专业区调队，大面积开展1:20万区域调查，到1960年，全国共建立区调队27支，共完成了1:20万综合区域地质调查，面积达43万平方公里，中国1:20万区调地质事业走向全面发展的新阶段；1958年起，一些省、自治区地质队与地质院校合作，在北京西山和北山、山东沂蒙山、辽宁西部等地区开展了1:5万区域地质调查试点工作，大面积的水文地质、石油地质专业填图工作，出版了1:300万全国水文地质图及其说明书。

在矿产勘查方面，全国共发现各种矿产的矿点达10万多个。到1960年年底，经普查并探明相应储量的矿种达93种。其中，1958年甘肃金川镍矿的发现，1959年黑龙江大庆油田的发现，引起世人瞩目。在矿产综合普查勘探方面，地质部在原来老旧的矿产区域，如甘肃的铀矿、云南兰坪金顶的铅锌矿、内蒙古霍各气多金属矿、辽宁红透山铜矿、青城子铅锌矿等地，皆有新的发现与进步。在内蒙古、新疆等地发现了国家急需的铬矿线索。"大跃进"期间，各种黑色金属、稀有金属、特种金属等，铍、铌、钽、锂、稀土元素等矿产，也都探明了一定的储量。

在水文地质工作方面，先后在松辽平原、华北平原、内蒙古草原、陕北黄土高原，以及新疆、四川、广西等地区，开展了1:20万和1:50万的水文地质调查。在新疆和太行山东麓、河北黑龙港地区进行了以沙漠治理和农田灌溉为目的的水文地质调查工作。在城市供水方面，为66个城市进行了供水勘探工作。同时，在全国范围内有计划地建立了水文地质观测点和观测站。

在工程地质方面，1958年9月，地质部和水电部共同完成了三门峡水利枢纽初步设计阶段及坝区施工阶段的工程地质勘查任务，完成了长江三峡初步设计所要求的工程地质勘查工作；对金沙江、宝鸡峡等水库坝址工程进行了勘查工作。1960年，地质部还配合中国科学院综合考察委员会、水电部黄河水利委员会，参与了南水北调的选线考察等工作。

在地质找矿上开拓新领域，由于现阶段中国急需铀矿资源，1958年起，地质部重建了铀矿地质队伍，石油、煤炭、冶金等不同部门也都配合铀矿地质队伍，在全国开展了铀矿勘查工作。同时加强了金刚石、硼矿、放射性矿藏等非金属矿产的地质勘查工作。

在地质科研方面，为了加强地质科学研究，国家加强对已建立的各地质研究所和专业研究所的领导和管理力量，于1959年成立了地质科学研究院，由地质部副部长许杰兼任院长。1958年9月，地质部、冶金部、中国科学院，以及设有地质院校的相关院校等共708个单位，共同在北京召开了全国第一次矿床会议，全面展示了新中国矿产地质工作的成就。1959年11月，地质部、煤炭部、石油部、中国科学院、中国地质学会等联合召开了第一届全国地层会议，成立全国地层委员会，李四光任主任。1958年，地质部研究人员黄蕴慧，第一次发现含铍的新矿物——香花石，标志着中国矿物学的研究已经达到了一个新的水平。陈国达提出地洼学说，在国内外影响深远。在物探、化探和地质测试等领域，也都有显著的进步。

但另一方面，由于指导思想上的错误和工作作风上的问题，"大跃进"期间，地质事业在发展的同时，也滋生了许多的弊端，在思想指导、实际行动方面，都有着明显的体现，使这一时期的地质工作，遭受了挫折，受到了损失。这一时期地质工作中的错误和缺点，主要表现在以下几方面：第一，不尊重客观规律，盲目追求高速度、大计划、高指标，造成了不必要的浪费，挫伤了群众的积极性；第二，不按地质工作的客观规律办事，不遵循必要的程序，只讲数量，不讲质量，导致事实与估计严重不符，很多储量报告与事实相违背，也致使工业部门没有对矿产资源进行合理利用；第三，不按经济规律办事，不讲求经济效益与社会效益，致使社会出现不协调的发展趋势，既严重影响了地质工作内部的协调发展，也挫伤了地质工作人员的积极性，对地质事业的发展很不利。

这一阶段，地质事业虽然取得了一定的成绩，但是由于种种原因，地质事业滋生了种种弊端，若不及早改变，将会对中国地质事业的发展、中国经济的发展造成重要影响。

2. 地质事业的调整

"大跃进"的决策失误加上连年的自然灾害，再加上1960年苏联单方面撤回苏联专家的决定，一时间，给国民经济的发展带来了严重的困难，地质事业的发展也面临着严重困境。

为了应对这种状况，1960年冬，中共中央决定对国民经济实行"调整、巩固、充实、提高"八字方针。而地质部也从1961年开始，多次召开地质会议，总结讨论"大跃进"时期地质工作的经验教训，部署调整工作。主要采取了以下四方面的措施：

第一，精简队伍，调整任务和机构。1958年至1960年，地质队伍发展过快，占用的农村劳动力过多，工人及学徒比重大增，而相应的技术人员比重减轻，破坏了地质队伍技术结构的合理组成。因而1961、1962两年内，全国的地质队伍从61.88万人，减少到29.26万人，精减人数达52.7%。在精减的过程中，尽量保留技术骨干力量，大量精减工人及学徒。到1965年年末，地质队伍结构已经大体趋向平衡。

在任务调整方面，地质部提出了"保粮、保钢、保尖端"为中心地带的任务，集中力量，着重加强了和农业相关的水文地质相关工作。在机构调整方面，减少层次，集中领导，撤销了"大跃进"期间按区域成立的综合地质大队，收回下放到地、县的地质队伍，由各省直接领导，地质部门的勘探队都一律由省地质局直接领导，普查工作则根据工作需要建立地区综合普查大队。

第二，核实"大跃进"时期勘探的矿产储量。"大跃进"时期，各种矿产探明储量大幅增长，但由于高指标及浮夸风的指导思想，探明储量与事实严重不符。针对这种情况，1962年，全国储委会对"大跃进"期间提交的6500余份勘查和普查报告，进行了复审核查。据33个矿种储量核实统计，C1级以上的储量比原来提交数一般少50%~70%，其中4种矿产减少了90%以上，储量全部注销的报告占16%，还有一些矿区经过核实之后，违反勘探程序，质量低劣，造成了很大浪费。制定已基本满足当前建设需要、尚不能满足和缺门的三种指标，对国家建设急需和需求量大的30种主要矿产进行了探查，初步摸清了家底。其间，其他工业部门如石油、煤炭、冶金等，也相继成立了矿产储量委员会，克服一些原审批制度中的某些缺陷，加快了各种不同矿产储量的审批速度，解决了"大跃进"期间虚假的问题，基本弄清了中国地质事业发展的程度。不但有利于中国地质事业的发展，也有助于教育广大地质职工，重新树立保质、保量的思想理念。

第三，总结经验，制定和修改工作条例规范。1962年，地质部门开始全方位总结"大跃进"时期的历史经验教训，并且逐步开始恢复、重建健全的、必要的规章制度，重新拟定《地质部工作条例》。这不但是一次重要的思想准备，而且是中国地质事业发展的重要一环，对确保地质工作质量，恢复勘查工作和按程序工作，纠正"大跃进"期间急于求成造成的某些混乱，有良好的功能和作用。在制定规章条例的同时，地质部还积极总结"大跃进"过程中的经验教训。其中，湖北省鄂东地质队改革的地质勘探报告编写方法经验受到地质部的重视和推广，其地质报告经过改写后，内容精练、语言简洁、重点突出、实事求是，无虚夸、重复之嫌，改变了过去硬套规范"填充式"的写法，有力地促进了地质资料报告这方面工作的提高。

第四，培训干部，充实基层。为了避免"大跃进"时期的错误，地质部开始有计划地、分期分批地对各级行政、技术管理干部进行轮训，目的是提高地质工作的政策水平和管理水平。由于多年以来，地质队组建频繁，发展过快，出现了一些技术人员担任管理而管理人员奔赴一线的情况。于是在调整期间，将一些缺乏锻炼的技术人员下放到一线，在充实基层的同时，也锻炼了其基础能力。同时，还在长春、成都地质学院，以及其他院校举办了各种短期培训班，夯实地质工作人员的理论基础。

通过这一阶段的调整，中国地质事业步入正轨，并且在调整的同时，有目的、有计划地加强地质勘探工作，加强科学研究，保障能正常提供经济发展所急需的资源。在地质工作的调整期间，地质部门亦取得了不俗的成就，其工作主要集中在四方面：

第一，加强重点矿种或矿区的勘查工作。早在1958年，地质部和石油工业部就做出了三年攻下松辽、尽快在东北找出油田的战略部署，地质部把一五七队扩建为松辽石油普查大队，并且将在陕北工作的中国—匈牙利合作物探大队调到松辽盆地工作，与一一二物探队合并成为东北石油物探大队（后改为第二物探大队）。同年6月，成立了松辽石油勘探处（后改为松辽石油勘探局），在松辽盆地钻探了松基1井、松基2井、松基3井。1959年，松基3井喷出工业油流，9月，扶余构造也获得工业油流，为1960年松辽石油大会战奠定了基础，从而在松辽盆地发现了一系列油气田，进一步打破了"中国贫油论"的说法。随后，又相继在华北平原等地区开展了石油勘探，发现了胜利油田、辽河油田等许多大型油田，为中国石油工业的发展和进一步勘探指明了方向。

1964年到1965年，为了加大铬矿资源的勘探力度，地质部成立了新疆铬矿勘探部，调集全国的物探、化探队伍，统一在新疆萨尔托海、唐巴勒、克拉美丽等地区，以及西藏、甘肃、内蒙古等省区进行铬矿普查工作。

调整期间，地质部还组织力量进行了长江中下游各省协作，加强了铜、铁等矿产资源的勘查工作，加强了山东蒙阴金刚石、甘肃金川镍矿、赣东北铜矿的勘探工作。1964年至1965年，地质部还与煤炭部协同进行了云南宝鼎煤田的勘探工作。国家科委也组织地质部、冶金部、中国科学院等有关部门进行了白云鄂博含稀有、稀土元素铁矿物质组分及综合利用的研究工作。

通过集中力量加强某些矿种和矿区的工作，在当时的情况下，对解决和完成紧迫的地质勘查任务，有十分重要的作用。

第二，加强了三线战略后方的地质工作，并在西北地区开展了区调工作。1961年，地质部在西北地区全面开展了1:100万区调工作。1964年，地质部决定由青海省地质局开展青藏高原北部地区1:100万温泉幅和玉树幅的区调工作，并从吉林、辽宁、河北、山东、陕西等省区调队抽调了一个分队支援青海区调队的工作，在这两幅图的测区内，包括昆仑山、唐古拉山、巴颜喀拉山等海拔5000米以上的高山险峻地区，属于典型的高寒大陆性气候，气候十分恶劣，但还是于1965年完成了3条南北向纵贯图幅的踏勘路线。而这一时期，广东、新疆、贵州等省、自治区按照苏联的规范开展了1:5万区域地质调查。广东省在大宝山、潭水和云浮3个地区，新疆在天山、准噶尔盆地地区展开了区域地质调查工作，为以后1:5万区域地质调查工作奠定了基础。

1964年间，地质部门根据中共中央关于加强三线建设的指示，加强了二线、三线和战略后方地区的地质勘查、地质科研、教育、地质机械仪器工厂建设等工作。在三线地区地质工作中，抽调力量加速攀枝花地区攀枝花、白马、泸沽盐源铁矿的普查勘探和补充勘探工作，加速了对永仁、宣威、水城、威宁煤矿的勘探和冶金辅助原料的普查勘探。矿产普查的同时，还对西昌地区的水文地质、构造地质、地震等问题，酒泉、河西走廊地区的供水、水文地质，进行了一系列的研究。并且抽调了一线地区的石油勘探力量转向三线，分期开展了云南、贵州、四川、柴达木和鄂尔多斯等地的石油、天然气普查。在战略后方的地质工作中，适当地加强了湘西、鄂西、豫西、粤北、长江中游等地的地质工作，并且地质部重建了重庆探矿机械厂和重庆地质仪器厂。

这一时期，地质部自广东、福建、湖南等省地质局及水文、石油局共抽调了16个普查勘探队5400余人到三线工作，是地质部门在全国范围内的一次规模最大的调动，为我国三线城市的建设，打下了基础。

第三，加强与发展农业相关的地质工作。由于"大跃进"前后出现了严重的自然灾害，所以地质工作部门加强了地质事业与农业的联系，积极备战农业。1960年，地质部所属北方地质局根据抗旱备荒的指示，抽调钻机和水文地质人员，积极在华北平原、关中平原、河套平原等区域进行了抗旱打井工作。并根据水文地质和打井的资料，编制了农田灌溉水文地质图、地下水利用规划图等，有些地区研究单位还编制了地下水储量分区和地下水资源分布图，进一步解决地下水资源的利用问题。

此外，地质部还积极探查与化肥、农药生产相关的矿产资源，在北方和南方都安排了硫铁矿、磷矿、钾盐等项目，这些项目都有效地支援了农业的发展。地质部还抽调部分水文地质技术人员，协助重点地区从事地下水开发和排涝治碱等工作，有效地解决了农业问题。

第四，加强了地质科学研究。地质部自成立以后，积累了大量的地质调查和矿产普查报告，但却都没有进行分析和研究，尤其是"大跃进"时期，往往只注重实践，没有理论总结研究。因而在调整时期，地质部及时加强了地质科学研究力量，建立了一大批地质科研机构，海洋地质、沙漠研究院、盐湖研究所等一系列新型研究机构的设立，使地质科研也随之活跃起来。

各种学说争鸣，气氛浓烈。地质力学、地洼学说、断块学说、地壳波浪状镶嵌构造理论等等，不同学说之间讨论热烈，促进了地质学说的发展。其中，地壳波浪状镶嵌构造理论是西北大学地质系教授张伯声先生于 1962 年首创的，是中国五大构造学派之一。伴随着学说的发展，一些水平较高的科学专著和论文报告也相继出版。如 1962 年李四光出版了《地质力学概论》，程裕淇等发表了《变质岩的一些基本问题和工作方法》，孟宪民和谢家荣撰写了中国最早的矿床同生学专著《同生矿床论文集》等。

在"以任务带学科"的口号下，多位学者与实际相结合，取得了一些重要成就。继黄蕴慧之后，年轻的矿物学家彭志忠接连发现和测定了一批新矿物，并首次测定了葡萄石等矿物晶体结构，引起国内外关注。在华南花岗岩研究中，南京大学地质系徐克勤等人，突破华南花岗岩都是燕山期花岗岩的传统看法，发现华南花岗岩分属于前加里东、加里东、海西、燕山和喜马拉雅等不同时期，而且不同花岗岩有其不同的成矿专属性。在地球物理探矿工作中，在河北邯郸、邢台一代的低缓磁异常地区找到了铁矿，打开了人们的思路，为在其他地区发现新的磁铁矿矿床奠定了基础。通过大庆油田普查勘探的实践和长江中下游地区一系列铁、铜矿床的发现，打破了"陆相地层无油"或"无大油"、矽卡岩型矿床无大矿的看法。

第五，开辟了若干地质工作的新领域。随着地质事业的发展，各种地质现象也不断出现，因而出现了很多地质事业的新领域。1960 年，地质部在天津塘沽成立了渤海物探大队。1963 年，在南京建立了海洋地质研究所。渤海湾物探大队和海洋地质研究所经过努力，提交了渤海湾地质构造的特征及含油气远景的初步评价报告，认为渤海湾是一个富含油气的盆地。中国科学院海洋地质所和地质部渤海物探大队，分别对渤海进行了地质观测和底质取样，并在局部海区开展了海底重力及海上地震探查。与此同时，地质部航空物探大队还对渤海和北部湾先后进行了 1∶100 万的航空磁测普查。1965 年，石油部建立了渤海海洋石油勘探指挥部，开展了渤海地区石油的钻探工作。并在莺

中国陆上石油事业——辽河油田

歌海地区开始了勘探油气的浅钻工程。

20世纪60年代初,地质部开始加强非金属矿产的地质勘探工作,主要是金刚石。1965年,在贵州镇远地区和山东蒙阴地区,先后发现了原生金刚石,特别是蒙阴地区,是中国最主要的金刚石矿产基地之一。

这一时期,由于自然灾害严重,所以地质部加强了对地震、滑坡、泥石流等自然灾害的研究。国家成立地震地质大队,加强对地震现象的研究;中国科学院、地质部、水电部、交通部等部门,从不同的角度,对成昆铁路、宝成铁路等沿线地区和长江三峡大坝选址地区的滑坡、泥石流进行了研究,积累了丰富的资料。同时,地质事业还开辟了第四纪冰川和现代冰川、珠穆朗玛峰地区地质考察,核爆炸试验场的工程选址和地球化学等新领域的工作。

总而言之,国民经济调整时期,中国地质事业在若干方面有重要的发展。

（三）十年"文革"时期的地质事业（1966—1976）

1966年，"文化大革命"开始，经过国民经济调整之后的地质事业，再次面临着挑战和困境。但在周恩来总理等领导人的主持下，保护干部，保护科学家，整顿生产秩序，保障了地质事业发展的基础。广大地质职工在极端困难的条件下，开展区域地质调查和矿产勘探工作，取得了一定的成果，并开辟了诸多新的地质领域。

1. "文化大革命"中地质事业的困境

"文化大革命"中，中国地质事业遭到了严重破坏。由于"文革"时期批"专家路线"的错误指导思想，地质部门局、队级以上领导干部，几乎全部被当成"走资本主义道路的当权派"进行批斗、劳改。相当数量的领导干部或群众被诬陷为叛徒、特务和反革命分子。广大科技人员被诬为"臭老九"，有成就、有权威的地质科技专家也大都被诬为"反动学术权威"或"反动技术权威"，进行批斗。大量的地质科技人员被下放劳动，接受"再教育"，被迫终止工作。

国民经济调整时期刚刚恢复和建立起来的地质工作各项规章、制度和规范，十年来也基本被当作"资产阶级管、卡、压的工具"而被废除、冲垮，从而出现了无章可循或有章不循的混乱局面。"文革"中，劳动纪律松弛，工作效率低下，质量差劣的情况相当普遍，有的地质报告成果简化成几页纸，报告中空话不绝，实际地质情况和分析十分简略。在当时的情况下，技术报告无人负责，报告不做审批，也没有单位验收，所以虚假、浮夸之风盛行。甚至在一些工厂，由于领导被批斗打倒，加上无政府主义思潮泛滥，工厂内出现无休止的派系斗争，发展到工厂无法动工、停产的地步。

当时，盛行"技术无用论"，因而在很长一段时期内，地质科研工作几乎陷入停滞状态，科研人员几乎全部下放劳动，大多数科研院所名存实亡。地质勘查单位对自己取得的工作成果，不敢进行综合研究,造成了做点工作也不敢发表,即或发表也只能署成单位或者集体名称。专家间的学术交流活动几乎全部停止,有些地质科研机构,如地质部海洋地质研究所也曾被撤销。

而这一时期,教育工作也损失惨重,地质院校被迫停课、下放,或撤销。北京地质学院先迁湖南石门,再迁湖北江陵,最后迁到武汉市。几经搬迁,人才流失,物资损毁,损失难以估算。地质院校停止招生达五六年之久。1971年虽恢复招生,但过于强调学生现阶段出身,采用推荐的方法,不重视文化知识水平考核,因此导致人才培养出现失误。

探矿机械、地质仪器等工厂的生产,也没有发挥全部的生产潜力,长期处于半停滞、"吃不饱"的状态。

另外,所谓的"斗、批、改"阶段,盲目精简机构和下放队伍,给全国的地质工作带来了巨大损失。

1969年8月,地质部门精简为政工、生产、后勤和办事四个组。1970年6月,地质部被撤销,改为国家计委地质局,人员缩编为90人。多数省的地质局、冶金地质勘探公司和煤田地质勘探公司,也相继撤销或合并。那些合并成一个机构的省,由于上面仍分别隶属国务院各个部门,管理工作更加复杂。在队伍下放的过程中,有的地质队层层下放,被下放到专区或者县领导,实际形成了上级部门难领导,地方又管不了的"两不管"局面。

在精减、下放、批斗技术人员的同时,又"批无矿论",鼓吹只要破除封建迷信,就可以随心所欲地找到矿。所以各部门盲目发展地质队伍,并实行内部招工,全国地质队伍规模再度严重失控,十年内几乎增加了一倍,地质部门人数增多,队伍猛然扩增,且增加的大多数是工人及其学徒,给地质工作带来了长期难以解决的负担,严重影响了地质事业的发展。

这一时期,地质事业遭受了严重的损失,给中国地质事业的发展,带来了巨大的损失。

2."文革"期间地质事业的进步

"文革"期间，大多数地质职工、教育机构受到极大冲击，但仍旧心系中国地质事业，在极端的困境中坚持工作，在区域地质调查、矿产勘查等方面都取得了一定的成果，有了新的发展。

第一，区域地质调查和矿产普查勘探方面都有所进展。

在区域地质调查方面，完成了青海、甘肃南部和四川西部高寒地区1∶100万区域地质调查面积达100万平方公里，正式出版了1∶100万温泉幅和玉树幅，并于1968年出版了珠穆朗玛峰地区1∶100万地质图，面积约8.6万平方公里。过半数的省、自治区进行了1∶20万区域地质调查工作。1996年，出版了中国第一幅1∶5万（铜陵幅）区域地质调查正规图件。1974年，国家计委地质局对1∶5万区域地质调查工作进行了新部署，加强了组织领导。

在矿产勘查方面，1967年到1976年间，地质部将油气勘探重点转向四川、鄂尔多斯等西部地区。1971年，西北中坝构造见油，中坝油田的发现，打开了川西北油气勘探的新领域，证实龙门山带有丰富的油气勘探远景，结束了长期以来川西北地区无油气的局面。1975年，在福成寨构造发现了天然气，实现了川西北地区找油的一个突破。1971年，国家计委地质局在吴起，石油工业部在马岭、华池等地获得高产油流，形成了以马岭为中心的长庆油田。1970年、1971年，在庆阳、华池等地区相继钻探见油，打开了陇东地区找油的局面，在苏北地区找油也有所突破。1975年，石油工业部在河北任丘构造钻获日产千吨的高产油井，发现任丘古潜山油田，促进了中国石油事业的发展。

在陆上油气事业取得进步的同时，海上石油事业也有了巨大的发展。除了渤海地区，先后加强了黄海、南海、东海地区以石油勘探为主的综合地球物理及地质调查，并发展和建立了一支具有一定水平的科学调查船只队伍，先后在南黄海、北部湾、珠江口、东海等地区陆续发现了含油气沉积盆地，经过钻探，皆有所收获。

在铁矿勘查方面，国务院组织了一个富铁矿领导小组，由谷牧兼任组长，自1976年年初开始，约2年结束，全国计有12个地区，投入的勘查力量（包括科研人员、院校师生）最高时达8万余人，开动钻机达800余台。通过各部门的协作，取得大量综合普查勘探和科学研究的资料，基本上摸清了中国贫、富铁矿的类型、特点、分布规律、储量及潜在储量。通过勘查、科研和教育单位三结合的方式，内容相当广泛的60多项研究课题，除少数外，都获得了较满意的成果。

在其他金属矿产和非金属矿产的勘查方面，也有不小的进步。20世纪70年代中期，周恩来总理委托王震亲自过问和组织领导黄金地质工作，取得了重大成果，发现了山东焦家破碎带蚀变岩型金矿等，增加了开采地区，解决了中国黄金紧缺的境况。此外，在江西德兴、西藏玉龙发现了斑岩铜矿，江西南部花岗岩风化壳淋滤型重土稀矿，云南弥渡金宝山铂族矿，甘肃、西藏的铬矿等方面也都有所发现。

在非金属矿产方面，1970年，发现了江西周田盐矿，结束了江西无盐的历史；1971年，湖南地质局发现了中国迄今最大的重晶石矿，同年，河南地质局十二队在桐柏吴城发现了中国第一个天然碱矿；1972年，辽宁地质局旅大地质队发现了复县金刚石矿，华东沿海省份也陆续发现和勘查了许多非金属矿产新品种。

第二，水文地质普查也有新的进展，组建了基本建设工程兵水文地质普查部队。

1949年后，全国进行水文地质普查工作的地区只有国土总面积的1/3，其余2/3的地区，并没有进行水文地质普查。1973年，在周恩来总理的指示下，谷牧召集有关部门及专家进行研究，决定加强水文地质调查，并提出1980年以前争取把雪线以下、沙漠腹地和边远地区周边的350万平方公里的水文情况搞清楚，剩余的工作放到第二步中。为了加强这一项工作，对一部分水文地质普查队伍实行"工改兵"制度，组建基本建设工程兵水文地质普查部队，并决定把1980年以前应完成的350万平方公里普查面积工作中条件最艰难的190万平方公里任务，交由普查队负责。普查队在最艰难的环境中，长年奋战在林海雪原、沙漠戈壁、沼泽草地、高寒山区以及边境地带，超额完成了任务。

第三，开拓了地质研究的新领域，加强科学研究及新技术的应用和推广。

地热地质勘查工作是20世纪70年代开始的，先后在河北平原、北京、天津等地开展了地热钻探研究工作。1971年，广东丰顺打成中国第一口温度为109摄氏度的地热井；1972年，在西藏羊八井和云南腾冲地区开展了地热勘查工作，并先后在广东丰顺、河北怀来、西藏羊八井等地建成了试验性的地热电站。

在科技方面，也有所突破，在以往航空地质、航空综合地球物理勘查工作的基础上，1972年，从联邦德国引进了许多多功能航空摄影机，1973年，从美国引进第一颗陆地卫星多光谱扫描的拷贝底片。在加强学习和普及遥感知识的基础上，建立了自己的遥感地质工作队伍，开辟了新的工作领域，并且加强了计算机在地质勘探领域的应用。

"文革"期间，科研工作遭到了严重的打击，只有少数的课题坚持下来，如李四光对于地质力学、地震、地热，海洋地质的研究等。到了1972年，周恩来总理提出要重视基础研究工作，地质研究工作才有了逐步回升，彭志忠在新矿物和矿物晶体结构方面的研究，郝诒纯在塔里木盆地西部的古生物研究等方面，都有所进展。在此期间，地质科研部门克服重重困难，编制出版了1∶400万中国地质图和1∶500万亚洲地质图、中国地质矿产图集，1∶300万中国海上及海域地质图。在稀有元素矿床类型及其矿产特征的系统总结，攀枝花地区矿产综合利用的研究，对华北、黄淮海地区大量水文地质资料和华南地区大面积岩溶地区的研究，以及三峡工程、宝成沿线环境工程地质科研工作等方面，都取得了可喜的成就。

这段时期内，在对外交往以及国际方面，中国地质事业也获得了一定的地位。1976年，在国家的积极争取之下，中国终于在第二十五届国际地质大会上，恢复了很早就参加的国际地质科学联合会中的会员国地位，这是新中国成立以来第一次参加国际自然科学组织的活动，不仅在国际交流活动中有重要意义，并且对提高中国的国际地位有重大意义。

（四）改革开放后中国地质事业的发展（1978—1985）

"文革"结束后两年，由于受"两个凡是"思想的影响，以及"文化大革命"中造成的思想混乱尚未澄清，地质工作尚未真正转移到进行四化建设、以地质—找矿为中心的轨道上。地质部门的工作任务，一方面，工作领域比较狭窄，另一方面，也受到高指标的影响。

1978年12月，中共十一届三中全会召开，取消了"以阶级斗争为纲"的口号，做出了把工作的重心转移到社会主义现代化建设上来的战略决策。从此，中国地质事业进入了在改革和开放中前进的新时期。

1. 地质工作的全面调整

在中共中央"调整、改革、整顿、提高"方针的指导下，地质工作进行了全面的调整。

第一，调整地质工作任务和部署。1979年，地质部制定了《地质工作三年调整纲要》，提出要把国家建设需要同客观地质条件结合起来，因地制宜地部署地质工作，加强宏观决策管理。在成矿远景区域规划的基础上，各地注意探索和发挥当地资源优势，调减了一些没有地质依据和希望的"胡子"项目，加强了成矿条件有利、又有建设需要的和国家短缺矿种的地质工作。以1981年与调整前的1979年相比，地质部门从事铁矿地质工作的力量调减了70%，磷矿调减了57%，有色金属增加了71%，贵金属增加了68%，硫、磷以外的非金属矿增加了近一倍，使地质找矿效果和地质经济、社会效益有了较大的提高。

搞好成矿远景区划，因地制宜部署工作，是实现地质工作转向以地质—找矿为中心和按客观规律办事的重要环节，是制订计划的依据。经过1978年的准备，从1979年开始，地质部门全面开展了成矿远景区划工作，除地质部门外，冶金、有色金属、煤炭、核工业等部门，也都进行了相应矿种成矿远景区划的编制。

成矿远景区划的内容，主要包括对成矿规律的研究、成矿远景的预测和地质工作部署建议。1979年，首先进行铁、锰、铬、铜、铅锌、铝、镍、锡、钼、锑、汞、金、铂、铀、磷、硫、钾盐、金刚石和江南九省的煤等20多种重要矿产的成矿远景区划。在省内具有特色而又有全国意义的矿产的有远景的地区，也在区划之列。在开展省区划的基础上，通过有关省、区之间的协作，1981年，全国开展了30项跨省区划工作。石油、水文地质和工程地质的规划工作，也做了专门安排。在成矿远景区域规划有了第一轮的成果后，地质部提出要将此工作经常化，并不断加以深化，逐步建立起矿产资源总量的预测工作。

矿产资源总量预测是全面研究、定量估算和评价矿产资源的工作。从广义上说，也可以视为区域工作的延伸和组成部分。1983年，地矿部全国局长会议做出了在全国范围内正式开展矿产资源总量预测工作的决定。此工作1984年已列入各省地质工作计划。首批进行资源总量预测的矿种为铁、铜、金、石灰岩。远景区划的成果，不但应用于部、局、队地质工作的调整和部署，并且为编制地质工作规划和计划，制定到20世纪末地质工作的战略目标选区等方面提供了系统的资料。

第二，严格控制矿区勘探，加强区域调查和普查。为了减少地质事业花费开销和避免不必要的浪费，提出严格控制矿区勘探，特别是详细勘探。提出勘探项目除了有充分的地质依据，有较高的经济价

地质人员进行溶洞水文地质调查

值,已列入国家建设计划者外,必须是矿石选冶技术过关,有对口的设计单位并下达了工作指标的,才能进行勘探。这一措施的实施,用于矿区勘探的费用由 1978 年前的平均占同期地质事业费用的 30% 左右下降到 10% 左右。随着控制勘探和坚持合理的地质工作程序,从而以更多的力量加强区域地质调查、矿产普查和其他相应的基础地质工作。

在地质区域普查和矿产普查方面,1976 年 11 月,国家地质总局在长沙召开了石油地质工作会议。会议上提出开展古生物界海相碳酸盐岩地层找油的问题,1980 年,提出石油地质工作在调整中加快步伐和向"四新"(新领域、新类型、新地区和新深度)进军的具体方针和部署方案,随后提出开展以"四新"为主要内容的第二轮油气普查的各项要求。1981 年和 1982 年,地质部组成调研组开展了大量的调查研究,提出了开展第二轮普查的具体方案。在开展第二轮油气普查过程中，在海域除贯彻以油气普查为主的方针外，同时，重视海洋地质综合调查，筹备和逐步开展深海远洋铁、锰结核调查，开展海底不稳定性的调查，以南海成因和东海的沟、弧、槽成因机制，以及近岸沉积作为重点，开展海洋地质科学研究。1979年和1980年，南海珠江口盆地两口钻井见工业油流。1980年以来，东海龙井、平湖构造带相继钻获工业油气流，1984年，塔里木盆地北部沙参二井获得高产油气流，都是以"四新"为目标的第二轮普查的成果。

在矿产普查方面，开拓了新的矿产普查领域。为了适应找矿难度增大的形势，逐步转向寻找隐伏矿、半隐伏矿，地矿部提出开展新一轮固体矿产普查。1978年以后，通过加强区域地质调查、区域物探化工作和成矿远景区划和典型矿床的研究，加深了对主要成矿地质单元和主要矿种成矿规律的认识，为开展新一轮固体矿产普查打下了基础。经过一系列的准备，1985年7月，地质矿产部在太原召开固体矿产普查工作会议，确定了固体矿产普查的战略目标、方针和要求，讨论了"七五"计划期间普查工作的任务、部署和措施。新一轮的固体矿产普查，将61片重点工作区调整划分为29片，对这29片地区进行了统一的工作部署。

第三，调整地质工作的服务方向。进一步明确把满足国家经济建设和人民生活的基本需求，作为地质工作的主要服务方向。彻底改变单纯把某几种主要矿产探明储量的增长作为重要任务的情况，应该大力进行能源矿产的普查和勘探；把为发展消费品生产和建材工业服务的地质工作放到重要地位；加强与人民生活密切相关的水文地质、工程地质和环境地质等工作。

第四，整顿领导班子，调整地质队伍结构。由于"文革"以来地质机构遭到冲击、破坏，造成了地质事业领导机构混乱、臃肿，针对这种情况，提出了"革命化、年轻化、知识化、专业化"的原则，对地质系统各级领导班子进行了调整。在严格控制地质队伍总规模的前提下，调减长线，充实短线，使各工种间的比例和力量分布趋于合理，不断提高队伍素质，并结合地质工作特点，广开生产门路，充分发挥剩余劳动力作用，开展多种经营。

在这些方针的指导下，具体实行了以下措施：

按专业化原则改组地质队伍。地质部门除了少数专业队外，多数地质队伍都是综合性质的。从1980年开始，先进行试点工作，然后在一定的范围内，将队伍按照专业化原则进行改组。改组的方式有两种。一种是按专业性质的不同，分别成立地质队、探矿公司、物资供应公司等。另一种是按照下分上不分的原则，在综合队伍内，地质和钻探工程分别实行专业化管理。这一改革的目标是，对地质工作和探矿工程及其他带有工程实施性质的工种实行分属事业单位和企业化进行管理。

简政放权，扩大地质队的自主权。根据国务院关于进一步扩大国营工业企业自主权的规定，地质矿产部和相关工业部都制定了相应的规章制度，实行简政放权的政策。1984年5月，地矿部制定了《关于干部管理权限下放的暂行规定》，6月，冶金工业部发出《关于扩大冶金地质公司（院）自主权的暂行规定》的通知，1985年年初，地矿部又颁发了《关于简政放权、搞活地质队的暂行规定》。通过逐步放开领导权，扩大地质队伍及公司的经营权限。吸引外资，自主招聘工作人员等一系列政策的实施，促进了地质事业的新发展。

实行各种形式的经济责任制。地质部门不少基层单位试行以承包为核心的多种形式的经济责任制，包括指标分解、层层包定、野外津贴浮动、节约分成、按成果计奖等，各省地矿局结合制订年度计划和改革计划体制，逐步明确了计划分级管理权限，调整了局与队之间的分配关系，把节约和收益更多地留给地质队，提高了地质工作的效率。

实行部分地质工作有偿服务和部分成果资料有偿转让。多年以来，大部分地质工作靠单一的地勘费拨款，这是造成地质工作经济效益

新时期大庆油田工作中的抽油机

中国矿产资源一角——四川攀枝花的铁矿资源

浙江青田县山洪地质灾害防治雨量监测点

中国海上石油事业——渤海湾海上钻井平台

低、地质队伍臃肿的重要原因之一，实行部分地质工作有偿服务和部分成果资料有偿使用，使地质工作资金来源由国家预算拨款的单一渠道，改为国家预算拨款、吸收社会资金包括外资的多渠道。这不仅为地质工作更好地满足社会各方面的需求创造了必要条件，而且为地质队带来了生机与活力。

第五，调整地质科研、教育和装备工作的方向。按照中共中央提出的"经济建设必须依靠科学技术，科学技术工作必须面向经济建设"的战略方针，地质部门把科技工作重点放在为解决经济建设和地质工作的关键性科技项目上，按照统筹规划的原则，调整院、所、队不同层次的科研单位，搞好分工协调。进一步加强地质队、科研单位和院校之间的分工协作和横向联合，在解决地质调查和研究脱节、野外工作和室内工作脱节的积弊方面，取得了一些进展。这一时期，地质教育也以提高教育质量为重点，培育多方位地质人才，调整教育结构、层次和专业。地质院校和地质工作部门达成协议，互相合作。以西北大学为例，在这一时期，通过定向合作，为调整恢复期的地质事业培养了数以千计的地质人才，仅石油地质人才就有数千。在地质机械仪器方面，仪器工厂也以提高产品质量、增加品种为目标。

第六，地质事业实行对外开放的政策。20世纪50年代，中国地质事业对外交流和合作领域，仅限于苏联、东欧和亚洲的社会主义国家。20世纪60年代及"文化大革命"时期，除了与少数亚非国家的地质事业有交往和参加个别的国际会议外，对外交流几乎停止。1962年至1978年的16年间，对外交流活动总计不超过50项。1979年之后，中国和90多个国家和地区开展了地质合作和交流活动。仅地质部门，就对9个国家开展了援外地质考察，与11个国家签订了15个成套项目。1980年之后，成立了中国对外地质勘探打井公司（后改名为中国地质工程公司），承接工程承包和进行劳务合作。1985年12月，成立了中国地质技术开发进出口公司，负责地质部门的地质技术进出口和开发业务活动。

在与国外开展地质合作与交流活动时,中国坚持全面开放的政策,不仅与西欧、美、日、澳等发达的资本主义国家,而且与苏联、东欧等其他社会主义国家,以及南美、非洲国家之间,都进行了地质合作交流。地矿部领导孙大光、张同钰、朱训、夏国治、温家宝、张宏仁等,先后到联邦德国、法国、美国、加拿大、英国、苏联、南斯拉夫等国进行了考察访问,商谈开展地质科技合作交流事宜。中国还接受联合国亚太经委会委托,举办过钨矿、锡矿、钻探等国际地质讨论会议,为第三世界国家的地质人员举办了第四纪地质及其他方面的短期培训等活动。

通过一系列的方针政策的调整,使"文革"时期混乱的地质事业恢复了正常,为中国新时期地质事业的发展,改革开放经济的腾飞,提供了必要的地质基础。

2. 改革开放以来中国地质事业的成就

党的十一届三中全会以来,随着地质事业的调整和改革,地质队伍面貌发生了变化,管理技术得到了提升,地质事业矿产资源的取得、服务领域的扩大、对外交流方面,都获得了重大发展。

地质队伍面貌发生了变化。地质队伍在新时期、新精神的指导下,以献身地质事业为荣,以艰苦奋斗为荣,以找矿立功为荣的"三光荣"思想深入人心,成为地质工作中处理眼前利益和长远利益、个人利益和整体利益的行动准则。随着地质工作改革的推进,大多数地矿局、勘探公司和地质队,都开始重视经营思想和经营作风的双重转变,注意市场调查,掌握市场的信息,增强了竞争能力。这种转变,冲破了以往那种"论资排辈"的旧观念,废除了领导干部终身制原则,树立了以"四化"标准建设领导班子的正确观念。

技术装备水平现代化程度显著提高。十一届三中全会以来,通过引进国外先进的地质勘探设备和中国的自主研究,中国地质事业的技术装备有了很大提高。中国自主研制的新型液压金刚石钻机已形成系列，一些单位还自行研制成功了高频介电分离仪、微处理激光笔式图像分析仪、细粒金刚石分选机等一批先进的地质仪器、设备，加快了中国地质事业设备仪器更新的速度和步伐。在油气普查、地矿普查和其他一些领域中，中国地质勘探的设备也有了较大水平的提高。例如，地矿部水文地质、工程地质技术方法研究队和有关单位合作，于1979年成功研制了JHY-2型机载红外扫描系统，达到了国际先进水平，被列为全国重大科技成果。在海洋地质领域方面，船舶制造部门和地质部门相互协作，设计了中国第一艘半潜式海洋钻井平台"勘探三号"，1984年建成并投入使用，对东海的地质勘探事业，发挥了重大的作用。

这时候，地质部门还从国外进口了许多新式的地质仪器和设备，花费约2亿美元，武装有关地质勘探单位，通过引进和自主研制各类大型岩矿测试仪器，装备了62个实验室，使岩矿测试技术达到先进水平，引进的等离子光量计、X荧光光谱仪，解决了许多痕量元素测试的难题，提高了岩石、矿石中痕量元素测试能力和精度，促进了中国地质事业的发展。

与国际接轨。十一届三中全会后，中国坚持地质事业对外开放的方针，加强了与欧美、非洲等各个国家的交流。1979年，中国参加了联合国所属的政府间组织的地质交流活动。截至1984年年底，中国与其他国家开展的国家与国家间的地质交流活动达到294项。通过国际组织开展了229起多边交流。自1981年起的3年间，在中国举办了6个国际地质会议，涉及国家达30多个。1980年，中国派出以中国地质学会理事长黄汲清为团长的大型地质代表团，参加在巴黎举行的第二十六届国际地质大会。1984年，参加了在莫斯科举行的第二十七届国际地质大会，以地矿部副部长朱训为代表。与此同时，中国还参加了国际地科联的许多有关组织举行的会议，许多科学家当选为这些组织的通信委员和正式委员。在第二十七届国际地质大会上，张炳喜当选为这一届国际地科联副主席。同年，王思敬当选为国际工程地质学会副主席，黄蕴慧当选为国际矿物学会副主席。

1979年以来，中国分别同英国、联邦德国、法国、日本合作开展了南海海洋地质调查、湖南望湘地区矿产普查评估、喜马拉雅地质地球物理调查、鄂尔多斯北部油气地质地震勘查等多个大型合作项目，提高了中国地质工作的现代化水平。除了地质部门，石油部、煤炭部、冶金部、核工业部、中国科学院，以及有关的高等学校，也与不同的国家合作开展了地质、地球物理调查研究活动。石油部与英、法、美等国合作开展了中国海上和陆上油气普查工作；核工业部与阿尔及利亚合作，对阿方的铀矿资源开展了调查研究活动；国家海洋局与澳大利亚、阿根廷等国开展了对南极的考察活动。中国还有大批中青年地质科学工作者被派往不同的国家进修、考察，中国也同样接受外国来的地质留学生、研究生。通过国际交流合作，不但开阔了眼界，学到了许多新的地质科学知识，促进了中国地质事业的发展，同时，也提高了中国在世界上的地位。

获得了一批巨大的地质勘探和科研成果。在地质普查方面，从1979年到1985年年底，完成了1:50万、1:20万区域水文地质普查922万平方公里，1:20万区域地质调查完成全国应测面积的88%，1:5万的综合性区域地质调查完成了28万平方公里。1985年8月，西藏区域地质调查大队基本上完成了西藏地区1:100万区域地质调查任务，至此，中国1:100万区域地质调查任务在全国范围内基本完成。

在区域地质调查和专题研究的基础上，取得了一系列的地质科研成果，出版了《中国地层》《亚洲地质》《中国古地理图集》《中国大地构造图》《亚洲大地构造图》《中国海区及邻域地质图》《中国构造体系图》《区域地质志》《青藏高原地质图》《中华人民共和国水文地质图集》《南岭花岗岩》等一批高水平的专著和图集。十一届三中全

克拉玛依油田的新气象

会后的5年间，仅地矿部门就提交各种科研成果820项。其中，重大成果169项，有5项获得国家发明奖，12项获得自然科学奖（其中包括1978年以前的项目）。

在地质矿产普查方面，在鄂尔多斯、内蒙古东部、川滇黔、新疆准噶尔、哈密等成煤区域，在胶东金矿、小秦岭金矿等区域，在湘南—粤北锡钨多金属矿、陕西华县—河南栾川钼钨矿、川黔湘汞矿、黑龙江鸡西—勃利石墨矿等成矿远景区域，发现了值得进一步工作的矿产地多达600处，其中预计可达到大中型矿床的约有300处。有97种矿产新增了探明储量，平均每年扩大规模的矿区有135个。在油气普查勘探方面，1979年8月，南海珠江口盆地"珠五井"钻探获得日产291立方米的高产工业油流。1983年6月，东海"平湖一井"首获日产轻质油174方、天然气41万方的工业油气流，从而肯定了南海珠江口盆地和东海陆架盆地是两个大型含油气区。1984年9月，地质矿产部西北石油地质局在塔里木盆地北部沙雅隆起构造，钻获日产原油1000方、天然气200万方的高产油井，为塔里木盆地新一轮的普查勘探打开了新局面。这一时期，在南极的考察也取得了新的成果。1980年，中国两名科学工作者首次登临南极考察站，1984年11月，中国首次赴南极考察船队从上海出航，12月31日中国南极考察队员顺利登上乔治岛，中华人民共和国的五星红旗第一次插上了南极洲。1985年2月20日，包括地质学家在内的中国南极长城科学考察站建成，为中国海洋地质和整个海洋考察事业树立起一块新的里程碑。

（五）新时期地质事业的新发展（1985年之后）

1985年之后，中国地质事业的发展经过一段时间的沉淀，改变了"文革"中的积弊，也走出了改革开放初期一些困境，进入了一个环境良好、机遇空前的新时期。

在区域地质调查方面，于新中国成立初期开始的1:100万区域地质调查，经过全面部署和地质人员的努力，至1987年基本完成了我国陆域1∶100万区域地质调查。全国共收藏1∶100万区域地质调查资料126档，资料类型包括1∶100万区域地质调查测量报告、1∶100万地质图、矿产分布图、大地构造图及其说明书。我国的1∶20万区域地质调查，经过半个多世纪的努力，陆域1∶20万区域地质调查基本完成，其间编著的地质调查资料不计其数，包括区域地质调查、区域矿产调查、区域水文地质调查、区域城市调查等地质工作的方方面面。这一时期，1∶5万区域地质调查得到了充分发展，因为从20世纪80年代以后，区域调查的重点转移到1∶5万区域调查上，着重部署在重要成矿区带，同时，兼顾国家重大工程建设、重要地质问题区和重要经济开发区的地质调查工作，并将一些新技术应用到其中去。例如，遥感技术和计算机技术，并于1999年开创了全新的数字填图模式。1996年，地质部开展了1∶25万区域地质调查试点，选择不同的地质构造区、不同岩类区、不同地理区、城市经济区，部署了1∶25万地质调查填图试点及填图方法研究。并于随后开始在青藏高原和大兴安岭空白区开展1∶25万区域地质调查。中国区域地质调查进入了新时期。

在能源矿产方面，石油天然气勘探开发进入大发展时期。"八五"期间，针对中国石油"东部强而西部弱"的情况，石油工业实施"稳定东部、发展西部"的战略，重新发展大西北地区的油气事业。这一时期，国家并且对石油工业实行经济改组。1988年，国家成立能源部，撤销石油部，成立中国石油天然气总公司，这是石油工业从国家政府部门向经济实体转变的一次重大变革；1998年，国家对石油工业和石化工业实行战略性重组，形成上下游、内外贸、产供销一体化的经营实体。随后，中国石油天然气集团公司、中国石油化工集团公司和中国海洋石油总公司组建的股份公司相继在纽约、伦敦、香港成功上市，进入了国际资本市场，中国石油工业实现了持续、有效、较快、协调发展，成为国有大型企业的主力军，为稳定国内石油市场供应、保障国家石油安全和能源安全发挥了重要的作用。

在有色矿产资源方面，1985年，地质部提出"一业为主，多种经营，增强活力，多出地质成果，讲求经济效益"的方针之后，中国有色金属事业经历了一次大的变革。"八五"期间，地质工作人员在全国初步规划的60多个成矿区带，如内蒙古甲乌拉—查干地区铅锌银矿带、江西赣东北铅锌铜矿带、云南个旧—文山锡多金属成矿带、陕西凤县—太白铅锌成矿带等地区，均取得了良好的地质找矿成果。"九五"期间，在成矿区带中选定了40余处普查详查基地，为日后找矿发挥了前瞻性的重要作用。

在水文地质、工程地质方面，由于西北地区缺水的状况，在"七五"期间，地矿部门组织了新一轮的"西北地区地质水资源评价和合理开发利用"的攻关任务，重新评价了西北地区的地下水资源，编制了一套西北地区的环境地质图件，在西安、兰州、西宁、银川、乌鲁木齐西北五大城市，建立了地下水资源管理模型，并利用水分仪、负压计等技术方法，开展包气带水分运移研究，取得了沙漠地区凝结水形成的重要依据，标志着中国地下水的研究总体达到了国际先进水平。1990年之后，开展了西线的南水北调工程、新疆北水南调及大柳树选坝的环境工程地质等工作，并且为了黄河上游水资源的开发，进行了龙羊峡、刘家峡、青铜峡等地段的环境地质勘查，保障了黄河水资源的合理利用。"八五"期间，主要通过"中国北方晚更新世以来的地质环境演化及其未开生存环境变化趋势预测"的研究，以此来预测中国日后生存环境的变化趋势，取得了不少成果。在环境地质方面，在全国各地建立地下水动态监测点，1989年，国家机构改革中明确规定，地矿部承担地质环境监督管理职能，进一步加强了环境地质监测功能，为地下水、环境污染防治、地震、滑坡、泥石流等各种环境问题和自然灾害问题，提供许多珍贵的资料，为环境地质做出了重大贡献。

从 20 世纪 80 至 90 年代,也是我国国际学术活动最活跃的一个时期。不仅专家互访和国际会议十分频繁,而且不少重要国际会议是在中国举行的。例如,1987 年在上海举行的亚太地区城市灾害地质会议,1988 年在桂林举行的国际岩溶水文地质学术会议,1996 年在北京举行的第 30 届国际地质大会,以及 1998 年在长春举行的第二届国际地下水未来危机学术会议等,都开得十分成功。一定程度上反映了这一时期的国际动向,对推动国际学术交流和国际合作,起到了一定的促进作用。

新时期地质事业有了新的发展,以上只是中国地质事业在新时期发展成就的冰山一角,但也足以反映出中国地质事业的新气象。未来,中国地质事业一定会有更辉煌的成就。

五、西北联大在中国地质事业发展中的贡献

中国地质事业的发展,是一个在曲折中前进的过程。各个时期中国地质事业的发展,背后都有着众多机构以及人员的努力。这其中,地质教育机构,即院校的贡献功不可没,而西北联大,就是这样一所院校。西北联大对中国地质事业发展的贡献,无论是在新中国成立以前,还是在新中国成立以后,都是十分重要的。

(一)裂变出众多地质学院、科系

西北联大成立之前,西北地区并没有一所真正的地质教育机构,甚至可以说,整个西北地区都没有一所系统的教育机构。但随着西北联大的成立,西北地区迅速形成了一个以西北联大为中心的文化教育机构,"联辉合耀,文化开秦陇",此言不差。而 1939 年西北联大成立的地质地理系,正是西北地区地质教育事业的开始。

西北联大是由北平大学、北平师范大学和北洋工学院组成的。其中，北洋工学院即原来的北洋大学，北洋大学一直有较强的矿产、地质力量，西北联大成立之后，自然继承了北洋大学的特点。之后，由北平大学工学院、焦作工学院和东北大学工学院组成的西北工学院，有着较强的地质力量，所以西北联大在地质教育方面的发展，并不比其他地区缓慢。

不过，西北联大仅成立了一年多的时间，便宣布解散，是一件令人惋惜的事情。由于时间较短，也间接地造成了人们对西北联大印象的模糊。然而，西北联大的解散，却并没有使西北地区的文化教育、地质教育受到损害、或者力量减小，而是真正奠定了整个西北地区的教育基础，规模并没有减小，而是扩大了。

西北联大解体，并不意味着西北联大的消失，而是迅速裂变成数个院校，如现在的西北大学、西北工业大学、西北师范大学、西北医学院、西北农林科技大学等，其分布于西北各个地区，医学、农业、

西北工学院古路坝校区

西北工学院古路坝校区远景

西北工学院咸阳校址 1946—1949

地质、工学，无所不含。这几所大学，规模并不比西北联大小，其辐射地域比西北联大更甚，为西北地区的文化教育、医疗卫生、农业科技、地质事业的发展，奠定了基础。

在地质方面，西北联大时期设置地质地理系，在西北大学建立之后，继承了西北联大时期的地质地理系，后改地质地理系为地质系和地理系，形成专门的地质科系。西北大学地质系，也是日后为中国地质事业做出重大贡献的科系，其在石油、煤炭、矿产、水文等方面，都有杰出的贡献，一直延续至今。

另有西安地质学院（今长安大学），西安地质学院虽非是西北联大直接裂变出来的学校，但是其组成，与西北联大不无关系，西北大学给了其一定的帮助，甚至陕西省一度想要将西北大学地质系合并到西安地质学院中去，但因为西北大学地质系全体师生的抵制，最终作罢。但是后来，西北大学地质系的很多师生，自主加入到西安地质学院的建设中。其中，最著名的莫过于张伯声教授，促进了西安地质学院的发展。

除此之外，西北联大的组成院校，一些在解体后迁回原址，但就其历史渊源而言，也可算作是西北联大的一部分。这些院校，在促进中国地质事业发展方面，亦有重大贡献。其中，最主要的，莫过于国立西北工学院的四大组成院校：焦作工学院、东北大学工学院、北洋工学院和北平大学工学院。

焦作工学院，是中国矿业大学和河南理工大学的前身，西北联大解体之后，焦作工学院迁到天津，继续从事与矿产等有关地质教育，1950年以焦作工学院为基础，将华北煤矿专科学校并入其中，成立中国矿业大学，在煤炭资源的勘探开发方面建树颇丰。

东北大学工学院，是东北大学的前身，但东北大学工学院中的地学系，却在新中国成立以后与山东大学地质矿产学系、长春地质专科学校组成了长春地质学院，形成新的地质教育机构，在中国地质教育

焦作工学院校门

东北大学西安分校校长办公室

东北大学西安分校校园

东北大学西安分校学生宿舍

东北大学在西安时的校门

事业发展中，有着重要作用。

北洋工学院，是天津大学的前身，西北联大解体后，北洋工学院迁回天津原址，尔后，于1951年与河北工学院合并，组成天津大学。天津大学继承了北洋工学院的地质矿产教育，在环境工程方面，亦有独到之处。

以上的学院或者重建之后的学校，或者已经有了自己独立的发展体系，但从其历史渊源来看，都与西北联大息息相关。可以说，其院校的发展历史，都绕不过西北联大这一所抗战时期著名的院校。

综上所述，西北联大在解体后，迅速裂变出数个院校，并与多所新型院校相关联，形成了整个西北地区的教育关系网，奠定了西北地区高等教育的基础。在地质教育方面，亦是与多所院校地质科系或者地质院校相关联，形成了基本的地质教育理念，开创了西北地质教育从无到有的先河，奠定了中国西北地区的地质教育基础，促进了中国北方，乃至全国地质教育事业的发展。

（二）西北联大在石油方面的贡献

西北联大存在的时间较短，西北联大期间，在石油、煤炭、矿产、水文等方面的成果比较少，其最主要的作用，便是奠定了其裂变之下学校地质教育的发展，所以其在石油、煤炭、水文等地质事业方面的贡献，主要也是西北联大裂变之后院校的作为。而西北大学地质系是西北联大地质教育的主要继承者，故以下所言之贡献，也多以西北大学地质系为主。

1939年，国立西北大学为了西北地质矿产事业的发展和经济文化的建设，在原地理系中设置地质组，改院系名称为地质地理系，西北大学地质系的前身——地质地理系诞生了。西北大学地质系自建立以来，承担了新中国成立初期人才培养的重任，以饱满、激昂的热忱，为祖国培养了大批地质人才，在石油、煤炭、水利、地质构造等方面都取得了显著的功绩。其中，在中国石油工业方面的贡献，尤为突出。自 1952 年成立了石油地质专业，急国家之所急，培养了数以千计的石油地质人才，奠定了中国油田发展的基础后，石油地质专业成为西北大学地质系的一个标志性学科，一直延续至今，秉持着公诚勤朴的信念，西大地质系为国家培养了众多的石油地质人才，被誉为"中华石油英才之母"。

1. 开创石油地质教育先河，为新中国培养了众多的石油地质人才

新中国成立初期，百废待举。能源工业的复兴是国民经济恢复和发展的基础。其中，尤以石油工业为重。但当时的地质人才很少，石油地质方面的专业人才更是少之又少。据统计，当时，全国石油职工仅有 1.1 万人。其中，从事石油地质的技术干部则只有 20 余人，如孙健初、王尚文、李德生、田在艺、张传淦、杜博民、曾鼎乾、张更等；从事钻井技术的干部，如刘树人、史久光、蒋麟湘、赵宗仁、周世尧等，一共也才十来人；从事物探和采油技术的人员有 12 人，如翁文波、童宪章、秦同洛、朱兆明、刘永年、王树芝、王季明、黄剑谦等，而从事炼油技术的人员也很少，如熊尚元、何振鹏、龙显烈、高士、朱吉人等十数人。

他们都是中国早期第一批在石油生产第一线拼搏奋斗之人，奠定了中国石油工业的基础。然而对于中国广袤的地域和战后中国经济发展所需的石油资源而言，这些仅有 1.1 万人的石油职工队伍只能在有限的地域内从事石油勘探工作，对中国经济的恢复和发展、石油工业的大力发展，作用有限。

所以，新中国急需一大批石油地质的专业人才。当时，受西北石油局的委托，西北大学地质系敢为人先，于 1950 年 8 月开始创办了定向培养石油地质人才的两年制专修科，招收了 56 名学生，教授其石油地质相关的知识。1952 年他们毕业后，除了个别留校任教以外，其余所有的人都奔赴最艰苦的大西北地区从事石油、天然气的调查和

勘探工作，这些人为我国石油地质勘探事业发展起到了重要作用，如顾树松、武思训、王寿庆等，就是这一时期的人物。

但是，这只是受西北石油局的委托，培养的石油地质方面的人才较少，对于新中国成立之初中国薄弱的石油工业而言，无异于杯水车薪，而且当时没有成立专门的石油地质专业，石油地质知识不全面，所以，对于中国石油工业的发展，发挥的作用也很有限。但这一次尝试，为后来西北大学石油地质专业的设立，第一批大规模、专业性石油地质人才的培养，提供了经验。

1951年，教育部召开了"培养地质干部座谈会"。会议提出：为了配合社会主义建设，国家急需一大批地质勘探人员，从事矿产地质和石油地质的的普查工作。人数是一两千人，分三年招生，每届培养两年。这是国家燃料工业部和地质部根据"国民经济第一个五年计划"向教育部提出的请求。当时参加会议的各高校代表，面对这项任务，面面相觑，畏缩不前。认为每年招收四五百名专修科学生，连续三年，时间太紧，师资力量不够，太过困难。时任西北大学地质系主

东营钻井队

任的张伯声教授，经过反复思考，认为国家既然需要，就是再困难，也应该吃下这颗"酸梨子"，也应该努力完成，于是挺身而出，承担了这项艰巨的任务。

当时，西北大学地质系仅有不足十位教师，师资力量极度缺乏，为了保障这项任务的顺利实施，张伯声教授和西北大学地质系其余职工集思广益，提出了一系列的办法：第一，借全国高校调整之际，忍痛将原来的本科低年级学生集体调拨到清华或者北大，继续未完成的学业，腾出人力、物力集中在这项任务上；第二，在1951年和1952年的毕业生中，留下一些学生，如赵重远、陈润业、安三元、陈景维等，担任助教；第三，从外校引进了一批毕业生和教师，如袁耀庭、王永焱等，充实学校的师资力量，并且多次请外校的教师来本校办讲座，传授专业知识；第四，购买了一批地质专用仪器和野外勘探设备，并且利用学生野外实习采集和向有关厂矿征集，建立了实验室、标本陈列室和图书资料室，方便学生学习；第五，新中国成立初期，石油地质相关教材缺乏，加之帝国主义的经济封锁，欧美方面关于石油地质的教材很难见到，能够利用的资料都是苏联的。年逾半百的张伯声先生不顾身体健康，突击俄文，五个月便可以看懂相关的俄文书籍了，并自主翻译了俄文专著奥布鲁契夫的《地质学原理》，但也因此患上了高血压。其他教师也都积极学习俄文，翻译了大量的文献资料，编订石油地质教材，丰富了中国地质方面的知识。

通过这些举措，西北大学地质系终于圆满地完成了此项任务。1952年，第一次入校的就有400人，相当于新中国成立前每年招生人数的40倍，是西北大学1950年招收的石油地质速成班人数的8倍。三届毕业生，总共上千人的地质力量，在我国石油、煤炭、交通、国防等部门发挥了十分重要的作用。其中，关于石油地质的人才，就有600多名。这些人中，除了个别留校任教以外，其余人都奔赴石油生产的第一线，一下子使1954年之前的120~130人的石油技术人员增加了

冀中平原油井

数倍。其中，就有杨拯陆、宋汉良、阎敦实、钟其权、安启元等著名的石油地质专家。

  这批大规模的石油地质专业人才的培养，充实了新中国成立初的石油勘探队伍，弥补了新中国由于石油人才缺乏而石油勘探进展缓慢的遗憾，保障了五年计划的顺利实施，而且石油地质教育先河的开创，为其他高校提供了经验，此后其他高校纷纷效仿，北京地质学院等一大批地质专修院校成立，为中国培养了更多石油地质方面的人才。

  1954年后，虽然国家成立了多所石油、地质院校，但西北大学地质系仍然保留着石油地质专业，坚持不懈地培养石油地质方面的人才，并根据国情，积极对石油地质专业进行调整，以适应经济发展的需求。

  1955年，为了适应为国家培养更高水平的石油地质专业人才的需要，西大地质系开始招收本科石油地质专业人才。1960年，经陕西省高教局批复，地质学系新设两个本科专业：石油地质专业、地球化学与放射地质专业。1961年年初，根据经济建设的新需求，在专业设置上进行了调整，全系只设了一个地质学专业，内分三个专门化，即石油地质学，综合找矿和稀有放射性地质学。1962年，西北大学地质系归属陕西省领导之后，由于西北大学原先的地质人才需求主要来自中央各部委系统，省上不需要太多的地质人才，所以，西北大学地质系的很多二、三专业需要"被砍"掉，石油地质专业也在此列。面对这种情况，张伯声等一大批教授认为，在石油地质专业上，大家已经投入了很多精力，石油地质专业也十分有实力，砍掉着实可惜。两相磋商之下，石油地质专业停办，石油地质教研室保留，相关的教师可以去搞科研、总结经验。

1985年冀中南部"晋古2井"喷油

"文革"期间,全国停止高校招生,西北大学地质系遭到破坏。但西北大学矢志不忘教育这一使命。1970年,同陕西省冶金地质勘探公司合作在煎茶岭办起了"帐篷大学",地质系教师亲自到生产第一线去教学,办了一年之久。随后西北大学石油地质专业的教师利用深入生产第一线调查研究和收集资料的机会,与长庆油田合作在陕北富县和吴起办起了"七二一大学",为长庆油田的勘探分队办了短期的培训班,继续为生产单位培训干部。西北大学地质系的教师亲自上门授课,传授石油地质知识。试点班的教师除了上课以外,还利用假期,时常到市集上进行科普宣传,提高了民众的知识水平。

1972年,西北大学恢复招生,将地质系的专门化改为专业,重新恢复了石油地质专业,并且增加了一系列的教职工,如黄立强、吴文奎、车自成、李钟秀、滕志宏、于凤池等,充实了西大地质系的师资力量。此次招生,西大地质系准备得较充分,三个专业,即石油地质、综合找矿、岩矿鉴定一起招生,招生人数多,范围广,遍及西北五省。这一时期,教师们抱着一种学习工农兵优秀品质的态度,深入到学生中去,和学生同吃同住,教学相长,与学生们"打成一片",使西北大学地质系在特殊的年代,培养了大批的地质人才。

1960年到1976年这一时期,由于政治活动较多,许多高校的专业被迫停止、解散,社会上出现了人才方面的短缺,尤其是一些专业性较强的人才。但西北大学地质系却想尽办法,本着育人的精神,依旧培养了一系列石油地质的专业人才,成为石油勘探的新生力量,如李智廉、任积文、谢志强等。这一时期,西北大学地质系共培养石油地质方面的技术人才200多名,在老一届人才如阎敦实等的带领下,积极进行石油地质勘探,这个时期的江汉石油会战、冀中石油会战、中原石油会战等多个石油会战中,都有西北大学地质系毕业生的身影。为这一困难时期中国石油产量的稳步增长,做出了卓越贡献。

十一届三中全会以后,高校招生步入正轨,四年本科制也重新启

准东油田

动,西北大学地质系经过恢复和调整,积极引进师资力量,编订教材,修改教学计划,充实教学实验设备和标本、图书资料,培养石油地质、矿物勘探等一系列的人才,迅速弥补了由于前期政治运动所造成的人才上的空缺,保证了经济的健康、平稳地发展。

然而,在1982年时,西北大学地质学系却面临着解散的危机。由于西安成立了专门的地质院校,地质矿产部为了加强西安地质学院的力量,多次同陕西省协商,希望将西北大学地质系合并到地质学院去,而且那时候张伯声教授业已转到西安地质学院去了。经过磋商,校方也默许将地质系合并入地院,但消息传到地质系里,却有半数以上的教师不同意,其中尤以老教师为最。西大地质系历经坎坷波折,能有今天的成就,是大家共同努力的结果,是大家心血的结晶,不能合并,以王永焱教授为首、共有72位教师联名上书至省上,陈述不走的理由。省、校方领导难拂众意,也只能作罢。

危机解决后,为了解决招生和分配的问题,全系师生齐动员,根据改革开放联合办校的政策,抓住各大油田急需石油地质人才的机会,率先与石油工业部签订了20年的联合办学合同,培养石油委培生。从1985年到1992年,地质系在这8年中计招生近1000人,其中80%是石油委培生。通过联合办学,不但缓解了当时那一阶段的石油供需矛盾,而且使西北大学地质系得以发展,获得了许多经费。

此后一直到现在,西北大学地质系都在平稳发展,稳步前进,并增加了许多新专业，其中，就有关于石油地质方面的专业：1997年设置了油气资源信息处理专业，1998年设立了国际油气资源和开发经济专业等，可见，西北大学地质系对培养石油地质人才的重视。目前，西北大学地质系有国家地质学理科基础科学研究和教学人才培养基地，大陆动力学国家重点实验室和国家级地质学实验教学示范中心。两个国家特色专业，两个国家级教学团队，主持三门国家精品课程。学科专业具有地质学、地质资源与地质工程两个一级学科博士学位授权点，13个硕士学位授权点，地质工程、石油与天然气工程两个工程硕士专业学位授权点。西北大学地质系对于石油地质专业人才的培养，从最初的灌输式、大批量培养到现在逐渐加强其专业素质和学术的少而精的培养，实践和理论并重，适应了国家建设的需要。

西北大学地质系的发展，虽然经历了一系列的波折，但在全校师生的共同努力下，却在稳步提高和发展；在全国人才凋敝、危难之际，地质系依旧心系教育，坚持人才的培养，急国家之所急，想人民之所想，源源不断地输送着石油地质专业方面的人才，夯实中国石油工业的基础，补充着中国石油工业发展所需的新鲜血液。而且学校石油地质教育，注重理论实践并重，培养出的学子都有较高的专业素养。从新中国成立之初到现在，西北大学地质系为中国石油工业培养了数千名石油地质人才，为中国石油工业快速发展，做出了重要贡献，是真正的"中华石油英才的摇篮"。

2. 奠定了中国油田发展的基础，促进了中国石油工业的大发展

中国近代以来，石油工业开始发展，但是直至新中国成立之初，中国的石油工业的力量依旧十分弱小，从1904—1948年的45年中，累计生产原油仅有278.5万吨，而同期进口的"洋油"却高达2800万吨，石油资源主要依赖进口。新中国成立后，中共中央极为关心中国石油工业的发展，成立了中央燃料工业部。当时中国的石油生产，主要集中在西北的玉门、陕西的延长、新疆的独山子、台湾的出磺坑四

玉门红柳峡白垩纪山

玉门石油河

沙漠勘探队

找到石油现场庆贺图

个小油田，产量很少，资源情况不明，年产量仅有12万吨，这对中国经济的发展极为不利。

究其原因，既有中国传统的石油工业发展晚、基础薄弱的因素，亦有国外专家提出的中国"陆相贫油论"的限制。1913年，美国美孚石油公司组织了一个调查团到中国的山东、河南、陕西、甘肃、河北、东北和内蒙古部分地区进行石油勘探调查，没有什么收获。据此，美国明尼苏达大学埃蒙斯教授于1921年断言："所有的产油层几乎毫无例外地都是海相地层或与海相地层密切相关的淡水地层"，而中国大部分地区都是陆相地域，根据这一断言，中国根本就没有大型油气田存在的可能性。1922年，美国斯坦福大学地质学教授勃拉克韦尔德在一篇题为《中国和西伯利亚的石油资源》的论文中再次强调，中国没有中、新生代海相沉积,为"中国陆相贫油"又增加了论据,为中国打上"贫油国家"的烙印。

当时,石油已经是世界上最主要的能源之一,对国家工业、经济的发展十分重要,一个国家能否快速、平稳发展,与此息息相关。但新中国成立初期,国外帝国主义实行进出口贸易的经济封锁政策,石油专业人才和油气能源都被限制在内,断绝了新中国从国外进口石油的可能性。

所以中国石油工业的发展,需要中国人独立自主地探索,只能在摸索中发展。

老一辈的地质专家坚信,中国不是贫油国家,李四光指出:"美孚的失败,并不能证明中国没有石油可办",后来他也积极为此实践,发现了一些油田。而西北大学地质系在新中国成立初培养的这一批近千人的石油地质专业人才,才是真正打破"中国贫油论"的实践者与证明者,维护了中国石油工业独立自主的发展道路,为中国油田的开发,中国石油工业的发展,奠定了基础。

1954年,应中国燃料工业部的要求,西北大学地质系培养的第一批大规模、专业性,200多名的石油地质技术人员,离开校门,进入石油勘探第一线。这200多名学生中,除了1/4分到新疆中苏石油公司外,其余人都分到了西北石油局。紧接着,西北石油局对这些学生进行再分配,除了少数人直接被分到玉门、延长油田工作外,其余绝大多数被分散到大西北的吐鲁番、酒泉、阿拉善、柴达木等的野外队,从事地质勘探工作。其中,去新疆中苏石油公司的人最多,大约有50名,这些人大多数被分配到南北疆的地质队和钻井队。如南疆的有雍天寿、桂明义、靳仰廉等,北疆有宋汉良、毛希森、林积桐、王秋明等。

这些人为了祖国能摆脱"贫油国家"的"帽子",坚持独立自主的发展道路,不畏艰险,转战新疆、甘肃、青海等大西北地区,从事石油地质的调查研究，有的甚至还为此献出了生命。例如，杨虎城将军的女儿杨拯陆女士，1958 年，她在任职新疆独山子石油公司地质调查处 106 队队长期间，在三塘湖盆地野外地质调查工作中突遇暴风雪，为抢救战友而光荣牺牲。王仁则在新疆担任岩石物性调查队队长期间，在野外调查经过奎屯河桥时，遇上山洪，马匹受惊，坠入山谷，为石油勘探事业献出了宝贵的生命。

这一批石油专业人才，分散在全国各地，从基层开始，认真从事石油地质的调研活动，致力于油田的勘探，是一大批油田、油井的参与者与发现者。在新疆地区，最初只有独山子一个小油田，随着西北大学地质系等一批地质人员的补充后，开始扩大了勘探的范围，发现了一些油田。王秋明 1955 年任井队地质员时，参与克拉玛依油田的发现井——黑油山构造 1 号井（后改为克 1 井）的测定工作，是发现克拉玛依油田的见证人和参与人。当时，宋汉良是该地区地质队的副队长；雍天寿、易能、宋立勋、王志武、林积桐、陶瑞明等人是西北大学地质系 1954 届的毕业生，共同参与了塔里木盆地的地质调查、构造详查和测量工作，证实了塔里木盆地库车坳陷侏罗纪地层有生油、储油条件。以雍天寿为队长的 102/57 队，于 1958 年发现了塔里木盆地的第一个油田，初始产量 120～140 立方米每天，为塔里木油田的发现奠定了基础；黄元福、周宗尧、陶瑞明、朱振东、王长安、李效亭等 30 位同学，1954 年先后参加了新疆吐鲁番盆地的石油地质普查，为吐哈油田的发现与扩大提供了重要依据。

同一时期，燃料工业部石油管理总局决定在青海的柴达木盆地进行石油勘探。当时正临西北大学地质系为国家培养的两年石油专修班第一届学子毕业，为柴达木盆地的地质调查、勘探工作提供了人员保障。柴达木盆地为高原地区，地面多为盐碱滩，被称为"地上不长草，天上无飞鸟。一年一场风，四季穿棉袄"。但西北大学地质系毕业的学生，却源源不断地来此工作。1954 年分配到柴达木盆地的学生有：李崇焕、杨念瑞、唐智、李耀华、马忠义、介霖、李长洲、王善书等共23人；1955年后又有西北大学地质系的毕业生加入柴达木盆地找油的队伍行列。从1954年起，先后有54位1954届西北大学地质系毕业生，进入柴达木盆地，将自己的一生奉献给柴达木。他们艰苦奋斗，拼搏奋斗在第一线，为柴达木盆地的开发和青海油田的发现，做出了重大贡献。

甘肃酒泉地区，也有1954届毕业生的身影。其中，赵刚、房敬彤、张文孝、杨祖序、韩希明等13位毕业生被分配到钻探局酒泉钻采大队；郑瑶芳、杨学庸、马昌训、陈瑞庚等14人被分配到地质局酒泉地质大队；另有金毓荪、李道品、聂文善、王幼琴、朱义吾、严衡文等15人被分配到玉门矿务局。这些人在白杨河油田、鸭儿峡油田、石油沟油田的钻探开发和老君庙油田的注水开发中贡献了力量。

这一批油田的发现，直接证实了美孚石油公司预言的失败。多个油田的发现，也初步解决了中国的石油危机，摆脱了国外经济的钳制，为中国国民经济的恢复和独立自主的发展，提供了保障。

在最初的大西北油田勘探开发中，西北大学地质系的学生都有巨大的贡献。随着油气勘探经验的丰富、理论的成熟、技术的提高，油田的勘探开发也进一步扩展到东北松辽地区。

1958年，石油工业部根据中央的指示，油气的勘探面向华北、东北等地区。当时的石油勘探工作多聚集在大西北地区，松辽地区的地质普查、勘探进行的较少，可以说，是一片空白。所以，想要在广袤的松辽地区获得成功，其困难不言而喻。但石油地质勘探人员不畏艰险，纷纷进入松辽地区进行地质调查，其中，仅西北大学地质系1954届毕业生就有钟其权、李道品、杨万里、王志武、叶得泉、金毓荪等不下30人，更不用说，其后源源不断进入松辽地区工作的西大地质系学子。他们在推进松辽盆地勘探，大庆油田的发现和发展中，都有重大的贡献。

钟其权 1958 年任基准井综合研究队队长时，根据四条地震新测线和重力高资料综合研究明确了高台子构造的位置，在寒风中，亲自打下井位木桩，是为松基三井——松辽盆地第一口喷油井，也是大庆油田的发现井。他的名字和李四光、黄汲清、谢家荣等 22 人的名字铭刻在松基三井的纪念碑上。

大庆油田的发现井——松基三井发现后，证实了松辽盆地含油气的可能性，于是石油工业部决定进行大庆石油大会战，集中人力、物力进行大庆油田的探索和开发。到 1963 年，大庆油田生产原油已达 439 万吨，占全国石油总产量的 70%，周恩来总理在一次会议上说道，"中国石油已基本自给"。而在大庆油田的发展过程中，李道品、金毓荪、王志武等开创了"六分四清"的油田分层注水开发方法，对大庆油田的发展有重大作用；杨万里也为喇嘛甸油田的开发，1300 万吨产量的实现做出了重要贡献，保障了 1975 年大庆油田年产量达到 5000 万吨；叶得泉、王志武等一大批西大地质系学子，立足基层，为保障大庆油田十几年的稳产，做出了重大贡献。

大庆油田至今仍是全国产量第一的油田，大庆油田的发现，使中国真正摆脱了"贫油国家"的"帽子"，在石油上实现了基本的自给，使陆相生油理论真正被世界认可，促进了中国石油工业的大发展。

大庆油田 1989 年重建的"松基三井"纪念碑以及碑后面镶嵌的原大理石碑文

大庆油田发现后，石油工业部根据大庆油田发现、会战的经验，结合实际，又先后组织了一系列石油大会战。大港、胜利、江汉、冀中等石油大会战中，都有西大地质系学生的参与。胜利油田会战中，阎敦实作为华北石油地质综合研究大队的大队长，与华北勘探处地质师帅德福等经过研究，在东营构造上准确定位"华八"井，1961年钻探获得工业油流，发现了东辛油田，为华北平原找油提供了经验和信心，并于1963年发现了胜坨油田，时阎敦实胃溃疡已经很严重，但仍拼搏于石油勘探一线，终于于1964年在一次向余秋里部长的报告会上病倒，因胃穿孔，吐了一盆血，胃被切除了五分之四，差点儿丢掉性命，可谓真正的石油志士。后来胜坨油田于1965年改名为胜利油田。另外，在胜利油田工作的西北大学地质系学子，还有李文彬、黄世光、王淮溪、韩拯中、介霖等20多人。

胜利油田"华八井"纪念碑

今日胜利油田

　　大港油田会战中,张兴民克服重重困难,在海水覆盖的北大港地区,亲自踏勘井位,于孔 5 井发现工业油流,揭开了大港油田的勘探序幕。而唐智、聂文善、李长洲、罗德光、李道品等几十人也先后奔赴大港地区,他们立足实际,在复杂断块油田的勘探和开发方面,都有杰出的贡献。

　　而在江汉和冀中油田会战中,阎敦实任负责人,负责两个地区的石油会战。在江汉油田会战中,初期勘探的重点是潜江凹陷东部,但是经过勘探开发后,成效甚微,阎敦实通过综合研究,提出向构造条件比较好的西边广华寺方向,发现了新的"潜四段"油层,随后很快发现了丫角庙、习家口、浩口等一系列油田,扩大了江汉油田会战的成果;李道品在任江汉油田会战六团团长期间,经过研究比较,推广使用了机动灵活的正方形井网、反九点法注水方式,在全国得到普遍

胜利油田古潜山打出千吨井观场

胜利油田

认可。在江汉油田会战中，还有赵中坚、张汝仁、朱振东等一些1954届西大地质系学子，他们坚持在江汉油田工作长达几十年，20世纪80年代后才被调入其他地区主持石油工作，是江汉油田真正的奉献人。

而其他的诸如华北油田会战、中原油田会战、江苏油田会战、滇黔桂油田会战、辽河油田会战中，西北大学地质系学子的身影屡见不鲜。如唐智和阎敦实一起，完善复式油田聚集带的形成规律和勘探开发理论，为冀中地区和华北地区的"复式油气藏"开发，做出了重大贡献。而当时参加华北油田会战的还有王善书、吕友生、李崇焕、唐文瀚等数十人，他们在落实构造、确定井位、钻井地质、古生物对比等方面，皆有突出贡献；金毓荪、介霖、赵春元、张建林、张文明等参加了中原油田会战；介霖、马忠义、王冠三、陈瑞庚、李应培等参加了江苏油田会战。其中，介霖在任江苏石油局局长期间，从实际出发，发动群众，形成一套小型化、预制化、机械化的现场实用工艺，加快了油田的开发和建设。

勘查新疆吐鲁番火焰山第三纪砂泥岩

1978 年后，中国广袤的地域中，接二连三地发现新的油田，通过一系列的石油大会战，中国的油田已经不是当初的数个，而是数十个，石油开采量也从新中国成立初期的年开采量几十万吨到现在的几千万吨以上。中国已经彻底摆脱了西方国家冠以的"贫油国"的"帽子"，冲破了西方的经济封锁，真正地屹立于世界强国之林。

中国的油田真正实现了遍地开花，但随着大庆、辽河等大油田的出现，新疆、青海等大西北地区的油气资源就显得相形见绌。于是，石油工业部决定重新勘探大西北地区，塔里木、吐鲁番、长庆、甘青藏等地区，皆是勘探的重点所在。塔里木盆地石油会战中，阎敦实、王秋明、易能等西北大学地质系的学子，指导塔里木盆地的石油勘探工作，王秋明发现了轮南大油田，阎敦实确定的一些井位，大多成为出油高产井，为塔里木盆地油田的再次发展，做出了重大贡献；长庆油田发展中，杨俊杰、宋国初、朱义吾、赵纲等人，坚持奋战在长庆油田，发现了鄂尔多斯气田、促进了长庆油田低渗透油田的发展，为长庆油田新的辉煌，奉献了精力。而吐鲁番、甘青藏地区的石油新勘探，自也不遑多述。阎敦实组织了 20 多个地震队伍和钻井队伍，初期就发现了十多个新构造，发现了跃进 1 号油田（后改名为尕斯库油田），1991 年，又在吐鲁番发现中国第一个沙漠整装油田——彩南油田，1994 年，又发现了石南、莫北等油田，为大西北地区的石油工业的新生，做出了巨大贡献。

而在进行大西北石油会战的同时，海洋地区的石油勘探工作也正在如火如荼地进行着，毛希森、王善书、陶瑞明、杨祖序等一大批西大地质系学子，都是海洋石油勘探的参与者。

西北大学地质系的学生，活跃于每一时期石油会战的前线，努力拼搏，艰苦奋斗，从最初的贫油国到现在的石油生产数千万吨的大国，都有西北大学地质系学生奉献的身影，是中国油田大发展的真正参与者与见证者，促进了中国石油工业的大发展。

再者，这一批石油地质专业的学生，不但是油气勘探的参与者和见证者，更在一些油田担任重要职位，如阎敦实、宋汉良、金毓荪、王长明、钟其权、孟令章、杨长暄等，都在石油地质部门担任着重要职务。这些人有着丰富的石油地质经验，是新中国石油勘探发展不可或缺的中坚力量。20世纪50年代西大地质系毕业的学生，在全国15个大油田中，一度有13个油田的局长或总地质师是由他们担任。正如美国《华侨日报》所说："西北大学在石油地质方面，为中国培养了大批科技人员，对中国能源工业有相当大的贡献。"西大地质学系也被赞誉为"中华石油英才之母""石油战线上的黄埔军校"，这些人才，真正奠定了中国油田发展的基础。

3. 注重石油地质研究，完善了中国石油地质科学

从实践中总结理论，反过来用理论指导实践，这是一切科学发展的必然结果，石油工业的发展亦不例外。唯有理论与实践并重，才能促进中国石油工业的长久发展。

新中国成立前，传统的生油理论是国外形成的石油是由海洋生物形成的，但中国地处大陆，属于陆相地区，被认为不可能存在石油资源。但是，20世纪二三十年代，以李四光、谢家荣、潘钟祥、黄汲清、孙健初为代表的石油地质专家，深入大西北地区，进行石油地质勘探，揭开了中国陆相生油理论形成的序幕。新中国成立初期，陆相生油理论虽然有了一定的发展，但还存在一定的缺陷，20世纪50年代，田在艺院士（1939年入国立西北大学理学院，1940年9月转入重庆大学）凭借多年来丰富的石油勘探经验，从生油层、储油层、油气运移、聚集、圈闭构造，到油气藏形成等方面进行了系统完整的论述，提出"盆地形成是受大地构造、沉积环境和沉积物的控制"；生油深凹陷及其邻区是找油的有利地带；油气的聚集是从盆地深凹陷向隆起运移等盆地成油理论；强调了生油岩在石油沥青形成中的主控作用，"没有物质的来源，就不会有物质的储存"，反对单纯寻找储油构

造的观点，"要寻找石油，必须在生油岩系沉积的盆地中寻找，要寻找油藏必须在生油岩系，或其附近地区或上下相邻的其他岩层中去找"。这些论述为油气勘探提供了科学的理论依据，丰富了石油地质理论。

西北大学地质系，历来十分重视石油地质科学的研究。20世纪50年代在王永焱教授的领导下，同地质部华北地质局合作，在内蒙古伊盟（今鄂尔多斯市）西北进行1:20万石油普查和填图，后又接受西北地质局的委托，在陕北地区进行1:20万石油普查和编图。先后测制和编制了内蒙古伊盟西北地区和延安及志丹两幅地质图和说明书。

接着，石油地质教研室对三延地区，以及全盆地进行了油气远景评价和预测：指出盆地北部的油源来自古生界，三延地区应在永坪和延长以西寻找三叠系油藏，在包括庆阳地区在内的中部地区应寻找侏罗系油藏，三叠系油藏类型受砂岩透镜体，以及由它形成的披盖构造的控制、盆地内部寻找圈闭应以压实构造为主，注意区分地表滑动构造，不应以它为勘探对象，以及预测盆地中部可能存在着一纵贯南北的中央隆起等。这些理论判断在以后的勘探实践中，都已经证实是正确的，或在勘探中有指导性意义。

20世纪60年代初，石油地质教研室又进行了陆相生油研究。赵重远教授等在当时即在"沉积盆地是油气生成、运移和聚集的基本单位"新认识的基础上，创立了从整体上研究油气聚集规律的"含油气盆地地质学"新学科，丰富完善了中国陆相生油理论。

20世纪70年代以来，西大地质系主要采取与各油田或有关生产单位协作或接受委托的形式。同时，自己也选择对某些石油地质基础理论问题进行研究。

目前，已完成涉及盆地演化、油田构造、油气生成、泥岩压实与油气运移，盆地沉积相、储层结构、油层物理、三维地震和油气资源评价等内容的十余个项目。在鄂尔多斯、四川、柴达木、准噶尔、塔里木、南襄，华北的任丘、大港、胜利，东北的辽河和松辽等许多盆地开展工作。通过这些研究，西大地质系以地质构造为基础，对这些盆地油气的生成、运移和聚集形成了自己独特的认识，在一定程度上形成了自己的特长和特色。

在石油地质研究方面，涌现出了许多人才和科研成果。如：

赵重远教授20世纪60年代初，建立了从整体上研究油气聚集规律的"含油气盆地地质学"学科；20世纪80年代，将其运用于华北地区含油气盆地研究，并对一些盆地的油气进行了宏观预测。例如，他在1984年《鄂尔多斯地块南部奥陶系侵蚀面的岩溶地貌及其在找油中的意义》一文中，对奥陶系侵蚀面岩溶地貌圈闭和下古生物界晚成油气进行了预测，后获得成功；20世纪90年代，赵重远教授将其发展成一项系统工程，即"含油气盆地系统"，即沉积盆地是油气生成的母体，是一个天然具备孕育油气能力、并使之聚集为矿藏的独立完整动力学体系，以期按照一个合理的油气成藏原理，提出一个可行的油气藏预测方法，即油气成藏动态预测法。并且，赵重远教授对我国鄂尔多斯、准噶尔、松辽等重要含油气盆地和河西走廊——阿拉善、青藏、祁连等地区进行了深入系统的研究，在盆地形成机理和区域背景、盆地构造—热演化、后期改造与原盆地恢复、油气资源评价、油气成藏机理、赋存条件和富集规律、成熟盆地油气再勘探、改造型复杂盆地资源评价与有利区预测、井下岩芯定位与砂体定向等方面，取得了一系列创造性成果。

汤锡元教授对多个油气盆地进行了石油地质和构造研究，提出了许多新颖的理论和观点，特别是对陕甘宁盆地，包括贺兰山、六盘山、巴音（彦）浩特盆地等地区，先后进行了六年多的研究，所做研究报告和专著，如《六盘山盆地构造特征》《贺兰山构造段的构造演化及其形成机制》等，提出了许多行之有效的油气勘探新方法和新理论，至今仍是该地区最为翔实、重要的构造地质和石油地质研究理论

贺兰山中生代三叠系形成的地貌

成果。另外,他将张伯声教授的"波浪镶嵌构造"观点与油气相结合,通过波浪镶嵌构造对油气的控制作用,提出了许多新理论,已在实践中获得证实。

陈荷立教授最早将泥岩压实研究引进我国各主要含油气盆地,先后对南阳、胜利、大港、柴达木、江汉等油田的泥岩压实与油气初次运移进行了大量的调查研究工作,既为生产单位的油气勘探提供了新的依据,又在泥岩压实与油气初次运移理论及研究方法上形成了自己独到的见解,被誉为我国油气运移研究方面的创始人与奠基者之一。西大地质学系最早将泥岩压实研究引入国内，在泥岩压实与油气运移理论及研究方法上形成了自己的特色。

祝总祺教授在油气生成方面、储层研究和成藏方面，都有很深的造诣。在储层方面，较早地引进和利用孔隙铸体和毛管压力的新方法，来研究储层内部的孔隙结构，使储层孔隙系统的研究在可视性方面和定量研究方面产生了一次飞跃；在成藏方面，基于生、储、圈、盖整体评价的思想，提出了"油（气）藏结构"科学概念，建立了压力封有箱成藏模式。

在油层物理和油藏地质研究方面，曲志浩教授等首创真实砂岩微观孔隙模型，用于研究残余油的形成机制、水驱油效率、三次采油及油气运移等问题，继而又将模型扩展到油层伤害和保护及油层堵水等研究中；首次提出最小含油喉道半径和储油指数概念，并用于油藏评价，形成了一种独特的油藏评价方法。

刘池阳教授在沉积盆地动力学、油气成藏机理和赋存规律、盆地后期改造与原始盆地恢复和改造盆地能源矿产勘探理论、方法及关键技术方面取得了较系统的创新成果。曾对青藏高原和羌塘盆地的油气地质、盆地地质和基础地质方面深入研究，基本阐明了青藏高原的地质构造特征和演化历史，为综合评价羌塘盆地的含油气远景奠定了基础，取得了新的突破，多方面填补了羌塘盆地构造演化和油气关系方面研究的空白。在构造演化模式及南北向构造研究方面达到了国际先进水平。

此外，还有姜洪训、周立发等人，都是在石油地质理论研究方面有杰出贡献的西大学子。

这仅仅是西北大学地质系的教师进行的理论研究，还不包括奋战在油田第一线的广大地质系学子，如阎敦实、钟其权、宋汉良、金毓荪、介霖、李道品等，他们将实践与理论相结合，在石油地质的理论研究和钻探采油方面，都有一定的贡献。如钟其权 1962 年在主持油田地层、油层层序研究中，提出一套以砂岩组为基础、三级控制的小层对比方法，和以油砂体为基础的油层综合评价研究法，突破过去分大段笼统认识油层的旧方法，为研究和认识油层分布规律闯出一条新路，也为油田开采提供了科学的地质依据。直到现在，这套研究方法，仍然是油层研究的基本方法；李道品、王志武、金毓荪于 1963 年参加"小层动态研究"时，提出了油田生产一定要走分层注水的方针，后慢慢发展成"六分四清"的油田开发方式，狠抓分层注水，为大庆油田的稳产做出了重要贡献。

其间的例子很多，以上仅是西大地质系关于石油地质方面研究的一小部分，关于石油地质的理论研究工作，历来是西大地质系师生关注的重点。石油地质理论的研究，既是中国油气勘探理论的补充与发展，亦是指导实践的重要方法，对中国石油工业的发展，有着举足轻重的作用。西北大学地质系在石油地质理论方面的研究，虽然不及其在油田开发、培育人才方面的贡献显著，但石油地质科学的完善，不但可以指导新油田的勘探开发，更是当下油田转型、技术创新、理论突破的重要依据。西北大学地质系关于理论方面的研究，初期在指导区域油气勘探方面，有着重要作用，完善了中国石油地质科学，为石油地质这一门科学的建立和发展，贡献了自己独有的一份力量。

综上所述，西北大学在石油地质方面的贡献很大，不但开创了石油地质教育的先河，为新中国培养了众多石油地质方面的人才，更为完善中国石油理论基础做出了重要贡献，是中国石油发展史上不可或缺的重要院校，西北大学作为西北联大的直接继承者之一，继承了西北联大的辉煌，并且延续了这种辉煌。

（三）西北联大在矿产能源方面的贡献

上述说过，西北联大的地质教育，主要继承者便是西北大学地质系，故在矿产能源方面的贡献，主要也是以西北大学地质系为主。

山地地震勘探

矿产资源包括金属矿产资源和非金属矿产资源。其中，金属矿产资源就是我们常常提及的金、银、铜、铁、锡、锌、铀等，而非金属矿产资源指的就是磷、硫、石墨、盐类、金刚石等一类矿产资源；能源资源包括石油、煤炭、天然气、地热等方面内容，但因西北大学在石油方面的贡献较大，故单独罗列，以下西北大学在能源方面的贡献，主要是指除石油以外的能源。而西北大学地质系在发展过程中，对其他矿产能源地质事业的发展发挥的作用，虽然没有在石油方面显著，但亦有独特的贡献。

1950年，西北大学地质系的张伯声教授带着一名应届毕业生赵铭渠到河南参加豫西地质矿产团的考察活动。在此期间，张伯声教授在发现平顶山煤矿和巩县铝矿过程中，发挥了重要作用，为新中国经济建设的发展，贡献了一份力量。

平顶山煤矿原本就有的，但并不是大规模的集体开采，而是小范围的个人行为，并没有引起政府的注意。张伯声先生在路过平顶山时，发现两人在沟里挖煤，便停下车仔细观察，并反复测量了周围几十里的地形，发现下面全是煤，是一个规模很大的煤矿，促成了平顶山煤矿的开发。《平顶山地质通讯》中如此评价张伯声先生在平顶山煤矿发现过程中的作用："没有张伯声先生就没有平顶山市。"

在巩县铝土矿的发现过程中，张伯声先生亦功不可没。张伯声先生在路过巩县小关一个地方时，发现地上红色的小石头，认为这是铝土矿。而当时北大的一个教授认为是铁钒土，里面有铁，风化之后就变成了红色。两人争执不休，后来将此矿石送到开封去检验，果然是铝土矿。于是，便有了河南豫西的铝土矿，有了当时全国第一个铝土矿、也是当时全亚洲最大规模的铝土矿资源。

在豫西考察过程中，张伯声还顺便对中岳嵩山的前寒武系地层构造进行了研究，发现和命名了"嵩阳运动"和"嵩山石英岩""五指岭片岩"，"嵩阳运动"被誉为在中国首次发现的太古与元古地层间的

代	纪	起始年代距今
新生代	第四纪	2百万年
	第三纪	6千5百万年
中生代	白垩纪	1亿4千万年
	侏罗纪	2亿年
	三叠纪	2亿5千万年
古生代	二叠纪	2亿8千万年
	石炭纪	3亿5千万年
	泥盆纪	4亿年
	志留纪	4亿4千万年
	奥陶纪	5亿年
	寒武纪	6亿年
元古代	震旦纪	18亿年
	早元古代	25亿年
	中元古代	46亿年
太古代		大于50亿年

地质年代表

角度不整合面，"嵩山石英岩"和"五指岭片岩"作为岩石地层名称，亦被延用至今。1953年到1954年间，张尔道先生带学生在嵩山实习的过程中，又在元古地层内发现了一个角度不整合面，张尔道先生将其所代表的地壳运动命名为"中岳运动"，完善了中国地质理论基础。

同时，王俊发教授于20世纪50年代初期，参加了中国科学院地质研究所祁连山矿床，以及路线调查工作，发现了铬铁矿矿床。20世纪50年代末期，在秦岭商洛地区发现了锂辉石伟晶岩矿床，促进了中国矿产地质事业的发展。

康永孚先生在20世纪50年代初，深入中国西北和中南等地，详细地对当地的地质地理环境进行了测量，是新中国首批钨矿勘探工作的组织者和参与者，提交了我国三大钨矿的勘查和储量报告，为新中国初期钨矿的增产和发展起到了重要作用。

从1955年到1956年，西北大学地质系不断扩大和招生，成为校内仅次于化学系的第二大系，并积极培育了众多矿产勘探、能源勘探人才，充实了中国地质勘探队伍。

1958年，"大跃进"运动到来，对地质教育事业的发展造成了一定影响。但在此期间，西北大学地质系依旧坚持教育理念，培养了众多地质方面的人才。1958年8月，西北大学地质系与正在陕南进行普查找矿的西北冶金地质勘探局704队挂钩，将闲置在校园内的二、三年级全体学生和一部分教师组成13个分队，奔赴安康地区10个县进行矿点勘查。理论与实践相结合，能更好地锻炼学生的综合素质。后来，因为"大炼钢铁"运动的需求，受安康地委的委托，寻找铁矿。这次活动历时4个多月，西北大学的师生们深入秦岭、巴山地区，检查了无数群众上报的矿点，查明了一些有价值的矿点，圆满完成了任务。这次任务，不但促进了矿产地质事业的发展，而且锻炼了师生们的综合实践素质，完善了地质学科理论上的不足。

1959年，西北大学继续和西北冶金局合作，进行矿产地质调查、勘探。与此同时，地质系还与河南省地质局、陕西省地质局合作，进行1∶5万的地质调查活动，地质系一、三年级互相混编，先在教师的带领下训练一周左右，包括测制剖面、划分填图单元等内容，然后便分三到五人一组，独立进行地质调查绘图。这种小规模、大范围的地质调查活动，虽然在质量上有一定的瑕疵，但是，却可以最大范围地进行地质调查，促进了中国地质调查事业的发展，同样地，也在一定程度上锻炼了学生。

1960年，西北大学地质系新设两个本科专业，除了原来的地质学专业以外，新增设了石油地质专业和地球化学与放射地质专业，看来，放射性矿藏如铀矿等矿产资源的勘探，已经被提上日程。1961年和1962年，由于国家经济困难，毕业生工作分配很难落实，但通过协商，西北大学地质系将大部分毕业生送到了西北冶金系统，这反而在很大程度上促进了西北冶金系统的发展，壮大了地质矿藏勘探队伍。

从1962年到1965年间，是一段比较平和的时期，"大跃进"带来的经济困难已经平复，西北大学地质系有了一段缓冲的时间，得到了一定的恢复和发展。

1966年到1976年是"文革"时期，西北大学地质系在一定程度上遭到了重大打击，尤其是在1972年以前，西北大学地质系被迫停止招生，学业也难以维系。但是，在这段时期，西北大学地质系在矿产、能源方面的勘查工作并未停滞。

1970年，西北大学地质系在勉县与略阳的煎茶岭上开办了地质试点班，主要是给冶金勘探局系统的职工授课，校址建立在一个贵金属矿化带上，校舍是几顶帐篷，被称之为"帐篷大学"，与西安外国语学院在富县牛武镇开办的"窑洞大学"齐名，是"文革"时期著名的两所大学，轰动一时。但窑洞大学是将知识分子迁移到窑洞中去上课，而帐篷大学则是服务上门，让教师去生产第一线主动授课，故而"窑洞大学"很快便以失败告终，而"帐篷大学"却保留下来，教授了众多矿产、能源方面的地质学子，在困难时期，维持了中国地质事业的发展。

并且趁着课余时间，老师、同学们在集市上进行地质知识普及活动，宣传"群众报矿知识"，不但对百姓进行了科普教育，并积极推广了群众报矿策略，发现了一大批丰富的矿藏点和能源点。试点班后因故停止，但此时，西北大学地质系已经名声在外，很多矿产能源系统的人经常邀请西大地质系的教师去授课。如1972年，地质系的几位教师就被请到商县的713队给西北冶金系统的人授课，充实了地质人员的理论基础。

这段时间内，西北大学地质系的师生们根据自己之所长，积极参与陕西的各项地质事业活动，有些人甚至还为此付出了生命。1969年，陕西省准备修筑"万岁馆"，但却无法购买到所需的红色大理石。于是，便委托西北大学地质系的教师在陕西省境内寻找，教师们踊跃报名，十几个人分成三个组，分赴汉中、商洛和陇县三地进行调查，在五六天内，便寻找到了不少可供勘探开采的地点。然而不幸的是，陇县一组的姜渭南和郭勇岭在返回的途中，发生车祸，不幸罹难。

1972年，西北大学恢复招生，地质系也回归正常的状态，但在特殊的年代中，西北大学地质系能够坚持奋斗在第一线，进行矿产、能源教育、勘查，急国家之所急，不但促进了中国地质事业的发展，更保障了中国经济建设的顺利进行。在此期间，西北大学地质系自主参加了国家的重点科研项目——河南富铁会战，并取得了丰硕的成果。如西北大学地质系的教授王俊发在河南舞阳赵案庄铁矿矿床中发现了菱铁矿，并提出了铅锌矿床的海底喷流沉积观点。

1978年改革开放，中国迎来了新的发展契机，西北大学地质系亦不例外。此时，中国地质事业已经形成了较为完备的体系，西北大学地质系在矿产资源、能源资源上的建树，主要转移到理论研究方面，出现了许多在地质矿产研究方面有极大贡献之人。如刘良、张复新等。

刘良是西北大学的毕业生，后留校任教，他在岩石学、矿物学方面有独到的建树，在矿产理论发现方面，亦有不俗的成就。他与其他单位合作，发现了新矿物铬铋矿，获得国际认可，并在我国首次发现了碲锰矿和初步确定了40种成分复杂的含氧金矿物；对驾鹿金矿内的含氧金矿与黄铁矿、碲金矿、石英石的关系进行了研究，认为其普遍存在共生关系，并确定含氧金矿是驾鹿金矿床的主要含金矿物，其中的铅和碲可综合回收。

张复新是北京大学地质系毕业生，1979年考取西北大学地质系研究生，后留校任教，他在成矿系列研究中，有很多贡献。他从区域地质、大地构造宏观角度，建立了秦岭造山带的多期造山运动同矿床系列、成矿演化作用的耦合动力学关系；建立了"秦岭式"的金矿床造山带成矿动力学模式；并将秦岭造山带金属矿床与国内外地质地球化学进行综合对比，对成矿作用有了新的认识。与此同时，张复新从典型矿床、矿床成矿系列的矿带和矿田尺度，对整个秦岭地区的金属矿床成矿系列进行了划分，发现并提出了南秦岭金与铅锌矿床伴生、共生和独立成矿的规律。

综上所述，只是论及西北大学地质系在矿产能源方面的贡献，笔力有限，难以详细叙述，但从上述所言也可知道，西北大学地质系在矿产能源方面的贡献虽然没有其在石油方面的贡献突出，但依然贯穿于整个地质事业发展时期，培养地质人才，进行矿产资源、能源勘探，研究地质理论，综合、全面、长期地保障了中国矿产能源地质事业的发展。

（四）西北联大在基础地质方面的贡献

由于基础地质、地质地理、环境地质所含内容比较多，且西北大学在这方面的贡献多以个人成就、贡献为主，除了人才培养方面有衔接继承之外，余者多是个人行为或者个人能力的贡献，故而本节论述其在基础地质、地质地理、环境地质方面的贡献，主要以个人的贡献为主。

在基础地质方面，包括构造地质、岩石学、结晶学等，西北大学有突出成就的主要有张伯声、张国伟、梅志超、王战、车自成等。

张伯声毕业于清华大学，后于美留学，1930年回国，之后随北洋工学院来到西安，后成为西北大学地质系的教授。张伯声先生在很多方面都有杰出的贡献。其中，尤以在构造地质方面的贡献为最。在西北大学期间，张伯声教授通过研究，于1959—1964年间创立了"地壳波浪状镶嵌构造学说"，并经过不断完善，被公认为中国五大地质学派之一。这一理论不但揭示了地壳构造运动的基本规律，而且在自然科学哲学方面还提出了一个重要的命题，即物质的基本运动形式是波浪状的。这无论是对地球科学，还是对其他自然科学，都有极其深远的理论意义和重要的现实意义，是中国重要的地质理论成果之一。

梅志超于1960年毕业于西北大学地质系，后留校任教。梅志超教授在沉积学、岩石学方面有很大成就。1978年，梅志超教授首次在我国发现了深水碳酸盐岩和砂岩中的自生沸石，并加以论述，概括了深水碳酸盐岩的沉积鉴定标志；在沉积学方面，梅志超建立了再沉积砾岩向浊积岩演变的重力流沉积层序；在河流—湖泊—三角洲沉积方面，他提出了湖泊三角洲是以分流河道砂体的骨架、河口坝不发育的河控三角洲的新观点，并归纳了浅水台地形与深水盆地型两类湖泊三角洲地层模式。

张国伟于1961年从西北大学地质系毕业，后留校任教。张国伟院士在秦岭地质构造研究上独树一帜，具有很大的成就。主要包括以下四方面的内容：

（1）重新厘定并新提出了秦岭造山带主要由三大套构造岩石地层单元组成，经历三大演化阶段。

（2）首次建立了秦岭造山带岩石圈现今结构框架为具流变学分层

的"立交桥"式三维结构模型。揭示了秦岭壳幔非耦合关系的三维结构及其作为大陆不易返回地幔，长期保存演化的重要方式，探讨其大陆动力学意义。建立秦岭造山带地壳现今呈华北与扬子相向向秦岭之下做大规模俯冲，秦岭则沿南北边界巨大反向向外逆冲推覆和内部多层推覆构造为骨架，包含多期不同样式挤压、走滑、伸展构造复合的不对称扇形造山带的三维结构构造模型。

（3）恢复重建了秦岭古板块构造基本格局和细节造山过程。发现和厘定了秦岭勉略—花山第二个板块主缝合带及其东西延伸，综合论证秦岭原属东古特提斯北侧分支洋盆，经长期演化，最终以扬子、秦岭、华北三板块沿商丹和勉略二缝合带，通过点接触、线形面接触到最后全面碰撞造山而形成，详细确定划分了秦岭主造山期的细节造山过程。

（4）论证了中新生代秦岭陆内造山过程及构造演化趋势与特点。提出秦岭是现今仍处于深部地幔调整，上部地壳滞后响应，正在急剧隆升，并趋于裂解为大别、东、西秦岭三块的活跃山脉，论证了对我国环境、灾害的重要控制作用。

张国伟还通过对华北地块南部前寒武纪地质进行综合解剖，并和其他典型地区进行对比，对早前寒武纪地质有了系统深入的了解，取得了一系列成就。后来随着研究的深入，张国伟以秦岭造山带和中央造山系为基地，开展对国内外主要典型造山带与盆地的实际考察和综合对比研究，从全球构造进行秦岭等中央造山系与东古特提斯的区域构造对比研究，探索中国大陆构造特征与大陆动力学，取得了丰硕的成果。

王战教授1961年毕业于西北大学地质系，曾经跟随张伯声教授学习，在地质构造方面亦有独到的见解。王战教授深化并发展了波浪镶嵌构造学说。在张伯声教授创立波浪镶嵌构造学说的过程中，王战教授就有重要的贡献。1976年后，王战教授对波浪镶嵌构造学说进行深化,提出了不同方向地壳波浪干涉对地震活动加强及减弱效应,地质构造发展的"时—空等间距性原理",并通过对东秦岭的研究,首次为波浪镶嵌构造说建立起了"两大构造波系主从地位反复更迭"的大陆造山带演化模型。1990年之后,王战教授正式提出了"地球多级驻波式脉动"理论模型,依此模型对地磁极性倒转频度的不均一性,以及原始陆核形成的世代差异,全球变暖的诸因子之间的相互关系,对大陆地壳与大洋地壳及其壳下物质的重大差异等,均做了较为合理的成因解释,使波浪镶嵌构造学说发展到了一个新的高度。此外,王战教授在中国地质哲学领域,亦有较大的发展。

车自成1967年毕业于西北大学地质系,导师为张伯声教授,先在陕西省公路设计院工作,后调回西北大学任教。车自成教授在岩石学和构造地质方面,都有较突出的学术建树。在岩石学方面,车自成教授发现了阿尔金山造山带中高压变质泥质岩石,为解释阿尔金山造山带及其邻区的构造演化提供了重要证据;研究了巴仑台一带中天山基底岩系的组成与变形特征,命名了巴仑台群,为研究天山造山带的早期演化历史提供了重要资料。在地质构造方面,他系统研究了中国西部与中亚地区早古生代的构造格局,并在此基础上探讨了中国西部早古生代沉积盆地构造背景,全面分析了中国与周边地区的区域构造特征,对中国的区域构造格局提出了一些新见解。

以上只是西北大学地质系中的一小部分人,其余的诸如任纪舜、周鼎武、于在平、李文厚、赖绍聪等人,在基础地质方面也都有自己独特的理论成就,对中国基础地质的完善和发展,起到了一定作用。

(五)西北联大在地质地理方面的贡献

在地质地理方面,即在古生物学、地史学、古气候学、古地理学等方面有杰出贡献的的,主要有霍世诚、薛祥煦、沈光隆、舒德干、符俊辉等,其中,尤以古生物学为最。

霍世诚是北京大学地质系毕业，于1948年到西北大学地质系任教，在地史学、古生物学方面有较多的研究，20世纪50年代初发表了《汉中志留纪细网笔石》，填补了我国细网笔石（笔石是一种古生物科目）研究的空白，并利用数学的方法对弓笔石的形态和演化规律进行了模拟研究，成功地把数学应用到笔石研究中去。同时，他还和舒德干教授合作，研究了中国高肌虫，合著有《中国南部寒武纪高肌虫》和《中国寒武纪高肌虫》书籍，引起了国际的关注。

薛祥煦1954年于西北大学地质系毕业，后留校任教，曾于中国科学院古脊椎动物与古人类研究所进修。她对陕西省及其邻近地域的古脊椎动物进行了比较详细的研究，并建立了"游河动物群"和"游河期"概念，被认为是对我国晚第三纪及第四纪地层古生物研究的一个重要贡献。同时，薛祥煦教授在我国西北地区石门古新统地层和北方第四纪哺乳动物及动物群的研究方面，亦有很大的贡献。

沈光隆是兰州大学地质地理系毕业，后留校任教，于1991年调入西北大学地质系工作，毕业后一直从事古植物学和陆相地层学的研究。在古植物学研究方面，他率先在北祁连山和甘肃龙首山发现晚二叠纪世华夏植物群分子与安加拉植物群分子是共层共生，并非上下叠覆关系，从而纠正了国外权威学者"安加拉植物群比华夏植物群年轻"的结论，并提出了"华夏—安加拉"混生植物群的原始概念，被我国古植物界的两位元老徐仁院士和李星学院士誉为"自20世纪30年代以来我国古植物学界取得的又一重大突破"。

舒德干毕业于北京大学地质地理系，后于1981年获得西北大学理学硕士学位并留校任教。舒德干教授对澄江化石库的研究较为深入，并且在揭示寒武纪生命大爆发全貌和脊椎动物的实证起源上有系统的成果，得到国际学术界的广泛认可。他所发现的一系列原始脊索动物化石及其研究成果，在古无脊椎动物向古脊椎动物演化方面，有重大意义。同时，舒德干教授还在生命演化树上新创了一个门类——

后口动物门。

符俊辉1977年毕业于西北大学地质系，后留校任教。他通过一系列的研究，搞清了淮南生物群的组合面貌，认为该生物群是出现于全球晚前寒武纪最后一次冰期以前含有后生动物实体化石的生物群，把后生动物实体化石的记录提前了2亿多年，修改了过去的传统看法。同时，他还把数学方程引用到化石定量研究中，使化石研究从定性走向定量，提高了研究的精度。

以上所述的都是西北大学留校任教老师在地质地理方面的研究成果，还不包括毕业后在其他单位从事地质地理方面研究的人才。由于人数众多，此间难以详细叙写。但通过上述，也可看出西北大学在地质地理方面对中国地质事业方面做出的贡献。

（六）西北联大在环境地质方面的贡献

环境地质，包括水文地质、工程地质、海洋地质、地质灾害等，西北大学在这方面有突出贡献的有郁士元、陈居合、张伯声、强祖基、郭增建、周可兴、王永焱、雷祥义、王家鼎等人。

在地下水和水利地质方面，有较大贡献的有郁士元、陈居合等人。

郁士元先生是西北联大地质系的主要组建者和发展者，对西北大学地质系的建立和发展，有重要贡献。郁士元先生所学很杂，懂的也很多，最初他是对陕西地质问题进行了深入研究，经常到陕南秦岭、汉中梁山、关中骊山去考察，并取得了一系列成果。但很少有人知道郁士元先生在地下水文勘探方面亦有建树，在任北平市地下水勘探专员时，他就曾领头为北平市寻找固定水源，并提出了在发展中所需的城市用水水源勘测的整个方案，一定程度上缓解了当时北平缺水的问题。1950年到1960年，郁士元先生还对陕西地区的地下水状况进行了考察，著有《渭北高原水文地质条件的初步探讨》等文章，在新中国成立初期，具有很大的参考价值。

陈居合 1959 年毕业于西北大学地质系，后一直在河南省农科院从事地下水研究，他曾为解决河南省农业干旱问题，跑了许多地方，实测地点 4000 多个，累计行程 5 万多公里，绘制了百余幅图，研究面积达 2000 平方公里，成功解决了河南地区农业缺水的状况，其找水定井的准确率达 90% 以上，被群众誉为"活龙王"。同时，他还创造了"激发极化井字形剖面法"，提出了"离子筛"学说，在地下水研究方面贡献卓著。

在灾害地质研究方面，有较大作为的有强祖基、郭增建、周可兴等人。

强祖基 1951 年到西北大学地质系求学，一年后，因为西北大学地质系整改的问题，被调往北京地质学院学习，后被派到苏联留学，回国后执教于北京地质学院。从 1990 年开始研究震前热红外升温异常现象，在地震预报这个世界难题方面，取得了突破性的研究成果，发明了"卫星红外云图"预报地震的方法，成功率极高，2014 年 8 月 3 日云南鲁甸的 6.5 级地震，强先生在地震前 4 个月就已预测出来。"卫星红外云图"预测地震的方法，值得进一步研究与推广。

郭增建 1951 年毕业于西北大学物理系，虽然并非地质系毕业生，但他毕业后，一直从事的却是地震研究工作。他曾制作出第一代中国地震烈度区划图，准确度极高，于现在而言，也并不过时。后来关于地震的成因问题，提出地震成因对应组合模式，认为应以复杂性科学的态度对待地震问题，并于地震预报、预警问题，提出了一系列有建设性意义的举措，十分重要。退休后，他开始从事灾害链问题的研究，认为灾害之间，存在着一定的关系，各种灾害并不是割裂、独立存在的，应该整体予以研究。郭增建先生在地震方面的贡献，对于现在地震问题的研究，具有十分重大的意义。

周可兴毕业于西北大学地理系，同样不是地质系毕业生，但毕业后从事的工作却与灾害地质防治有关。周可兴先生毕业后先在水利部门工作，唐山大地震后被调往地震办，开始研究地震，曾实际调查过众多地震灾区，发现地震前氡异常和蛇出洞有一定的关系，并进行了反复的实验。其间，周可兴先生还为陕西省地震局创办《灾害学》杂志，积极推广灾害防治政策，普及灾害知识。直至现在，周先生还一直在从事防灾、减灾的灾害防治工作。

西北大学靠近黄土高原，故在黄土地质研究上，历来较为重视。在陕北黄土地质研究方面，有突出成就的有王永焱、雷祥义等人。

王永焱 1934 年留学日本，在日本明治工业专门学校（现九州工业大学）矿山工学科学习，毕业回国后，于 1952 年任西北大学地质系教授，从事地质教育工作，他在中国陕北黄土地质研究方面的造诣，十分深厚。曾主编《中国黄土图册》，是中国第一部采用图片记录形式反映我国黄土实况及其研究历史和现状的大型图册，被认为"科学意义重大"。并对中国黄土（包括地层学、古地磁学、古土壤、古生物、古气候等多方面）进行了综合性研究，建立了中国黄土磁性地层划分方案及中国黄土区第四纪古气候演变模式，对黄土地区的农牧业、工程建设、环境保护等方面都有重要的科学意义和参考价值，被认为是"重要的贡献""卓越的成就"。同时，王永焱教授在黄土成因方面，亦做过一些研究，为解决黄土成因问题的争论，奠定了科学基础。

雷祥义 1968 年毕业于西北大学地质系，后在取得硕士学位后留校任教，在黄土研究和古气候方面，都有杰出的贡献。他首次采用压汞法定量揭示了黄土孔径分布规律，发现中孔隙是引起黄土产生湿陷的主要因素，在解决黄土工程问题方面，有重要意义。同时，雷祥义教授首次从黄土微形态角度揭示了我国黄土高原晚更新世古环境的空间格局。

在工程地质方面，主要有王家鼎等人。

王家鼎 1983 年毕业于西安地质学院（现长安大学），后于西北大学任教。王家鼎教授的贡献主要是在黄土工程和岩土工程方面，他曾对黄土地区进行过系统综合的研究，提出了诸多引发黄土滑坡的观点，如灌溉诱发黄土滑坡、地震诱发黄土滑坡、滑动液化机理诱发黄土滑坡等，形成了一套独特的研究体系，在工程建设中多次加以应用，有良好的效果。除此之外，王家鼎教授在滑坡上的研究，使其也成为滑坡、水土流失、泥石流等灾害防治和环境保护方面的专家，意义重大。

总而言之，在环境地质方面，西北大学同样有着杰出的研究人才，对中国环境地质工作的研究，有重大的贡献。

综上所述，西北联大对中国地质事业的贡献，并非是纯粹理论上的贡献，更有实践活动中的贡献；并非是一时一地的贡献，而是长时间段、全国范围内的贡献；并非是单方面、数量少的贡献，而是涉及中国地质事业方方面面、大规模的贡献。西北联大在中国地质事业的发展过程中，扮演的是一个急国家之所急、养国家之所需的角色，顺应历史潮流发展的角色，对于西北地区而言，西北联大的贡献难以磨灭，对于全中国而言，西北联大的贡献同样十分重大。

六、结　语

通过上述对中国现代地质事业发展历史的简单勾勒，我们对中国现代地质事业的发展，有了一个简单的了解。在这中间，我们又重点述写了西北联大对我国现代地质事业的贡献，西北联大不但是中国西北地质事业从无到有的创立者，也是中国地质事业发展过程中的一个重镇。

新中国成立前，西北联大开创了中国西北地区地质教育事业的先河，并积极探寻矿产资源，有力地支持了抗日战争的胜利。新中国成立以后，西北大学沿袭了西北联大的地质教育事业，不但培养了大规模的地质人才，更研创了许多具有重要意义的地质理论，在石油、煤炭、水利、古生物、地质构造、灾害防治、工程建设等方面，发挥了重要作用，不但促进了中国现代地质事业的发展，更保障了中国经济建设的稳定、顺利进行，是中国现代化过程中一个有力的支撑点。

通过上述点点滴滴的认识，我们希望，西北联大在中国地质事业发展中的贡献，能被人们所熟知，西北联大的精神，能被人们所承袭，而不应在历史长河之中，被人遗忘。

人物传记

波浪状镶嵌构造学说的创立人
——张伯声教授

□秦 风

一

张伯声，原名张遹骏，1903年出生，河南荥阳人，我国著名地质学家、大地构造学家、地质教育家。张伯声1926年毕业于清华大学，之后到美国公费留学。他曾先后在威斯康星大学化学系、芝加哥大学化学系，以及该校地质研究部学习，后来又到了斯坦福大学学习古生物。地质学有"三条腿"：构造、岩矿、古生物，张伯声留学期间在这三方面打下了坚实基础。

1930年回国后，张伯声先在焦作工学院担任岩矿地质教授，后又在河南大学地理系、上海交大（当时叫交通大学）、唐山工学院任教。张伯声地质知识渊博，找矿、矿产、岩石之类的课程

张伯声

都能教，天津的北洋工学院学科比较全，了解到张伯声的情况，就将张伯声聘请了去。

七七事变后，平津地区的高校开始内迁，张伯声随北洋工学院来到西安，先后在西安临时大学、西北联合大学、国立西北工学院任教。抗战胜利后，在郁士元的劝说下，张伯声留在西北大学，正式成为西北大学地质系的教授。

二

新中国成立后，张伯声曾担任过西北大学理学院院长、副校长等职务，为西大地质系的发展倾注了大量心血。西大地质系在新中国成立初期为国家的石油工业培养了大批人才，如今西大地质系被公认为"中华石油英才之母"，这和张伯声的努力是分不开的。

1950年，西大地质系决定为西北石油局定向培养五六十名石油地质人才，西北石油局的经费改善了地质学系的办学条件，张伯声和郁士元四处联系、争取有名望的地质学专家和校友来校任教，使地质系办学实力大增。到了第二年，张伯声进京参加中央教育部召开的"培养地质干部座谈会"，会上教育部希望由两三所大学来培养一两千名地质勘探人员，从事矿产地质和石油地质的普查工作，支持国家建设。其他学校领导面有难色，觉得难以承担，张伯声则认为，既然国家需要，就应该去做，同时，这也是一个壮大西大地质系的绝佳机会。于是他挺身而出，领回了这项光荣而艰巨的任务。

为了完成好这项任务，张伯声和地质系全体教职工一起想办法，忍痛将地质系中尚未读完本科的两个年级的学生集体调拨到北京地质学院去完成剩余的学业，又使高年级本科生提前一年毕业，腾出人力。师资方面除了挑选优秀学生留校任教外，又从外校聘请了一批教师，并且多次请外校的老师来本校办讲座，大礼堂也被批准由地质学

张伯声指导学生

系上大课使用。

由于先前从来没开办过石油地质专业，再加上当时外国的经济封锁政策，欧美国家的石油地质教材根本无法获得，只有苏联资料可用。地质系全体老师掀起了学习俄文的热潮，年逾半百的张伯声为了学习俄文还因此得了高血压病，但不到5个月的时间，他就已经可以基本看懂俄文地质专业书了，还翻译了奥布鲁契夫的《地质学原理》。

通过这些办法，西大地质系终于圆满地完成了任务。培养的大批学生除个别留校任教外，其余人都奔赴石油和矿产地质普查第一线。这一批上千人的地质力量，在我国地质、石油、煤炭、基建、交通、国防等全国各部门发挥了十分重要的作用。

三

张伯声当初之所以选择地质专业，原因之一就是为了开发家乡河南。回国之后，他没有忘记当初的志愿，为家乡做出了三个重大贡献：嵩阳运动、巩县铝土矿和平顶山煤矿。

新中国成立之初，河南开始进行大建设。河南西部山区的具体矿藏尚不清楚，河南省于1950年组织了一批地质地理人员进行调查。同时，邀请张伯声担任顾问。

张伯声在长安大学雁塔校区里的塑像

此行收获颇丰，第一个是在河南巩县发现了铝土矿。调查人员来到了巩县小关调查矿产情况，在路边吃午饭的时候，张伯声踢着脚下一块石头说，这是铝土矿。同行的学者中北大的一名矿物教授认为是铁矾土。两人相持不下，于是把矿石送到开封去检验。两个月后结果出来，确实是铝土矿，河南就此开采出了全国第一个大铝土矿，当时的规模也是亚洲第一。

　　再一个就是平顶山煤矿。当时一行人路过宝丰县梁洼，看见两个人在路边沟里挖煤，张伯声仔细观察，发现这不是小煤矿，提醒大家注意，于是考察团留下了两个助手画草测地形图。河南省请中南地质勘探局勘探以后，证明这是个大型的优质烟煤矿。平顶山市即因此煤田而设立、发展，后来每个季度都将出版的《平顶山通讯》寄给张伯声，他们说："没有张伯声就没有平顶山市。"

　　这两处矿产的发现看似偶然，实际上和张伯声高超的鉴矿能力是分不开的。他在芝加哥大学地质研究部学习时，导师是世界有名的矿物岩石学家约翰逊，约翰逊走遍全世界搜集了整整四柜子岩石，分类十分详细，仅花岗岩就有几十种。约翰逊曾给学生讲过，我一辈子积攒的财富就是这四柜岩石标本，你们有时间就来看一看，只要看完一柜，走遍世界看岩石基本都没有问题了。张伯声在那里学习了一年左右的时间，看完了两柜，基本功非常扎实。

　　第三个是嵩阳运动的发现。由于当时交通不便，几十个人骑着毛驴边走边看。路过嵩山时，一行人坐在嵩阳书院的石阶上休息。山沟里是太古地层，上面的嵩山地层透明发亮，主体是元古界的石英岩。张伯声发现元古界（五指岭片岩、嵩山石英岩）同太古界（泰山杂岩）之间存在一个角度不整合界面，并将其代表的造山运动定名为"嵩阳运动"，这是我国首次发现的太古界同元古界之间的造山运动界面，是我国前寒武纪研究的一个重大发现。"嵩阳运动"是地壳构造运动史学中一个重大的历史事件，意义非凡，故被地质学界公认并一直沿用至今。

四

张伯声对地质学最大的贡献就是"波浪状镶嵌构造学说"。1959年,他通过对秦岭南北两侧地壳在不同地质历史时期互相做此起彼伏运动的论述,提出了相邻地块的"天平式运动"概念。后来他在空间上扩大范围来研究"天平式运动",导出了"地壳波浪"的观念。他发现地壳是由若干大大小小的块体镶嵌而成的。它们从几个方向看去都排列成行,就像团体操队员那样秩序井然。张伯声的《镶嵌的地壳》1961年在学校做过报告,1962年在《地质学报》发表。当时只有几页文字,没有示意图,但是同行看后大为赞赏,意识到这是个重要的新观点。文章署名"张伯声","伯声"是他的字,新中国成立后当作名字,有人不知道,惊呼:"中国又出了个年轻的地质学家!"

1965年,在吸收了"膨胀说"和"收缩说"的合理成分后,张伯声提出了地球在以收缩为主要趋势的脉动式演化过程中,不断激发全球四大地壳波浪系统,它们的传播和交织导致了全球地壳的波浪状镶嵌构造的观点。此后他又发表了一系列论文对"镶嵌说"进行修正和补充,到20世纪70年代中期,"镶嵌说"发展成为"波浪镶嵌说",并被国内地质界公认为"中国五大地质构造学派"之一,在国内外有着广泛影响。

地壳波浪镶嵌构造的研究,无论在实践中还是在理论上,都有着重要意义。根据"波浪镶嵌说",各级各类波浪都有其固有的波长与周期的特性,可以较迅速地查明地质构造特征及矿产赋存规律。20世纪70年代以来,国内外矿床学家普遍重视的"等间距找矿",实际上,恰恰是利用了地壳波浪构造的原理。

《张伯声地质文集》

该书收录了张伯声教授一生中最重要的论文，包括《镶嵌的地壳》《地壳波浪运动——形成镶嵌构造的一个主要因素》《从镶嵌构造观点说明中国大地构造的基本特征》等，这是中国地质史和大地构造方面的经典著作。

五

除了指导找矿外，"波浪状镶嵌构造学说"对张伯声的地震研究也起到了积极作用。

1976年，唐山大地震后，四川松潘也发生了大地震，西安震感强烈，民间传言西安也将有大震，一时间人心惶惶。张伯声为稳定人心，和助手王战研究了关中地区的地震历史，探寻了地震发生的规律，得出的结论是西安不会发生大震。他用了一个比喻向前来请教的西北大学原党委书记董丁诚做了说明——现在地壳运动的状况就像一个人用扁担挑东西，两头忽闪，而扁担中间是稳定的，西安就是中间部位，所以不用担心。

得出结论后，张伯声和助手到各机关单位和学校去做了十几场报告，效果很好，对安定人心起到了巨大作用。后来，西安也的确没有发生大的地震。他之所以敢于"反潮流"，正是由于他把地壳波浪运动的周期性原理和对地壳波浪相互叠加、干涉后出现的特征的已有认识，用在了地震地质实践上。

张伯声和地震的故事在社会上流传甚广，演绎出了很多传奇版本，有人说，他讲过一句话："只要我的办公室灯亮着，就不会有地震。"他的助手王战教授回忆说，他并没有听张伯声讲过这话，因为张伯声很节约，不用时灯就关了，不可能开着一晚上灯让别人看。不过，那段时间，他和张伯声确实在地震研究方面做了大量工作，办公室亮起的灯光对很多人的情绪起到了安抚作用。这句话可能就是当时人们心

张伯声在西北大学太白校区里的塑像

情的一个写照。

六

1980年，张伯声到西安地质学院（今长安大学）担任院长，1994年去世。他在西北大学工作了43年，主要学术成就也是在西北大学期间取得的。他曾对人说："不知为什么，我做的梦都是在西大。"如今，在西北大学太白校区和长安大学雁塔校区里，都有张伯声的塑像。西北大学为他所立的塑像展现的是他中壮年时期的风采，看起来乐观而坚强。

抗战从军的热血教授
——郁士元先生小传

□ 秦 风

一

郁士元,字维民,1900年出生于江苏盐城。抗日战争时期,他曾在西北联大任教,后响应号召,主动请缨参军,国民政府授予他少将军衔,被誉为"教授从军第一人"。

青年时的郁士元

郁士元中学就读于知名的江苏省立第八中学(今扬州中学),毕业后考入北京大学地质系,师从地质大家李四光、谢家荣等人,1923年毕业后留校任教,先后任北大地质系助教、讲师、副教授,兼任北洋大学、北平大学、北平师范大学、东北大学教授。1937年,七七事变爆发后,郁士元来到陕西,任西安临时大学教授,后随校迁往陕南城固,任国立西北联合大学、国立西北大学教授。

郁士元作为西大地质系的创建者之一，在地质系发展初期做出了重要贡献。1939年8月，西北联大改组，原来的地理系改组为西北大学地质地理系，又分为地质组和地理组。地质组规模很小，起初只有郁士元、殷祖英和谌亚达三位专业主课教师。

系里教师不够，郁士元就在校外请人代课。李善棠、王恭睦、张伯声等名教授都是他请过来代课的。后来抗战结束，西北大学准备迁往西安时，郁士元多方活动，这些教授最后都留在了西大，成了地质系的教授。经过郁士元的努力，才有了西北大学地质系成立之初的四大教授：王恭睦、张伯声、郁士元、蔡承澐。

除了师资力量不足，地质组学生也不多。最险的是1942年，因为招不到学生，学校的校务会议都已经决定撤销地质组了，但郁士元先生坚决反对：今年没人，明年还会有人！话还没说完，突然两个学生来报到——日本军队到了河南，河南大学办不成了，该校地理系地质组的阎廉泉和赵庚荫就到西大报到来了。阎廉泉后来当了陕西省地质局的总工程师。别人就跟他开玩笑说，阎总，你当年来报到，救了地质系的命。

1947年，西北大学院系调整，地质组称为地质系。此前地质组的大小事务都是由郁士元打理，地质系成立后，第一任系主任由郁士元担任，也是合情合理，但他考虑到学术上的影响力，请王恭睦担任系主任。不久王恭睦离开，郁士元代理了一段时间系主任，又请张伯声担任。郁士元对地质系的事情非常热心，在系里人缘也很好，深得师生尊敬，他要当系主任也未尝不可，但他一切都是为地质系长远发展考虑，并不注重个人的得失。

新中国成立后，郁士元担任过中国地质学会理事，陕西省地质学会常务理事、副秘书长、秘书长，陕西省科普协会常务委员等职。郁士元从事地质教育事业近60年，先后主讲过七门地质学方面的课程，

郁士元与龙凤胎儿女合影

郁士元和妻儿合影

主持编写过多部地质学教材；他重视地质实践，勤于野外调查，在西北地区时，对陕西省的地质问题进行了比较深入的研究，发表了《西安附近的地质简述》《汉中梁山地质》《勉县煤矿区之地质》等学术论文，是陕西地区地质工作的奠基人物之一。从这些经历来看，郁士元只是一名普通的教授，他教书育人，尽职尽责。而实际上，他的一生不仅如此，他把自己的个人际遇与国家命运紧紧地联系在了一起，造就了一段传奇故事。

二

青年时，郁士元就是个热血男儿。他参加过五四运动，冯玉祥领导热河抗日时，他又参与组织了北平市赴热河前线慰问团，积极投入募捐购置飞机支援抗日的活动，还曾兼任宋哲元的参议。20世纪30年代中期，他作为北平市社会名流和有名的抗日分子，被推举为北平市中等教育学校的校长代表，参加了蒋介石在庐山举行的抗日动员大会和培训班。

郁士元撰写论文的工作照

1943年以后，抗日战争进入白热化阶段，国民政府急需高素质的兵员，以接受美援军事装备。蒋介石于1944年号召全国知识青年积极从军，提出"一寸山河一寸血，十万青年十万军"的口号。在这一大背景下，43岁的郁士元做出了一生中最具影响的一件事——他要放弃大学教授的职务，要求参军、上前线杀敌立功。同年晚些时候，经张治中将军引领陪同，郁士元到重庆，受到蒋介石的接见慰勉，被特别授予少将军衔，安排在蒋经国中将领导下的重庆青年军总部受训。这件事是当时国内的一大新闻，全国报纸竞相报道，监察院院长于右任先生还书赠他条幅一件。郁士元一心想赴前线，一再申请，但未获批准，只是调任当时暂驻防汉中的青年军206师任少将视导，身着军装，负责部队的抗战宣传工作，到各地视察，据说，是待命开赴前线。

回到汉中后，郁士元一边在军中工作，一边又回到西北大学兼课。他的参军入伍行动鼓舞了当时知识界、教育界的参军抗战热情，其他高校也有三四位以他为榜样参军的教授。同时，此举也带动了更多的爱国学生参加抗日青年军，西北联大就有约300名学生参军。抗日战争胜利后，郁士元谢辞了蒋经国的挽留，从青年军复员返校。

三

"文革"期间，郁士元因为参军一事受到冲击，被关在了牛棚里。到1968年5月16号，学校里忽然来了一辆吉普车，几个军人把郁士元带走了。学校教师多方打听，才知道郁士元被带走的原因是让他揭发胡乔木。

郁士元和胡乔木都是江苏盐城人，两家是世交。郁士元比胡乔木要大一些，两人关系一直很好；抗日战争初期，胡乔木参加地下党活动被特务追捕，在郁士元家里隐蔽过一段时间。"文革"时江青、陈伯达要批判胡乔木，就从胡乔木身边人下手。胡乔木的亲友大部分都

郁士元晚年照

郁士元(左一)、郁协平(右一)父子和胡乔木(中)合影

被调查，郁士元就因为这件事情被抓进了秦城监狱。当时郁士元被逼供，要他揭发胡乔木被特务追捕那次当了叛徒。当时的其他当事人都已经不在了，郁士元要是说出这句话，那就是铁证。郁士元虽然为人随和，但在这件事情上态度却异常坚决，有就是有，没有就是没有。西北大学地质系教授王战回忆起这件事情时非常敬佩："作为一个人，他的基本素养是有的，人格很正直！"

郁士元因此被囚禁了七年，他的夫人在此期间离开人世，子女也深受牵连。但他并没有怨恨过任何人和事。胡乔木对给郁士元一家人造成的不幸感到不安。但郁士元看得很开，他对胡乔木说："不要不安，不是个人问题，而是形势使然，历史如能倒转，我不是还会这样做吗？"

郁士元于1985年病逝，享年86岁。追悼会上，胡乔木送来了花圈。西北大学组织了隆重的追悼会，送来的挽联概括了郁士元的一生：

致力地质研究跋山涉水夏出冬归早已文誉科坛不愧地质先驱之士；

献身教育事业披星戴月春耕秋播而今桃李天下堪称教育泰斗之元；

横幅为"郁名赫业"。

支持建都西安的地理教育家
——殷祖英教授

□秦　风

殷祖英（伯西）生于1895年，是河北房山人。早年，他曾在北京师范大学教育研究科学习。该校的教育研究科专攻教育理论，主讲教师包括胡适（哲学）、蔡元培（美学）、杨荫庆（教育史）、陶履恭（社会学）等大师。殷祖英和康绍言、常道直、薛鸿志等人是第一届毕业生，是我国最早的一批教育理论家。

毕业后，殷祖英曾在北京高等师范等校任教过，1934年，赴英国伦敦大学攻读地理学。回国后因七七事变爆发，他来到陕西，在西安临时大学文理学院担任地理系教授，后又跟随学校迁至城固，西北联合大学成立后，殷祖英担任地理系教授兼主任。

1939年8月，西北联大改组，西北大学改西北联大原来的地理系为地质地理系。学校北靠黄土高原，置身秦岭、巴山之间，有良好的地理位置和条件发展矿产资源，而且学习矿产资源知识，开发矿产资源，正是国家之急需，因此，殷祖英等人又积极在地质地理系中创建了地质组，这就是西北大学地质系的前身。当时的地质地理系规模很小，每个年级只有十几个学生，最少的时候甚至只有几个人。地质组的师资力量就更薄弱了，成立之初，真正能给学生教授地质知识的老师满打满算才三个，就是郁士元、殷祖英和谌亚达三位先生。地质地理系的第一任系主任是黄国璋教授，但他的专长是人文地理，无法给地质组的学生上课。第二任系主任是殷祖英教授，他的专长是矿产资源地理，能给学生教授矿产资源分布概况的相关知识。作为矿产资源地理方面的专家，殷祖英的基本功是相当扎实的，在英国留学期间，就曾考察欧、美、亚、非四大洲20余国家的矿产情况。1942年，曾参加西北科学考察团，深入甘、宁、青、新实地考察。当年冬天返校后，他举行过数次学术讲演如《由边疆问题说起》等，详细介绍边疆物产、民族特性、油矿资源等，并测绘出了有关地图。

  除了在西北大学任教外，殷祖英对我国第一次西部大开发也有着一定影响。20世纪30年代中后期，随着抗日战争进入全民抗战阶段，西北作为抗战大后方的地位迅速提高，国民政府开始了对西北地区的研究、考察。除了上文提到的西北科学考察团，1939年，西北联大改组后的几所学校联合成立了一个西北学会。该学会的宗旨就是为民国的西北大开发做基础性的研究，后在人文、地理、自然科学等各个学科做出了不少重要研究成果。地理学方面最多，其中殷祖英写过《从地理上认识西北》，还于抗战时期给国民政府写过一个万言书——《论战后国都问题》，他建议抗战结束后国民政府不要再迁都回南京，而应迁到西安来，并举了大量例子给予证明，这篇文章的发表尽管已过去70来年，但读来依然很有建设性，对今天的西部大开发有很多启示。

  抗战胜利后，殷祖英离开陕西，到北平师范大学任教授，还担任过河北省教育厅厅长，后长期从事地理教学与研究，直至1966年去世。

  殷祖英著有《新疆及额济纳地理考察报告》《台湾的自然条件与资源》《从政观感记》《我国的资源地理》等。另外，有《初级中学教本世界史》《世界地理》《世界历史》《欧洲地理》等中学教科书。著述之余，殷祖英爱好广泛，他擅长书法、国画、诗词、治印、京剧，文学修养之高也令人赞叹。1943年，西北农学院水利系的系主任沙玉清教授参加"国父实业计划"考察团赴新疆考察，时殷祖英在迪化（今乌鲁木齐），作诗一首赠予沙玉清教授。诗中每句均有一"沙"（或谐音）字，虽是有意安排，却无突兀之感，兹录如下：

赠别沙公

西北大漠漫黄沙，结伴沙公走荒遐。
沙风沙雨同栉沐，沙枣沙葱共嘘嗟。
弱水三千沙门子，沙夹道里夜停车。
玉关西出沙州路，敦煌郊外听鸣沙。
沙湾道上秋萧瑟，白龙沙堆映落霞。
闻道沙雅多古迹，莎车百里富桑麻。
茫茫瀚海同沙海，愧我无缘涉流沙。
引矣沙公多弥摄，妇当剪烛话窗纱。

伯西敬题，三十二年十月二十八日迪化

岩石矿物学的早期教育者
——王恭睦教授

□秦　风

　　王恭睦，字望楚，1899年生于浙江黄岩。他24岁从北京大学地质系毕业后，赴德国入慕尼黑大学继续深造，获地质学博士学位。归国后，他担任过两广地质调查所陈列股股长、中央研究院专任研究员、国立武汉大学教授、国立中央大学兼任教授等职。

王恭睦（左二）与北大同学合影

西北大学地质地理系的地质组创立之初，因为师资力量匮乏，当时地质组的负责人郁士元就千方百计请外校教授到地质组代课，当时请的最多的就是同在陕南城固的西北工学院的教授。西工的主体是当年的北洋工学院，其地质系、采矿系的实力很强，且有许多名师，如张伯声、李善棠、王恭睦等人。在郁士元的恳请下，王恭睦于1941年8月来到西北大学地质组做兼职教授。抗战胜利后，西北大学准备从城固迁往西安，西北工学院则计划搬到咸阳。这样一来，两校兼职就不太方便了。经郁士元多方劝说，这些教授们都下定了决心留在地质组，真正成为西北大学的教授。这些教授们后来在教学上也都尽心尽力，地质组（系）不断发展壮大，有了后来著名的"四大教授"：王恭睦、张伯声、郁士元、蔡承湮。

1946年，西北大学从城固迁至西安。最开始是郁士元负责地质组大小事务。第二年2月22日，在西北大学年度第一次校务会议上通过了院系调整的决议，其中的第三项是"遵照部令将地质地理系分为地质、地理二学系"，二者均属于理学院。以前的地质组成为如今的地质系。至此，西北大学地质系宣告成立。在系主任人选上，郁士元推荐王恭睦。因为他认为，王恭睦学术水平高，在学术上的影响力也比他大——郁士元为人比较热心，他的知名度是靠社会活动。大家对郁士元非常敬重，但他认为，就地质方面学问而言，自己比较泛泛，虽然各方面都有所涉猎，但如果深入讲某一科，王恭睦则更为专业，尤其是岩石矿物方面，王恭睦是绝对的权威——新中国成立前国民政府曾出版过一套丛书，对多个行业的专业名词术语进行了整理和解释，为中英文对照。其中，《地质学名词》《岩石学名词》和《矿物学名词》这三本书就是由王恭睦负责主编的。于是郁士元请王恭睦担任地质系主任。于是，王恭睦就成了西北大学地质系第一任系主任。

王恭睦担任系主任时间不长，只有几个月。后来他要回南方老家省亲，时值解放战争，交通受阻，一直没能回来。郁士元代理了一阵

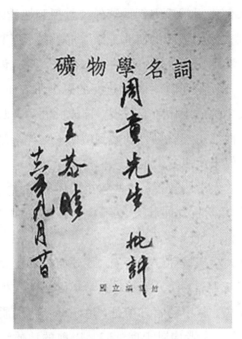

扉页有王恭睦签名的《矿物学名词》

子系主任。后来，由张伯声正式主持系务。

　　新中国成立之初，王恭睦曾参与中国地质工作计划指导委员会西北区勘测工作，筹建了相应机构并担任主要负责工作，筹划了西北区地质调查所、地形测量队和科学实验所，还组建了渭北煤田队（642队）、秦岭铁矿队（611队）、甘肃白银厂队（641队）等7个野外勘测队，也指导过延长油矿、铜川煤矿等地质勘测开发工作。后来，王恭睦到了成都地质学院任教，直至去世。曾与杨钟健合著《地震浅说》。

　　除了岩矿地质外，王恭睦还做过古生物研究。1929年，在原国立中央研究院地质研究所工作时，他就曾到浙江省江山市的一个第四纪晚更新世大熊猫、剑齿象群动物沉积层进行过发掘，搜集了猪、鹿、熊、豪猪、犀牛、象等数百件哺乳动物化石。1931年，他将相关研究发表于地质丛刊第一期（德文版），受到了国内外地质古生物工作者关注。20世纪50年代后期，他又在著名化石产地，湖北省远安县、南漳县一带发现了孙氏南漳龙。他是最早对南漳地区化石群进行研究的学者。他认为，中国三叠纪时期的海相地层在中国秦岭—淮河以南有广泛的分布。襄阳南漳一带正接近秦岭的南缘，为中国南部三叠纪海水的北界，孙氏南漳龙属于在这一海岸生活的种属。在他的研究基础上，古生物学者对该地区古生物化石群进行了持续研究。南漳水生爬行动物化石群是我国已知最早的含有多门类水生爬行动物化石的超长埋葬化石群，也是我国水生爬行动物化石埋藏层位最老、最低的地区之一，在研究水生爬行动物起源，以及演化方面有重要意义。

五四运动前和毛泽东书信往来的古生物学家
——杨钟健先生

□ 秦　风

一

杨钟健先生是我国著名的地质学家、教育家,也是我国古脊椎动物学的奠基人。杨钟健1897年生于陕西华县,早年曾在西北大学前身之一的三秦公学学习。1917年,考入北京大学预科。杨钟健父亲杨鹤年是陕西知名教育家、同盟会会员,父亲的爱国思想对杨钟健影响极大。大学期间,他组织发起了"旅京陕西学生联合会",在报刊上发表了多篇文章抨击军阀暴政,并且和毛泽东、李大钊等人有过往来。"文革"期间,红卫兵曾到他这个"反动学

杨钟健

毛泽东给杨钟健的原信手迹

杨钟健《西北的剖面》

杨钟健《西北的剖面》于右任亲笔题签

术权威"家里抄家,结果抄出了毛泽东当年写给他的一封信,落款写的是"弟泽东",从此,再也没人来抄家了。五四运动爆发后,他积极参与了天安门前的集会和游行,后又加入了邓中夏等发起的"北京大学平民教育讲演团",作为北方学生代表赴沪活动。

1923年,杨钟健从北京大学地质系毕业,经老师李四光帮助,赴德国慕尼黑大学攻读古脊椎动物学科。1927年,他以优异成绩顺利通过毕业论文答辩,获得哲学博士学位(当时,西欧自然科学专业博士毕业后一般授予哲学博士学位)。他的博士论文为《中国北方啮齿类化石》,发表后获得了国内外学者的高度评价,标志着我国古脊椎动物学诞生了。

第二年2月,杨钟健回国,不久后到国民政府实业部中央地质调查所任职,其间主持了新生代研究室对周口店"北京人"遗址的发掘工作。20世纪30年代初期,杨钟健先后研究过古哺乳动物、第四纪地质、爬行动物,为我国相关研究打下了坚实基础。七七事变爆发后,他拒绝了去东京讲学的"邀请",离开北平,辗转到达昆明,任地质调查所昆明办事处主任,并兼任西南联合大学名誉教授。在昆明的几年时间里,他主持了对云南禄丰动物群的发掘和研究,这一研究使禄丰动物群成为世界上研究这一重要地球史时期,脊椎动物和古地理的一个经典与标准的化石地点。所发现的禄丰龙,是迄今为止中国已发现的最完整的恐龙化石,我国各有关博物馆几乎都有它的复制模型。

二

抗战胜利后,杨钟健在南京地质调查所工作。1948年9月,来到西安,出任国立西北大学校长。他和西北大学渊源很深,除了早年在三秦公学求学外,20世纪30年代,还曾兼任过西北大学教授。杨钟健担任西北大学校长的时间并不长,到1949年12月卸任,只有一年多时间,但是,他在西北大学历史上有着特殊地位。1949年,国民党败退时,教育部命令杨钟健把西大迁到成都。杨钟健思想进步,支持孙中山,对蒋介石执政不太满意,于是,和张伯声配合着故意拖延。上边多次催促,杨钟健都敷衍说,迁校问题很复杂,正在请人做大箱子,做了以后还要仔细装箱,以免像之前搬到陕南再搬回来,造成中间很大的损失。两个人一直在尽力拖延,因为他们知道西安很快就要解放了。西安解放后,杨钟健先生亲手把西北大学交给了共产党代表,保证了西北大学在政治动荡时期的顺利过渡,妥善保存了西大的办学实力,为西北地区保留了宝贵的高等教育基础。

三

离开西大后,杨钟健曾任中国科学院编译局局长、科学院古脊椎动物研究室主任、中国科学院古脊椎动物与古人类研究所所长、北京

杨钟健（左三）在周口店办事处与同事的合照

自然博物馆馆长等职。新中国成立后随着各地建设工程的开展，大量古脊椎动物化石被发现，杨钟健这时已年过半百，仍在学术领导、组织工作之余积极参与野外考察，到80多岁时还去了山西、广东考察，最终用了近20年时间，将这一阶段的研究工作和他以往的有关论著进行结合，大致厘清了中国大陆上恐龙动物群的演变过程。

这一时期，杨钟健除了研究古脊椎动物外，也非常重视培养普通民众的科学文化素养。他时时以祖国的前途为念，在德国留学时曾作诗两首，其一曰："荆棘遍祖国，愧见此河山，今生无所补，空为一青年。"他在国外参观了许多陈列馆、博物馆，究其功用，深感这对于提高全民科学文化素质有很大作用，1931年，他又撰文道："当我十二年（1923）至十七年（1928）在欧洲时，几乎无一日不感觉到外国陈列馆的众多和其意义与效力的伟大，也几乎没有一天不感到我国

北京中国古动物馆陈列的许氏禄丰龙化石

　　许氏禄丰龙生活在大约 2 亿年前,是侏罗纪早期的素食恐龙,是最早在中国大地上出现的恐龙之一。中国古动物馆保存的许氏禄丰龙化石就是杨钟健等人于 1939 年在云南省禄丰县沙湾东山坡发掘的。

马门溪龙装架复原时杨钟健在现场指导

1977年10月30日杨钟健等人在许家窑

关于此项事业的幼稚与有努力的必要。"他自1959年兼任北京自然博物馆馆长直至去世,努力使该馆发展壮大。同时,他还遵照胡乔木的指示,实地考察了全国各地多个博物馆,指导建设。晚年时,他曾和动物学家童第周先生筹划建立"中央自然历史博物馆",可惜他们二位学者不久后相继去世,深为遗憾。值得欣慰的事,在杨钟健20年苦心经营下,北京自然博物馆不断发展壮大,后被联合国教科文组织中国组委会命名为"科学与和平教育基地",2008年,被国家文物局评定为国家一级博物馆。在2012年度国家一级博物馆运行评估总评排名中,位列全国博物馆第五位、自然科技类博物馆第一位。

杨钟健于1979年1月去世,被安葬在周口店——那个发现北京猿人的地方。正是在那里,他带领着中国的科学家为世界考古史做出了伟大贡献,开始了自己科学报国、教育后人的学者生涯。

乱世过客
——牛道一

□ 商　昭

一

牛道一，河南省柘城县人，1905年农历六月初八出生于一个书香门第，长辈按照排行给他取名牛传钦。1922年春，17岁的牛道一在机缘巧合之下，加入了国民党。后在上中学时，加入了一个叫"共进会"的地下党秘密组织。后又经同学介绍认识了河南省党部常委陈津岭和国民党中央组织部部长陈立夫以及彭雪枫。

1934年夏，牛道一考入北平师范大学，并于大学期间，加入了诚社（国民党北方的重要外围组织，在北方学界产生了很大的影响）。

1937年7月7日，七七事变爆发，北平师范大学被迫迁徙，牛道一在看

牛道一

到西北联大成立后，赶赴城固，加入西北联大。在西北联大期间，牛道一是"诚社"在西北地区的主要负责人，西北联大也成了"诚社"在西北地区的活动中心。

1938年，牛道一大学毕业，继续留在西安，负责"诚社"西北地区的工作，后教育厅厅长周伯敏派牛道一前往延安任教导主任。牛道一在延安待了不到半年，就接到了张历生发来的电报，让他速去重庆参加党政高级班的训练。

在参加完党政高级培训班后，牛道一的人生有了重大变化。

1942年春，牛道一随同朱家骅前往德国请希特勒劝说日本停止进攻中国。事后，牛道一通过朱家骅的帮忙，留在了德国，在柏林大学攻读地质学。在校期间，希特勒的国家安全部头目希姆莱曾经动员牛道一参加他们的组织，由于学习成绩优异，学校也表示愿以优厚的待遇留他在德国。但想到德国人看不起黄种人，以及国内的大好前程，牛道一还是回到了国内。

牛道一回到国内，教育部先派到教育部第三教师服务团任团务委员，不久，朱家骅便通知牛道一返回中央，并任命牛道一为北平特别市党部执行委员。

二

1944年春，牛道一返回了重庆。时正值抗日战争即将胜利，国民政府设立了一个反攻专区，委任牛道一为中将专员，负责协调工作。担任中将专员是牛道一一生最辉煌的时刻。但同样，也是他人生的转折点。

牛道一到商丘后又找到张岚峰，张岚峰让他担任干部训练班的导师。牛道一利用这一机会，发动一部分青年成立了"三民主义革命者青年同志会"，以组织文体活动为掩护，秘密开展抗日宣传。

1946年农历正月十二,牛道一为了向蒋介石、朱家骅汇报工作返回重庆。此时的牛道一并不知道他已被人陷害,即将身陷囹圄。到重庆后的第二天凌晨,牛道一便被中统抓捕,之后牛道一被软禁。经过多方解救,牛道一被关押了一年零六个月之后被释放出来。蒋介石打算重新起用牛道一。

但在被关押期间,牛道一对蒋介石有了看法,在看守放松后,牛道一可以看到报纸,知道解放战争已经发生了转折。出狱后,牛道一便决心倒戈反蒋。

三

1947年9月初,牛道一辗转来到香港,见到了李济深、蔡廷锴、蒋光鼐、王葆真等人,正式脱离了国民党,加入民革,并深受李济深等人器重。1948年6月,李济深委派牛道一策动浙江省主席陈仪起义。牛道一不仅与陈仪、杭州市市长张炜民接触,并在他们的帮助下与一批国民党军官取得了联系,这些人曾在蒋介石的侍从室待过,此后蒋介石的侍从室发生的数起爆炸案,皆与他们有关。同年年底,牛道一被派往武汉,策反国民党华中剿匪总司令部长官白崇禧。他见策反白崇禧一时难见成效,便先策反了白崇禧手下的河南省主席兼第五绥靖区司令长官张轸及白崇禧的高级参谋王道生和作战科长等人。后来,张轸派人监视了白崇禧,并派军队占领了武昌的贺胜桥,堵住了白崇禧的南逃之路。王道生和作战科长帮他弄到了一份完整的华中剿总作战部署。

1948年8月,牛道一应李济深的邀请到达北平,担任了李济深的秘书。新中国成立时,他还受邀参加了开国大典。

1951年春,"镇压反革命"运动开始,牛道一被要求前往派出所学习,但他不以为意,经常以工作忙为由不去,有时,还让保姆代他

牛道一和家人

1986年6月,牛道一被任命为河南省人民政府参事

去学习。由于政治身份问题，1959年夏，牛道一被判处死刑，缓期两年执行，后来判决被撤销，但是牛道一一直被关押到1975年才获释。1983年2月，辽宁省高级人民法院和沈阳市中级人民法院下达了牛道一的"平反通知书"。1986年6月，牛道一被任命为河南省人民政府参事。

  牛道一重情义，因此他能够去保护自己的兄长；但也自视过高，他敢让保姆代他去参加学习；他善于处理人际关系，因此，与各方势力都能搭上关系；他眼光敏锐，善于抓住机会，不论干什么，他都能全心全意，参加进步学生的活动时，他能冲在最前面，哪怕受伤、被通缉，也在所不惜；在国民党时，为了投其所好，就尽心尽力地力求进步；参加民革后，又一门心思地策反国民党将领。也许就是这份心思，让他无论在什么地方，都能得到器重，但是，从他的这些行为中看不到他自己独立的思想，他时刻唯效忠对象的需要马首是瞻，所以虽然他能够趋利避害身居高位，但终究只能成为乱世中的过客。

不是教授的"教授"
——张尔道先生

□秦 风

张尔道,陕西咸阳人,他是西大地质专业开办后招收的第一批学生。

1939年,西北大学地质组创立后,当年就招收了7名新生,其中就包括张尔道。张尔道原本报考的是北平大学,但拿到录取通知单后,上面说由于抗战期间交通不便,西北地区的学生一律到西北联大就学,于是张尔道便来到了西北大学地质地理系。

1943年毕业后,张尔道到了中央地质调查所兰州西北分所工作,新中国成立以后来到了西大地质系任教。在西大任教期间,他的职称一直都是讲师,但却被人尊称为"教授"。1955年到1956年这段时间,教育部门要给教师们评职称,西大地质系上报的是张尔道、张耀麟两位教师,希望能把他们两人评成副教授,两人当时都是讲师。张伯声这时主持地质系工作,他本人对此更是支持。但最后省上批下来的结果是张耀麟评为副教授,张尔道没有获得批准。张伯声向主管部门了解情况,得知是政治问题,说是张尔道在新中国成立前参加过国民党某组织,是该组织省一级的委员。主管部门表示可以内部控制使用,不能再给升职称。

从学术水平上来说，张尔道完全有资格评上副教授职称，他本人对此也不服气。张尔道号称"西北小构造第一把交椅"，张伯声号称"西北构造头一家"，研究的是大构造。大构造包括小构造，张尔道在大构造上没有张伯声专业，但在小构造方面是绝对的权威。地质局但凡要开会审图，必须把张尔道请去，因为地质图首先是构造问题。张尔道看过图后，要提出了疑问，技术人员往往都回答不了。"你这图自相矛盾，这个地方画这条线没有道理"，他知道某条线应不应该这样画。如果某条线连不上，在那里随便画条线解决问题，张尔道在图上一眼就能看出来。后来地质局各个分队的图基本做好后，技术员先毕恭毕敬地到张尔道家，说："张先生，请您给看看。"他一条一条看出几个问题，这几个问题只要一修改，其他人下次就再也找不出问题了。"文革"前出版发行的20万分之一的地质图说明书上都有"本图在成图过程中受到西北大学张尔道教授的指导"之类的感谢语。他一辈子都没当上副教授，但学术界尊称他是教授。

张尔道在1953—1954年带学生在豫西实习期间，在元古地层内部发现一个角度不整合面，他把五佛山一带分布的轻微变质或不变质岩层称为五佛山系，并把五佛山系与石英岩之间的这个不整合接触所代表的地壳运动命名为"中岳运动"。中岳运动发生在距今18亿年前后，巨厚的石英砂岩开始慢慢隆起并皱褶成山，形成嵩山的雏形。他所命名的"中岳运动"名称则沿用至今。

尽管一直没能评上教授职称，但张尔道并没有把这种情绪带到教学工作中，他对学生尽心尽力，地质知识之渊博也对学生们产生了很大影响。1958—1959年，地质系的学生们要去野外实习，最初是三五个学生一组独立考察，后来系里考虑到学生只学了一年多专业课程，经验还不够，应该有专人跟着指导，于是派出去了一部分教师。现在在西大地质系工作的王战教授当时跟着张尔道在野外实习过。据他回忆，张尔道带着一二十个学生，先在地图上圈一个山沟出来，接着到实地看露头情况。看完后，他对学生说，沿着山沟往前走，有五种可能性。大家走了一段路后，一种可能性被排除；再走一段路后，第二种可能性被排除，到最后只剩下了一种可能。再往里走，果然是那一种情况。他看到一个地质现象，有几种发展倾向、可能性，他全都能想到，随后出现一个新的现象，就可以把前边一两种可能情况否定掉，这个基本没有人能够做到。王战跟着张尔道实习了一个礼拜，学了不少东西。

无独有偶，1976年，从西大地质系毕业的翟明国院士谈起恩师张尔道时，也评价他学问踏实、乐教善教，经常带学生外出考察并亲自指点，培养了自己对地质学的浓厚兴趣。

1978年时，西北大学曾再次为张尔道申报教授，未及省上批复，张尔道于1980年去世。

早逝的地质英才
——姜渭南、郭勇岭

□秦 风

姜渭南是西北大学地质系 1962 届的毕业生。这一届学生毕业后要分配到西北冶金勘探公司，但在毕业时候，时任西北大学副校长的张伯声收到了地质部部长李四光的一封信，大意是说，之前您建议我办地质力学讲习班，这个建议很好，组织上已经同意，希望贵校尽快派一两名年轻地质教师前来学习。

于是张伯声就请系里抽调出一两名教师。可是因为之前精简机构，几个月精减了二十七八个人，剩下的教师们都有各自的工作，去一个人系里至少就有一门课没人教。张伯声说，这意见是我提的，现在地质部同意办班，全国各个地质队要去 100 多人，我们西大自己不去恐怕影响不好。系里的老师都有教学任务，那我们就派个毕业生去。

系里在当年的毕业生里挑出了姜渭南，给他留了一个第二年的分配名额。学校打算让姜渭南先去北京进修一年，等学成回来，国家不那么困难了，再让他留校当助教也可以。姜渭南领了毕业证，系里就给他下达了任务——到北京去开会、学习。稍做休整后，姜渭南于 1962 年初秋去了北京学习，直到第二年年底结业。

这期间，姜渭南学习很认真。结业后，李四光还写信向张伯声表扬姜渭南，说这 100 多人里，学习最认真、成绩最好的就是姜渭南。姜渭南大学刚毕业，是这些人里最年轻的，但基础非常好。

姜渭南的认真可以从给李四光讲话做记录这件事情上看出来。当时在讲习班开学典礼上，李四光做了一个报告，姜渭南把讲话内容详细记录了下来，过后认真整理，自己备了一份，另外一份寄回了学校。这份讲稿非常珍贵，一直由地质系王战教授保存。到 1974 年，各个学校的学报陆续开始复刊，《西北大学学报》也在筹备复刊工作，学报自然科学版的负责人找到了王战教授，请他推荐一些稿子。王战教授推荐了姜渭南整理的这份讲稿，学报在 1974 年第二期上发表了，名为《李四光同志在第一期地质力学进修班的讲话》。这份讲稿非常重要，是迄今为止出版的李四光各种文集中都未见收录的文献。

1964 年元月，姜渭南回到了西北大学。回来以后，他成了"文革"前地质系唯一一个系统掌握了地质力学知识的人，也是唯一一个为地质系研究生和教师的地质构造研究做过模拟实验的人。

当时，张伯声带的研究生在甘肃陇西县考察，因为负责指导的人手不够，张伯声就派姜渭南跟着研究生去。考察几个月回来，一行人做了几个模拟实验，这几个实验模块就是按照陇西县的构造和分析的应力场景做出来的。李四光对此很重视，曾提出要注意这种模拟实验，在室内做模拟实验时，必须以在野外看到的构造现象，以及由此推断的应力场状况为依据，如果能做出这个构造现象，才说明观点、推论是正确的。姜渭南后来又做了两个模拟实验，效果都非常好。

1969 年 2 月份，陕西省准备修建"毛泽东思想万岁馆"。当时，全国多数省都已经建成了，陕西拖到了最后。因为建馆要用大量红色大理石，红色大理石价格昂贵，陕西财政紧张，拿不出钱来。省上就说，看能不能在陕西的山里找，陕西山多，或许能找到。这个任务被分配到西大地质系，教师们听到这个任务后，觉得是发挥专长的好机会，既是为省里做贡献，也是向毛主席表忠心，因此踊跃报名。十几个教师分成了三组：商洛地区组、汉中地区组、陇县组。这几组只用了短短五六天时间就找到了不少可供开采的地点。然而，在完成任务归途中，陇县组一行人出了车祸，姜渭南和郭勇岭不幸遇难。郭勇岭是西北大学地质系教师，1949年毕业后留校，讲授构造地质学课程，和张尔道、高焕章等人为西北大学地质系构造地质学的发展奠定了良好基础。他研究过鄂尔多斯地台、川北若尔盖地块、川西北古生代化石等，1961年参与编绘过1∶50万的陕西省地质图。

大庆油田主要发现人
——田在艺教授小记

□秦　风

一

田在艺，我国著名石油地质学家，中国科学院院士，大庆油田的主要发现人之一。田在艺 1919 年生于陕西渭南一个普通小学教员家庭。在西安市读中学时，深受学校里一位年轻地理教员影响，对地质地理知识产生了浓厚兴趣。他的少年时代正是中国遭受外侮的岁月。如同千万有志青年一样，他希望学有所长，科学救国。于是在 1939 年 7 月以优异成绩考入国立西北大学地质地理系。

地质地理系当时创办不久，师资力量不足，无法更进一步满足教学需求。田在艺在西大地质地理系学习一年后，希望能继续提高专业水平，于是征得学校同意，转学到了位于重庆的国立中央大学地质

田在艺

系。在中央大学学习期间，因为学习负担重，田在艺经常挑灯夜读，导致身体虚弱，最后患上了肺结核。他休学了一年回家休养，之后回校继续苦读，于1945年7月毕业，当年初秋时报名来到了玉门油矿。

指导他的是著名的石油地质学家孙健初先生，孙健初先生是玉门油矿的创建人。田在艺在孙健初先生带领下，在甘肃、青海、宁夏、陕北一带进行勘查，寻找新油田。当时，交通条件差，大家从老乡家里租来毛驴、骆驼，驮上仪器设备和行李干粮，一组七八个人，从开春出发，勘查大半年，直到年底才回来。这样艰苦的野外勘探工作持续了近十年，田在艺练就了野外现场进行石油地质调查的基本功，直到晚年，他说起这一带的地质情况，依然如数家珍。

二

新中国成立后，石油工业得到了国家重视，为甩掉"贫油国"的"帽子"，国家开始将目光投向新疆。1955年，田在艺从西安地质局被调到了新疆石油管理局地质调查处，任总地质师和研究所副所长。他在这里参与发现并建设了新中国第一个大型油田——克拉玛依油田，他常说："这是我人生中一个很重要的阶段。"

克拉玛依油田的开发经历了激烈的争论。这一带戈壁上分布着大量油苗和沥青。当时，苏联专家依此断定油藏已被断层破坏，不可能存在大油田。中方石油人包括田在艺在内没有迷信权威，通过多次野外实地勘查和大量物探资料的分析，他们认为，克拉玛依有较好的储油圈闭构造。在之后的会议上，田在艺坚决支持开钻勘探，1955年4月，第一个井架在克拉玛依竖起；当年7月，黑油山1号井开钻。

经过三个多月的艰苦奋战，1955年10月29日，"黑1井"喷出了原油，克拉玛依油田被发现，这是新中国历史上发现的第一个大型油田，中国终于甩掉了"贫油国"的"帽子"！

田在艺院士调查地质

三

1960年，田在艺来到了大庆，担任大庆石油会战指挥部副指挥兼任总地质师等职务。田在艺在大庆工作了四年，主要负责领导地震队工作。他带领队员进行地震勘探，整体解剖了松辽盆地，组织策划并直接参与了地震部署、资料解释和钻井设计。

田在艺在发现构造圈闭的基础上，于大庆长垣外围发现了新的油气田，是大庆油田的重要发现人之一。大庆油田的发现和建成，进一步证实了陆相地层也可以有大油田的生成，有力地驳斥了当时国际上的"中国贫油论"，中国实现了石油的基本自给。1982年，田在艺成为国家自然科学奖一等奖"大庆油田发现过程中的地球科学工作"的获得者之一。

1999年，田在艺在大庆油田发现井——松基三井旁留念

1986年华北油田咨询会上，田在艺宣读自己关于黄骅坳陷的研究成果

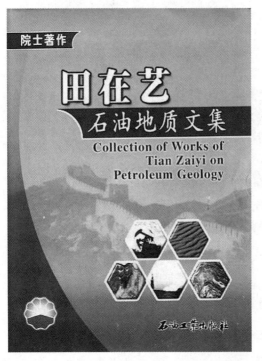

《田在艺石油地质文集》

该文集收录了田在艺自1948—2004年在国内外发表以及学术会议上宣读的论文及院士言谈等共计73篇，全书共分资源勘探、地质构造、地层岩相、盆地论谈、石油学史、英文辑录等六编，反映了作者自20世纪40年代以来从事石油天然气勘探开发地质工作的研究成果和学术思想。

1989年，田在艺获得首届李四光地质科学奖后，在地质力学所李四光像前留念

之后，田在艺又参加了大港石油会战、江汉石油会战，1973年4月，担任江汉石油学校副校长。1974年他又来到了吉林油田，担任副指挥兼总地质师，参与调整扶余油田开发方案，改气驱开采为水驱开采，保持了油田稳产高产，扩大了含油面积，增加了可采储量。

1980年年初，田在艺担任石油部石油勘探开发科学研究院副院长兼总地质师，参加和领导中国含油气区大地构造与油气远景评价等研究工作。尽管这时已年过花甲，田在艺在工作上仍十分"拼命"：他没有节假日和礼拜天，除了下油田调研考察和外出学习开会，每晚都要在狭小拥挤的书房里工作至深夜。这期间，田在艺担任研究生导师，指导了10多名硕士、博士研究生，发表了90余篇论文、2部专著，主编了6本科研著作，累计达400多万字。学术上的这种高产和他本人的勤勉，以及对石油事业的热爱是分不开的。由于他在石油地质学、陆相盆地生油和成油理论、油气藏地质学等方面的研究贡献，1989年，荣获首届"李四光地质科学研究奖"，1997年，当选为中国科学院院士。

胜利油田总地质师
——帅德福

□ 秦　风

一

帅德福是胜利油田原总地质师、"华8井"发现的亲历者，生于1934年。他参与发现的"华8井"是华北平原第一口见油井，也是胜利油田的发现井。有了"华8井"，才有了之后的胜利油田。

1951年，西北大学接受了国家下达的培养石油地质和矿产地质普查勘探人才的任务，于1952年正式招生。帅德福正是在这一年来到了西北大学，在地质系的石油地质专修科学习。

该专修科为两年学制，1954年，帅德福毕业，之后和其他同学一道奔赴石油地质勘查的第一线。这时的新中国刚成立不久，国家的石油勘探工作刚刚起步。当时的地质部部长李四光认为，中国疆域辽阔，天然石油的蕴藏量应当是十分丰富的，所以要抓紧勘探工作。1955年，中科院、石油工业部和地质部经过研究、讨论，最终决定先在华北平原找"隆起带"。第一口基准井"华1井"选在了河北沧县，经过近一年钻探，没有发现任何油气。之后到1960年，钻井队先后打下了6口井，经历了从"打隆起"到"打坳陷"的转折，直到山东

帅德福著作《济阳坳陷油气勘探》

商河县济阳坳陷上的"华7井"才终于发现了良好的生油层和储油层。帅德福等人难以抑制内心的激动,在研究报告中大胆预言:"华北即将发现大油田!"

当年10月,华北石油普查勘探会议决定,将"华8井"井位定在了当时的广饶县辛店公社东营村。1961年1月26日正式开钻,到3月初钻到了1100米。3月5日,技术人员取出了一块0.45米长的岩芯,褐黑色的油砂缓缓往外流油,大家欣喜若狂。帅德福当时任华北石油勘探处地质综合研究队队长,正在济南驻队。接到发现油砂的消息后,他坐着一辆吉普车连夜赶到了东营"华8井"。了解了具体情况后，技术员用透明纸将油砂包好、蜡封，系上一条红绸子，郑重地写上了"华北探区第一块油砂"的字样，帅德福也没顾上休息，又连夜和司机赶回了济南。之后，他和安培树等人一起把油砂直接送到了北京，向石油工业部部长余秋里、副部长康世恩汇报，两人非常高兴，拿着放大镜不停端详。为了犒劳帅德福一行人，余秋里部长让食堂给他们改善伙食。当时正值困难时期，平时吃得很差，他们见着有肉，在食堂一口气吃了两盆。

一个多月后的4月16日，32120钻井队对"华8井"进行射孔，在1207.80～1630.50米井段射开8个油层，一条油龙喷涌而出，"华8井"终于开始出油！经测定，"华8井"日产原油8.1吨，帅德福对此评价道："华8井不仅发现了胜利油田，而且实现了华北早期找油零的突破。之后正是在这一理论的基础上，大港油田、辽河油田和中原油田等诸多油田被相继找到，实现了渤海湾大油区的腾飞。"

二

到20世纪70年代，由于对成藏规律认识的局限性，胜利油田从1976年开始陷入了勘探低谷。几年时间里只发现了9个小中型油田，新增探明储量仅10765万吨。帅德福时任胜利油田地质研究院副院长，他意识到，那些易于勘探的大中型油田基本都已被发现，油田急需新的理论对勘探工作进行指导。在他的组织下，胜利油田开始在地质方面进行新的基础理论研究。通过大量艰苦的基础工作，"复式油气聚集（区）带勘探理论"获得突破。石油部组织了相关专家共同研究，将该理论进一步完善，形成了新中国成立以来石油地质及勘探领域的最大理论成果——《渤海湾盆地复式油气聚集（区）勘探理论及实践——以济阳等坳陷复杂断块油田的勘探开发为例》。

复式油气聚集（区）带理论的提出，使一批大中型新油田，如孤东油田、埕岛油田相继被发现，胜利油田从 1983 年开始实现石油探明储量的快速稳定增长，年增探明石油储量基本连续 29 年稳定在 1 亿吨左右。该理论不仅使胜利油田焕发生机，也为渤海湾盆地石油勘探理论的发展做出了巨大贡献，于 1985 年获得了国家科技方面的最高荣誉——国家科技进步特等奖。

三

帅德福是一个极其认真的人，在工作、学术问题上从来不敷衍。有一年在石油工业部勘探会议上做汇报时，帅德福提到了一口油井，参加会议的石油部副部长唐克问："这口深井有多深？"帅德福没记住具体数据，因此说："很深。"唐克又问："到底有多深？"当时随便编一个数据就可以应付过去，但是他没有，认真地答道："相当深。"

1984 年，胜利油田下辖的桩西油田依照石油部指示与国外进行合作。此次合作不仅要提前准备大量专门资料，而且要采用英汉对照的形式。出于保护国家能源财产安全考虑，国内油田的很多数据都是保密的，准备资料时尤其要谨慎。帅德福和同事们因此加班加点连续工作了几个月。在此期间，他因劳累过度突发心脏病，当时，医院还下了病危通知书。

帅德福于 1994 年从胜利油田总地质师的岗位上退休。退休后他依然时刻关心着工作了 30 多年的胜利油田，带领几位退休地质科技人员对这一地区地热资源进行了调查研究，为日后的综合利用提供了依据。他编写的《济阳坳陷油气勘探》一书于 2002 年完成，交由中国石油工业出版社出版。当所有编辑工作完成后，帅德福提出要进一步补充资料，因为他了解到随着时间和实践的推移，勘探理论有了新的认识，所以必须要补充进去。正是因着他这种严谨、与时俱进的态度，《济阳坳陷油气勘探》一书出版后，成为石油专业经典教材。

新疆要大富,石油要大上
——石油志士宋汉良

□唐 易

宋汉良(1934—2000),生于浙江省绍兴市,是我国杰出的石油地质学家,为新疆地区的石油和经济发展做出了重要贡献。宋汉良的一生,都在新疆,为新疆的石油事业和经济建设、社会发展倾注了毕生心血,长期超负荷工作使他积劳成疾,于2000年逝世。

宋汉良

一

宋汉良的一生，和石油密不可分。1954年6月，宋汉良从西北大学地质系毕业，抱着为祖国石油事业献身的精神，和许多志同道合的西大学子，毅然奔赴新疆，投身到石油事业建设中。

当时，中国的石油地质专业人才很少，宋汉良他们是新中国成立后中国石油部门专门培养的第一批石油地质人才，担负着重大的使命。宋汉良和所有学子一样，先从基层工作干起，从事地质普查工作。在担任地质普查员期间，宋汉良工作认真负责，足迹遍布准噶尔盆地，将准噶尔盆地地区的地形、构造深深地印在脑海中，为日后新疆地区石油工业的发展贡献自己的力量奠定了基础。

1960年年初，宋汉良任新疆石油管理局科研所地质师，带领专业技术人员，着手破解克拉玛依二中区石油产量下降的难题。通过实地考察、取证，终于摸清了二中区石油产量下降的原因，最终一举遏制、扭转了二中区开发建设中出现的恶化趋势，保证了克拉玛依油田大规模开发的顺利进行。1975年的乌尔禾会战、1979年的百口泉会战和夏子街勘探大会战，宋汉良皆有参与，并主持制定了准噶尔盆地"五五""六五"石油天然气勘探规划，一举扭转了长期以来形成的储采失衡问题，发现了克—乌逆掩断裂的大规模油气田；在任新疆石油管理局党委常委、副局长期间，宋汉良根据辽河油田的稠油勘探研究，积极招揽技术人才，引进国外先进技术和设备，开采克拉玛依的稠油资源，使稠油成为新疆石油可持续发展的新支柱；随后，宋汉良积极研究新疆地区的地质状况，把石油勘探领域扩展到准噶尔盆地腹地东部和塔里木盆地，发现了火烧山油田、准东油田等油田，促进了新疆石油事业的大发展。

二

"新疆石油要大上",这是宋汉良的一个愿望,而埋在宋汉良心底的另一个深切愿望,是新疆要大富。所以在开展石油工作的同时,宋汉良还积极参与新疆地区的经济建设。

从1983年至1985年,宋汉良任新疆维吾尔自治区副主席。1985年10月至1995年12月,任新疆维吾尔自治区党委书记。这为宋汉良积极促进新疆地区经济的发展,提供了条件。

在任期间,宋汉良着力狠抓能源、交通和通信等基础设施建设,大力加强农牧业的基础地位,积极推进农村各项改革,坚持不懈地进行农田水利基本建设,不断调整农业产业结构,建立了粮、棉、糖和畜产品生产基地。并将经济发展与石油工业关联起来,提出"依靠行

1987年7月,宋汉良参加火烧山油田开发试验典礼剪彩活动

业主力,依托社会基础,统筹规划,共同发展"的方针,使地方与石油部门协同发展,为进一步发挥资源优势创造条件。他提出了"全方位开放,向西倾斜"和"内联外引,东联西出"的方针,实行对外开放政策,打开了新的局面,横向经济联合日趋活跃。他始终注重抓新疆教育科技等事业的发展,积极稳妥地进行教育、科技等各项改革,组织实施"科技兴新"战略。在任新疆维吾尔自治区副主席期间,宋汉良还亲自主持国家重点科技攻关计划,加速查明新疆地质矿产资源的综合研究,即国家305项目开创了新疆矿产资源勘查开发和科研产业化的新局面,亲自主持制定了许多优惠政策,使地矿部门有了开矿的自主权,促进了地矿石油和地方经济的协同发展。在他担任新疆维吾尔自治区领导期间,自治区的经济实力明显增强,国民生产总值、城乡人民收入都翻了一番,地方财政收入翻了近两番,建设步伐明显加快。

三

宋汉良是一位战士,他将新疆大富、石油大上的理念铭刻心中,并坚定不移地身体力行。1978年6月初,第二次工业学大庆会议召开。西北五省区的石油石化系统参会代表都到西安集合,然后一起乘火车去大庆。就在从乌鲁木齐乘火车去西安两天两夜的路途中,时任新疆石油管理局副总地质师的宋汉良利用卧铺车厢的过道,召集新疆去参加会议的代表开了两次会议,每次会都开了三四个小时,讨论研究新疆石油问题。一到大庆,宋汉良便和其他人员一道,对照新疆地质图,夜以继日地赶写关于克拉玛依油田勘探开发的汇报材料。由于连续工作,顾不上休息,导致有一天他上厕所时,竟摔倒在卫生间的水泥地上。经住院诊治,他患的是一种脑血管疾病。病情刚有好转,他就急着出院,又忘我地投身于工作中,任别人再怎么劝说都无济于

宋汉良部署工作中

事。返回克拉玛依后,由于没有得到及时、彻底的治疗,他又犯了两次病。有一天下午,他竟然昏倒在办公室里。同事们就强行把他送进医院治疗。没有住几天,他就捎话给有关人员,将他们约到病房,询问、了解勘探工作的进展情况,或安排、部署地质方面的工作,完全置病体于度外。正是这种忘我的工作态度、勇于献身的无私精神,使新疆的石油事业蒸蒸日上,使新疆的经济建设日新月异。

"新疆要大富……石油要大上……",弥留之际,宋汉良还大声念叨着,这是他一生的追求,也是他一生为之奋斗的事业。

为中国石油事业献身的将门之女
——追怀杨拯陆

□夏 已

一

杨拯陆,生于1936年3月12日,是国民党将领杨虎城的女儿。1955年,她从西北大学地质系毕业后,自愿来到新疆工作。1958年,她带领勘探队员,完成了准噶尔盆地东部克拉美丽探区1950平方公里的地质详查。同年9月,原本打算举行婚礼的杨拯陆,为了完成三塘湖普查的新任务,主动推迟了婚期。当完成了10200平方公里的普查地质面积后,杨拯陆和队员张广智在做收尾工作途中遭遇强寒流,不幸遇难,年仅22岁。

二

1936年12月12日,西安事变发生后,杨虎城夫妇被迫出国去欧美"考察",刚刚周岁的杨拯陆从此失去了双亲的爱抚,只能依靠年迈的外婆抚养。1938年,日本飞机轰炸西安,杨拯陆和姐姐一起随外婆去成都逃难。后来,为了避开特务的注意,婆孙几人又从成都迁居

1955年4月,杨拯陆(右二)离校赴疆前与同学在西北大学门口留影

杨拯陆野外勘探时留影

三台县。这样动荡不安的漂泊生活过了三年,她们才从三台县回到阔别已久的西安。

那时的西安依旧特务横行,她们祖孙相依为命,外婆为了孩子们的安全,一再嘱咐当时上小学的杨拯陆和姐姐杨拯汉不要跟外人提起自己的爸爸妈妈。但在家的时候,外婆会常给她们讲起她们父母的革命故事,还有许多地下党员、进步人士也暗中关心、照顾着她们姐妹的成长,这样的成长环境在杨拯陆的成长过程中起到了很大的影响,在她幼小的心灵种下了革命的种子。虽然杨拯陆出生后就远离父母,经历了颠沛流离的童年,从小没能感受父母亲的关爱,但父母的形象却在杨拯陆的心中不断丰满,对她爱国主义理想主义价值观的形成起到了关键作用。

1949年5月20日西安解放,那时杨拯陆正在陕西省西安女子中学读书,她以极大的热情加入了共青团,成为一名学习成绩优秀、思想进步的青年。在班级里,她是各种活动的骨干,还先后担任过团支部书记、团总支书记。

中学毕业时,她各科成绩优秀,专业选择余地很大,而她却毅然报考了西北大学石油与天然气地质勘探专修科(二年制)。尽管她曾明确表示,自己第一喜欢文学,第二喜欢史地。但她对姐姐说:"国家的石油建设需要人才,而我的理科成绩和身体都比较好,完全可以搞地质勘探工作。"她还在《陕西日报》上发表文章《我要做一名祖国工业化的尖兵》,表达了立志成为地质工作者的决心。她在文章中写道:

"还在上中学时,我对自己的未来,就充满着理想。想做一名教师,用自己的血汗去灌溉正在成长着的社会主义幼苗;想做一个畜牧工作者,使祖国草原上的牛羊长得肥壮;想学冶金、采矿;也想做一个地质工作者。总之,我想得很多,但最吸引我的是:做一名地质工作者——祖国工业化的尖兵。

"在这一年中,我要更加努力地学习和锻炼自己,准备把自己的

1957年杨拯陆与队员野外勘探时住的帐篷

全部青春、智慧和劳动,贡献给祖国的地质事业,决不辜负祖国和人民对我的期望。"

她认为,石油勘探是个祖国最需要的专业,她要早日报效国家,决心把自己的青春献给祖国的大西北。在西北大学求学阶段,她是青年团的骨干,处处带头、事事领先,不满18岁就加入了中国共产党,后来成为校团委委员。

1955年,杨拯陆从西大地质系毕业了。由于她各方面优秀,也由于是杨虎城的女儿这样一种特殊身份,她可以选择去北京、上海,也可以选择留在西安,但她毅然选择了到新疆搞石油地质勘探。她说,祖国需要在那里找到大油田。杨拯陆代表着那个年代那一批充满理想主义和奋斗激情的年轻人,去了祖国最需要她的地方,加入了开发大西北的行列。到新疆石油局地质调查处报到后,领导的意见是让她留在科研单位工作,可她坚持要去野外地质队。后来有一个出国留学深造的名额分配她去，她却让给了别人。在此后的三年时间里，她担任了 117 地质勘探队代理队长、队长。后来，她所带领的 106 地质队成为新疆石油管理局的先进队。

三

20 世纪 50 年代的新疆，条件异常艰苦。在茫茫戈壁上搞地质勘探，不仅要面对极端粗陋的物质条件，而且要经常面对死亡的威胁。在困难和凶险面前，她以大无畏的精神和饱满的热情，投入了艰苦的工作中，在准噶尔盆地、三塘湖盆地，留下了自己和队员的汗水和足迹。

1957 年，新疆石油管理局地质调查处向准噶尔盆地东部的克拉美丽地区进军。杨拯陆被任命为 117 队队长，她也是地质队中唯一的一名女队长，率队进驻布满砾石戈壁的克拉美丽红山地区。杨拯陆第一次真正感到肩上担子的沉重。她在日记中写道："做好人的工作，要从关心开始。"

1957 年夏天，杨拯陆在新疆克拉美丽地区勘探时留影

勘探队通常是分两个组作业,汽车不好用,杨拯陆就把全队分成三个组施工。炊事员家里有事工作不安心,杨拯陆不是一味地批评,而是一边耐心地找他谈心,一边帮他做事。杨拯陆经常很早就起来,帮助炊事员烧开水、做饭。杨拯陆设身处地为队员着想,还身体力行用行动和热情感化着队员。

杨拯陆这一队的任务是完成克拉美丽红山区的地质详查,要在五万分之一的地图上按设计要求填地质图。要丈量地质剖面,要描述地质状况和测量地层产状。克拉美丽的夏天,气温可达五六十摄氏度,工作环境十分艰苦。杨拯陆和她的队友们在这戈壁滩上工作了近一年,每天都要走四五十公里。他们在这里发现了大量的硅化木和沥青脉。她率队完成准东地区石油勘探任务后,根据这些重大发现和他们踏勘的地质资料,亲自撰写了《克拉美丽红山区地质调查总结报告》。她科

1958年杨拯陆(左一)与女勘探队员在乌鲁木齐合影

学地阐述了克拉美丽地区的生油、储油情况,并明确指出在克拉美丽地区存在生油层,存在储油构造,是克拉美丽地区油气开发的重要资料。

在当年冬天的乌鲁木齐地调处的答辩会上,杨拯陆向领导和中苏地质专家详细地汇报了队伍的工作成果,一边展示着各类收集来的化石标本,一边阐述了克拉美丽红山地区的地质情况。答辩会进行了一个上午。几位地质专家深为杨拯陆的报告所折服。答辩会通过了杨拯陆的地质报告。30年后,石油战士们又从档案馆里取出了杨拯陆撰写的这份近2万字的地质报告,按照这份报告的提示,再次挥师克拉美丽。他们在这里勘探开发了火烧山油田、北三台油田、彩南油田。

到了1958年夏天,在不到4个月的时间里,她带领十几名队员,在准噶尔盆地的克拉美丽地区,又完成了1950平方公里的地质详查,详查面积是原设计的205%。由领导和专家组成的验收组评价说:"在完成任务上,106队是最好的一个先进队。"

此后,杨拯陆又接受管理局的任务,率队进驻三塘湖盆地,对三塘湖盆地进行有史以来的第一次地质普查。三塘湖盆地位于新疆东北缘,南临天山东段的白依山,北接蒙古的阿尔泰,面积约3万平方公里。它和克拉美丽地区一样,沙漠横盖,山丘重叠,是一个无人问津的荒凉戈壁。那里的自然环境比克拉美丽更恶劣,风大且多。大风刮起来,沙石铺天盖地,常常使他们做不成饭,也使得他们工作的速度减慢。大风给他们工作带来了巨大的困难,作为队长的杨拯陆心里更为焦急。她一方面为队员们在恶劣的自然环境中工作而感到担心,另一方面,也为勘探工作进展的缓慢而忧心。杨拯陆虽然心里焦急,却没有自乱阵脚。她让队友写了副对联贴在帐篷门口鼓舞士气,上联是"披荆斩棘甘洒热血战戈壁",下联是"不畏艰辛愿献青春找油田",横批是"勘探尖兵"。同时,在工作安排上做了调整,又带头苦干,队里的工作效率有了很大的提高。到9月初,他们超过计划,完成了6800平方公里的普查任务。

特别可喜的是，三塘湖油田的勘探开发取得重大进展。通过两个多月的工作，杨拯陆同志对这个2万多平方公里的三塘湖盆地也有了初步的认识，实事求是地对三塘湖盆地的生油储油条件做了评价。她在勘查报告中写道：三塘湖盆地是具有生成和储集油气基本石油地质条件的地区，应进一步进行油气勘探工作。

9月下旬，勘查任务已经基本完成。她和一位队友准备再补做一些工作，那天是9月25日，下午4时，风云突变，一股强寒流带来的暴风雪，导致杨拯陆和队友张广智壮烈牺牲。当其他队友找到她的遗体时，发现她俯卧在一道冰封雪盖的斜坡上，十指深深地插在泥土里。在她的怀里，揣着一张她手绘的地质图，并且已经涂上了相应地质时代的颜色。牺牲时，她才22岁。

四

正处于桃李年华的杨拯陆也和同龄人一样邂逅了甜美的爱情，但她的爱情故事却没有那么多风花雪月的浪漫情节，而是带有深深的时代烙印。在大学时，杨拯陆与同窗谢宏因为共同的理想而走到一起，他们相约来到祖国的边疆为国奉献。在新疆，两个年轻人被分配在不同的勘探队里。他们把全部身心投入到工作之中，极少见面。从进新疆到杨拯陆牺牲，他们仅在冬天勘探队整理资料时，在乌鲁木齐有过几次会面，在那荒凉闭塞的环境里，就只能靠书信来寄托对彼此的牵挂、互相鼓励。

那时，不时有战友牺牲的消息传来。曾与106队在工作上打过擂台的另一支勘探队的队长王世仁，杨拯陆的大学同学113地质勘探队队长戴健，轮台吐格尔明地质勘探队队员李乃君、杨秀荣，115队实习生周正淦，113队队员李月仁……都先后在勘探工作中壮烈牺牲。杨拯陆写信给谢宏："我想你可能早已听到那些不幸的事件。当然我们不能因此而产生害怕的思想，我们的同志付出了自己的生命，为了他们未竟的事业，我们应当以更勇敢的行动来弥补这些损失。但另一方面，我们也应当因此而提高警惕，应当爱护自己，因为我们活着不完全是为了自己。我们对自己不爱护，也会给党带来损失。"

一次，勘探队在乌鲁木齐集中学习，两个年轻人才有机会共同去商店走走。杨拯陆喜欢文学、史地，业余还在学习俄文和政治经济学，谢宏就常常买些这类书寄给杨拯陆。两颗年轻的心深深地沉浸在爱情的幸福之中。

他们原本约定1957年结婚，但由于工作太忙，婚期一直拖了下来。在赴三塘湖勘查前的午夜，杨拯陆还给谢宏写了信说："我很想念你！特别是在空下来的时候，我往往会想到我们再见面的情景。但是我现在需要到离你更远一点的地方——三塘湖去。好了！我俩的婚事，你就等着我从那里胜利归来吧！"

但谢宏却没能等到她的归来，杨拯陆匆匆地走了，给谢宏留下了巨大的悲痛和对恋人的深深怀念。回忆起那段弥足珍贵的感情，谢宏曾赋诗一首："同窗攻读忆当年，联袂西行志弥坚。风华正茂约白首，踏遍瀚海尔争先。无情风雪摧玉树，一腔豪气留人间。今日遥祭堪告慰，君看油浪接九天。"

五

近年来，新疆石油人踏着杨拯陆的足迹，以现代勘探开发技术，经过十几年的实践探索，终于于2007年在马朗凹陷牛东地区实现大的突破，在石炭系打出了日产百吨的油井，使三塘湖油田日产油上到千吨，并有望建成年产百万吨的油田。石油人终于梦圆三塘湖，以最好的成绩慰藉了在这里牺牲的杨拯陆的英灵。

1958年10月，新疆石油局下属的独山子矿务局隆重举行追悼大

《怀念杨拯陆》封面

会,悼念杨拯陆和张广智烈士,独山子矿区党委第一书记兼独山子矿务局局长许士杰同志参加了大会。独山子矿区党委做出追认杨拯陆同志为优秀共产党员的决定。独山子矿务局党委根据杨拯陆的优秀事迹,决定授予她"党的好女儿、优秀共产党员"的光荣称号。

杨拯陆生前所找到的储油构造,被石油部门称为"拯陆构造"。1982年,中国地质学会在庆祝学会成立60周年时,经各方地质构造专家讨论确定,命名杨拯陆发现的那个地质构造为"拯陆背斜"。

1990年,新疆石油管理局编辑出版《怀念杨拯陆》一书,当时的石油工业部常务副部长、曾任新疆石油管理局第一任局长的张文彬同志撰写了《深切怀念杨拯陆同志》一文作为序言。时任全国政协副主席王恩茂、国务院副总理康世恩为此书题词。

1997年12月,根据杨拯陆的事迹创作出的大型舞剧《大漠女儿》在乌鲁木齐上演,感动了新疆各族群众;1998年应文化部特邀进京演出,对京城各界、尤其是青年人的思想有巨大的震撼。

2008年,正是杨拯陆烈士殉难50周年,在三塘湖竖立起了杨拯陆烈士的铜像。铜像身高2.2米,定格着杨拯陆烈士22岁的光辉青春。广大群众特别是地质工作者纷纷来到这里纪念杨拯陆,接受着她所代表的那一代地质工作者饱满的爱国主义情怀和奉献精神的感召。

三塘湖杨拯陆烈士铜像

中国探矿学科领头人
——刘广志院士

□秦　风

一

刘广志（1923—2014），祖籍广东番禺，出生于北京。他是中国工程院院士、著名探矿工程专家，也是新中国地质探矿工程的主要奠基人之一。

刘广志

刘广志的求学生涯有着鲜明的时代印记，也非常富有传奇色彩：他在抗战时期中国两所著名高校——西南联大和西北联大都读过书，曾因领导学潮险些被国民党特务杀害，后又被中共地下党救出。而他从小接受的爱国教育则对他这段求学生涯产生了很大影响。

刘广志的青少年时代正值日本侵华最为猖獗的时期。他就读的北平四中的老师们在有日本特务监视的情况下，依然痛斥日本侵略，教育学生要有爱国之心。刘广志正是在这一时期树立了自己科学救国的远大抱负。1942年一毕业，就报考了位于昆明的西南联大。

　　刘广志性格刚烈，嫉恶如仇，结果在西南联大没多久就因为领导学潮被开除。1942年年底，时任国民政府财政部部长的孔祥熙到西南联大演讲，广大爱国学生对国民政府"前方吃紧后方紧吃"的腐败作风早有不满，见孔祥熙在台上吹嘘自己是孔子后裔，多么注重礼义廉耻时，学生们的愤怒情绪再也无法抑制，拉出了一条"打倒孔祥熙，拥护龙（云）主席"的大横幅，大声质问、抗议，孔祥熙一看形势不对，灰溜溜地下台走人了。

　　学潮刚一平息，参与领导的刘广志等几名学生就被国民党特务抓捕，押到了云南省政府宪兵队。特务希望云南省政府主席龙云能将他们处死，但龙云并不买账，把几名学生全部释放。刘广志等人刚被放出来，就又被国民党特务抓捕。广大爱国学生忍无可忍，一举砸了禁闭室，将刘广志等人救出。在中共地下党的安排下，刘广志等人乘坐中国远征军一辆运送通信器材的卡车，从西南联大来到国立西北工学院。西南联大校长梅贻琦特意为他们开了一封介绍信，证明这些学生无罪，全系爱国青年。

　　刘广志在西北工学院最先就读于航空系，但航空专业所需仪器价格昂贵，刘广志考虑到自身经济条件，放弃"上天"，改为"入地"，学了采矿工程。1947年毕业后，他坐上了一辆开往玉门的卡车，在茫茫戈壁上颠簸了四天半，终于来到了玉门油矿。

二

　　玉门油矿是中国抗日战争时期唯一的石油能源基地，在工程师的培训方面有一整套常规办法。大学毕业生刚来时，要到各部门轮流实习，刘广志被分配到工程部。在钻探施工现场，刘广志虚心学习，不到半年时间积累了数十万字的随身技术笔记，写了约2万字的实习报告。实习结束进行考核时，他获得"优秀"评价，后担任玉门油矿钻井工程师。

刘广志胆大心细，玉门油矿流传着许多关于他的故事：背着几十斤重的千斤顶爬上井架去调整天车，也在40多米的高台上解决过打定向井的问题。最危险的一次是油田井喷事故，持续十分钟的井喷使地面的原油深达1米，油田随时可能被大火吞没，刘广志决定立即关闭全部柴油机。地上的原油又黏又稠，刘广志一马当先，在原油中艰难前行，冒着大火一触即发的危险，将柴油机逐一关闭。

新中国成立前夕，刘广志回到北平参加地下工作，为此放弃了国民政府提供的出国深造的机会。这一时期，他受共产党和人民政府的委托，负责筹建新中国的地质钻探工作。他带领钻探队伍，在北京门头沟区耿王坟工地竖起了中国地质部门在新中国成立后的第一座钻塔，于10月1日前完成了钻孔500米的计划工作目标，以此向中华人民共和国开国大典献礼。

三

1951年，由重工业部协助，刘广志在北京重工业学校主持开办了第一期钻探工程师培训班。这批学生结业后立即被分配到白云鄂博、铜官山、大冶、攀枝花、永仁、渭北、白银厂等大型矿区，很快就成为中国钻探队伍里的骨干力量。钻探界曾开玩笑说，这批学生是业界的"黄埔一期"。

之后的半个多世纪，刘广志辗转祖国各地，投身石油钻井、地质勘探、水文水井钻探、工程施工等方面工作。他曾创造性地将油田灭火经验运用于广西田东113煤田发生的钻孔瓦斯喷气大火事故，在世

刘广志在江西909队

刘广志讲课时留影

刘广志主编的《金刚石钻探手册》

界上首次使用小型地质钻探设备处理小井眼喷火；20世纪60年代初，他根据自己在玉门油矿多年采油的实践经验，提出上海地区地面沉降原因及解决方法（向含水层回灌淡水），上海持续40年的地面沉降问题开始得到缓解；"大跃进"时期，他协调、领导完成了人造金刚石钻具的研制任务；20世纪70年代，他读到了一篇关于深海钻探的文章，敏锐地意识到这项技术背后的战略意义，于是又开始进行大陆科学钻探研究。他组织相关人员编印出版了8册共250万字的《科学钻探文集》。在他的积极奔走呼吁下，中国大陆科学钻探的短期目标工程于 2001 年 8 月在江苏省东海县正式开工，深入地下 5158 米，2005 年 6 月胜利竣工。这项技术可以探知地球深部众多最新信息，直接关系到环境工程与地质灾害预防，对我国钻探技术的发展有着巨大的推动作用。

刘广志于 2014 年 11 月 19 日因病去世，生前他曾担任过地质矿产部探矿工程总工程师、中国地质大学和北京石油大学等校兼职教授、国际岩石圈计划（ILP）CC-4 组（大陆钻探）中方协调员、国土资源部咨询研究中心高级工程师等职，1995 年当选中国工程院院士。他编著的学术著作约 270 万字，发表科学论文 150 余篇。国土资源部副部长寿嘉华曾评价刘广志道："神州科钻倡导者，探矿学科领头人。"

打响中国地震预报的第一枪
——郭增建先生

□秦 风

一

郭增建，陕西商县（今商洛市商州区）人，著名地震学家，研究员。1953年，郭增建从西北大学物理系毕业，被分配到中国科学院地球物理研究所（南京）工作。同一年，由著名地震学家，中国地震科学开创者李善邦先生安排，他在南京地质学校学习了一段时间，逐渐对预防自然灾害产生了兴趣。

1954年2月，甘肃山丹发生了7.2级地震，这是新中国成立后第一个发生在人口较为稠密地区的大地震，国家非常重视，派出了由18个部和中科院组成的考察队进行研究。郭增建参加了此次考察队，目睹地震造成的危害，深感地震研究的重要性，下定决心要从事防震减灾工作。

1954年到1966年这段时间，郭增建主要研究方向为地球物理以及地震观测学，并对一些地震遗址进行了考察。当时，苏联对华援建有多个大型项目，苏联专家要求在设计图纸和施工之前，必须先知道当地的地震情况。我国当时没有地震专业，相关人员主要通过研究已

打响中国地震预报的第一枪——郭增建先生

郭增建,陕西商县(今商洛商州)人,著名地震学家,研究员

发生地震来摸索地震预报,1920年海原发生的8.5级大地震成为中科院地球物理研究所关注的重点项目。包括郭增建在内的6个人组成了考察队,于1958年对海原、固原、西吉三县进行了为期20多天的考察。

考察期间,队员们走访当地老百姓,请地震亲历者回忆地震前兆,搜集到了一些震前地下水、气温变化的资料,并且发现了之前没有被注意到的200多公里长的断裂带。地震预报的前兆系统就在这次考察中得以建立,这对此后中国地震事业的影响尤为深远。

经过一段时间的分析、总结,有关海原地震的前兆,主要被归结为地下水、动物、地声、地光、气象等方面。之后的地震前兆基本也是这些类型(海城地震前多了一个"地气雾")。郭增建一行写了一份调查报告,用蜡纸刻了20余本。中国地震预报的第一枪就此打响。

海原大地震幸存者清理倒塌的窑洞

海原大地震地震后的一个打谷场,裂开巨大的口子

1920年大地震之后,海原县城惨状

二

1966年邢台地震后,郭增建的主要研究方向转为地震预报综合方法、震源物理。他在这一年发表了一篇用地震迁移现象预报地震的论文,这种预报指标后来被广泛采用。到1990年退休之前,郭增建先后对河北河间的6.3级地震(1967年3月)和宁夏西吉5.3级地震(1970年12月)进行过研究和余震预报。基于大量研究,这一时期,他提出了组合地震成因模式、震源孕育的过程、小震调试模式、立交模式等多种地震模式,也有一些临震预测的方法,如异年倍九法、异年倍七律、磁暴倍九法等;他和秦保燕合著的《震源物理》也于1979年出版,这是国内第一本关于震源物理的著作。

郭增建担任过中国科学院兰州地球物理研究所地震室副主任、西北地震考察队队长、兰州地震研究所所长和研究员、甘肃省地震局局长等职，1990年退休后，郭增建并没有停止地震预报和防灾工作，又将目光投向了非传统方法的地震预测方法，开始进行跨学科的灾害物理学及综合天灾预测方法的研究。经过多年的经验积累，郭增建认为，单独以前兆应对地震这种简单的思路与方法是行不通的，必须要有跨越式的思维方法，即将前兆套入某种综合信息模式之中，去对应地震才可能行得通。

过去，中国各学科划分得比较严格。例如，气象和地震研究彼此基本没有交集，但在自然界，两个学科关系却很复杂。地震和沙漠化就有一定关系——沙漠化是风沙形成的，风沙是一些大地震先把岩石破坏了，然后气候干燥，风吹形成的，一些沙漠的边缘上就是大地震区。各个自然灾害之间都有联系，特别是大地震、洪水、干旱、台风，这些灾害的关系密切。郭增建看到了灾害链研究背后的重大意义，在20世纪90年代初确立了研究灾害链的学术道路，并发展出了一套地气耦合的呼吸学说。

1958年郭增建（左三）等人在对海原一带进行地震考察过程中留影

地气耦合学说萌芽于1989年。当时，郭增建正在研究地震、地裂和气象灾害之间的关系，他提出了地气相互作用的正反馈观点（大气低压吸出地下热气，使大气气压再降低，从而又吸出地下热气使大气气压变得更低）。之前的学者只局限于单向耦合的研究，这是地—气相互耦合的首次研究，是地球呼吸学说的雏形。1991年，郭增建提出了温室效应加剧后，大气低层温度较高，气压变得比现在低，此时地下孔隙与地表的气压梯度增大，因之更易吸出地下热气，加剧天气灾害和触发地震的观点。随后他又讨论了日月引潮力，地球自转速度变化促使地球放气相应有变化从而与天灾相关的问题，以及地壳受水平挤压不易逸出并继续积累弹性形变能从而形成干旱，以及干旱后发生大震的问题。至此形成了地气耦合的呼吸学说。

三

通过对地震问题长达半个世纪的研究，郭增建积累了极其丰富的专业知识。他曾在2014年接受《休闲读品·天下》杂志的采访，系统地谈及了地震研究和预报问题，采访录题为《科学地总结地震预报的历史经验》，于《休闲读品·天下》当年第二期刊出。这篇采访录是对郭增建以往地震研究的一个总结，体现出了郭增建地震预报思想的三个主要方面：

（1）科学客观地总结了新中国建立以来，地震预报的工作经验。郭增建以实事求是的科学态度，总结了新中国成立以来地震预报的历史经验，指出当时的真实情况是"没有做出准确的预报，但却做出了正确的预防"。方法步骤是："从长到短，有所察觉，打个招呼，常备不懈，步步逼近，不断拦截，群测群防，最后时刻，临机而动。""是在不断跟踪各种地震前兆信息中，等待着大地震的到来"。这些事实能够告诉我们的最有价值的历史经验就是：不必要求百分之百准确地

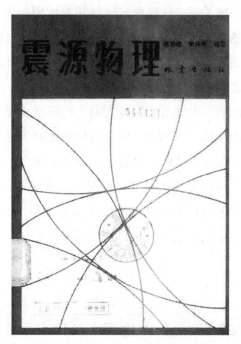

郭增建、秦保燕合著的《震源物理》

预报地震,而是根据实际掌握的数据,"打个不同程度的招呼"。

(2)以复杂科学的态度对待地震预报。通过对地震预报历史经验的深刻总结,郭增建先生认识到,目前常规的以(前兆—(对应)—地震)的简单思路是有问题的,而应代之以(前兆—(建立某种模式对应)—地震)的复杂性科学思路。这个"某种模式"有着非常复杂丰富的含义:首先,它意味着,不是某一种前兆与地震的对应,而是一切可能与地震有关联的前兆,要将其分别指标化。其次,这些前兆之间的"权重"是不同的,应有不同的"权重系数"。第三,要有获取这些前兆的机构、手段,还要有评估其信息真实性的机制。第四,这些"前兆"与地震的关系的机理有些能搞清楚，有些搞不清楚，要区别对待。第五，这种复杂的"前兆"暗示着致震原因的复杂性，可能是多种原因在不同情况下导致地震的。

（3）在现有科学认识水平上，建立分级、分层、分区域的地震预报预防系统。以现有的科学认识水平，无法建立起百分之百准确的地震预报机制，所以郭增建提出了建立分级、分层、分区域的地震预报、预防系统的思想，即根据实际认识情况，"打个不同程度的招呼"，再根据"不同程度的招呼"采取不同程度的预防措施。

这个"不同程度"，首先，是各种地震专家判断共识程度的高低，在没有百分之百可靠的地震预测方法的情况下，达成共识程度高的判断，就暂定为地震发生可能性大。其次，可由不同的机构发布地震预报，比如达成共识程度低的预报，就可以由研究地震的学术团体发出，表示这是一种探索中的科学研究判断，有较大的不正确性，而对于达成共识高的地震预报，可以由政府的地震部门发出，表示是一种已经进入采取行政措施的公共管理行为。第三，要根据"招呼"的不同，采取不同的措施。比如，在农村地区，有开阔的疏散空间，就可以动员居民直接住进帐篷避震，在城市地区，建议在居室中加固一间"避震室"，在地震预警期间，建议居民住进"避震室"等。

郭增建主要论著有：《从震源物理的角度讨论一些大震的前兆异常》《震源孕育模式的初步讨论》《震源物理》《灾害物理学》《地震成因与地震预报》等。

周可兴先生印象

□ 高 远

一

周可兴，1944年9月出生，陕西岐山人。毕业于西北大学地理系，高级工程师。周可兴先生坚信，地震是可以预测、预报、预警和预防的。他一直铭记周恩来总理开创的专群结合、土洋结合、群测群防的"两条腿走路"方针，批评现在地震界绕开地震预报这一科技难题的倾向，认为这是一种不负责任的态度。周先生满怀信心地指出，在信息技术高度发达的今天，人们完全可以开发研制一种地气耦合仪，接收来自地球表层大气圈和岩石圈的各种前兆信息，通过信噪分离寻找"耦合节点"，为最终突破地震预报关升起希望之光。

周先生说，过去地震台站都设在深山老林中，一直都有人执守观测，现在搞的是遥测遥感，把接收点放在城市里面，干扰因素多，信噪分离难度很大。中国人发明的各种土简观测手段大量被

周可兴

砍掉的做法，对中国地震预报研究来说是一个失误。例如，土地电的交变信息就是一个很有价值的地震前兆。他早年开发研制了两分向各90米的长水管式地倾斜仪，在人防山洞进行了黄土地区定点形变观测试验研究，被地震和科技界誉为"国内首创"。

周先生回忆说，唐山地震时，重灾区惨不忍睹的情景至今还在自己脑海里回荡，大批伤病员被疏散到全国各地，在他们身上表现出来的各种恐震情绪强烈地震撼着自己的心灵。当时，他正在水利工地负责照顾妇女老幼在户外避震。单位同事的一位妻子，年仅26岁，带着老母亲和三个孩子，由于担心和害怕地震，竟然突发心肌梗死，不治身亡。这件事情给他刺激极大，也是促使他走上地震工作岗位，立志要降伏震魔、报效祖国和人民的重要原因。

1975年的海城地震，是中国人成功预报的一个范例。地震后，周先生曾多次去海城考察，他给笔者讲述了这样一段故事：在海城7.3级主震前曾有过一次前震，地震部门根据"小震闹，大震到"和监测手段变化出现"一大二跳"等实践经验，及时发出了临震警报，政府工作人员组织群众到广场上看电影，由于当时已是傍晚、气温零下20多度，大家不愿意离开家门，政府工作人员和基干民兵只好采取强制措施把大家带到户外避震，没过多久，强震发生，逃过一劫的人们在地上下跪，感激政府的救命之恩。

二

周可兴先生在地震研究方面的一大成果是，他首次用实验手段，发现了地下氡气异常对蛇类习性行为的影响，这件事情还得从海城地震说起。

海城地震之前，曾有地下冬眠蛇出洞的现象，有学者认为，这是地下热异常所致。周先生实地调研过后，发现曾有蛇出洞的蛇洞温度

周先生向年轻工作人员传授测氡仪使用要领

周先生做防震减灾专题讲座时和同学们开展互动交流

当时不但没有升高，反而降低了，这促使他深入思考冬眠蛇出洞另有原因。在中国科学院和各级地震部门支持下，周先生在宝鸡市千阳县建立了地震动物实验观测站，经过近4年的潜心研究和反复试验，终于发现了地下逸放的一种名叫氡气的惰性气体，刺激了蛇类，使其苏醒出洞，并写下了《海城地震前蛇出洞与氡异常分析》一文，在《西北地震学报》公开发表。周先生因此成为国际上第一位研究地震前蛇类行为异常与氡发射关系的专家。

周先生进行这项研究是在20世纪80年代初。那时的他真是充满了天不怕、地不怕的一股闯劲。拿到上级拨给他的3万元研究经费后，已是当年9月份，宝鸡天气转凉，很难再找到蛇。周先生决定去广州购买实验蛇种，到广州后，第一件事情就是在广州动物园拜一位多年养蛇的高手为师，学习抓蛇，整整实习了一个月，出师后连买带抓，弄到了9大类共300多条蛇，还购回了两条大蟒。他将这些蛇类用飞机空运到了西安，刚下飞机，就遇到了另一个棘手的问题。由于这些蛇都是生活于南方，不适应北方干燥的气候，不断发生死亡现象。周先生赶紧找朋友帮他弄来塑料大棚并注入水蒸气，营造南方湿润的气候环境，才避免了蛇的继续死亡。

随后整整三年，周先生一直在做"蛇类在模拟地震信息作用下行为异常的定量观测"研究工作。他和助手们亲自挖蛇洞、制蛇箱、盘蛇窝，到处给蛇找饲料，在他们的精心呵护下，居然还繁殖了一批幼蛇。同时，还从当地群众手中收购了一些不同的蛇种，这使他们的试验研究得以持续进行。在这几年里，周先生不知到西北林学院去过多少次，他在那里查资料、学技术、搞协作，还饶有兴致地写下了关于养蛇知识的科普童话《状元的自白》，编印了《震前动物行为异常观察规范（试行）》，指导群测群防工作沿着科学化轨道前进。

遗憾的是，《海城地震前蛇出洞与氡异常分析》一文发表后，周先生并没有就蛇与氡气的关系继续深入研究下去。比如，蛇为什么会对氡气敏感，氡气刺激了它的什么组织器官之类。嗣后，由于一些更实际的社会需求，周先生研究起了氡气对人体的危害问题，并做了不少实地测量工作。周先生多次表示，无论是氡放射作用于蛇类机体的机理研究，还是室内氡浓度升高对人体的危害研究，都是很值得继续深入探讨的科学问题，他愿在力所能及的情况下，对其他同仁的继续研究给予全力支持配合。

周先生的《海城地震前蛇出洞和氡异常分析》曾被翻译成日文、英文和俄文等，并且在苏联引起了一场"澡堂革命"。所谓"澡堂革命"，是说，既然氡气对蛇的机体有危害，当时人们所使用的澡堂是用水泥和砖块砌筑而成的，中间有缝隙，存在氡气，会对人体有害，应该赶快将其换掉。20世纪90年代中期，中国也开始重视这个问题，国家把宝鸡作为全国测氡试点市之一，周先生去上海购回了一套FD－3017镭A测氡仪，可以测水中、土中、空气中氡气的含量。周先生借助这套设备，带领工作人员进行了断裂过境地区环境氡地质灾害普查，和以氡潜势为主的放射性环境质量评价，组织和指导了部分城乡社区居民开展了室内氡监测防治工作。现在，氡害已成了全世界公认的一种严重危害人们生命安全和身体健康的环境灾害，也是我国政府颁布实施的《民用建筑工程室内环境污染控制规范》等国家标准要求严格控制的重要污染源之一。周先生作为这方面研究工作的一位先行者，功不可没。

三

周可兴先生担任宝鸡市减灾办主任并兼任中国西部防灾研究联络会秘书长之后，将更多的精力放在了综合性防灾减灾的研究与管理方面，他为宝鸡作为第一个"全国发展与综合减灾示范区"和联合国机构最早命名的"国际减灾与灾害管理示范点"建设做出了突出的贡

接受记者采访的周可兴先生

献。他总结出了"提高全民防灾意识、强化政府减灾功能、依靠科技智力支撑"和"依法治灾、科学防灾、综合减灾、开放备灾"这样"三句话、十六个字"的防灾减灾经验。宝鸡市委、市政府开展"科技之春"宣传月活动24年来，周先生每年都会应邀去学校和社区做防灾减灾专题讲座，并现场回答大家的提问，深受好评。在防震减灾方面，周先生先后协助国家地震局编辑出版过数十本科技图书，他个人也曾独立出版了多部学术专著，发表了大量学术论文和科技作品，曾获各级各类奖励百余项。他还与著名地震学家郭增建和郭安宁共同撰写由西安地图出版社出版的中英双语版的《地球物理灾害链》一书。

周先生是一位实干家，他非常重视实践，也很愿意倾听不同意见。或许正是由于工作重心的转移，他在地震研究方面并没有形成自己独到的、系统的理论体系。关于地震成因，周先生基本上持主流的"构造地震说"，但他并不保守、并不固执己见，而是密切关注目前新出现的地震新理论，并力求通过实践加以验证。

周先生自幼勤奋好学，现在虽到暮年，已有高级工程师、兼职教授、特约研究员、学术委员、专家组组长、优秀科技工作者等诸多头衔，但他却一直坚持活到老、学到老，"学而不厌、诲人不倦"。每隔一段时间，他都要来位于西安的陕西省图书馆借一批图书回去研读，又过一段时间，再来还书。每次他都是早晨五点多起床，坐最早的一趟火车到西安，借或者还完书、办完其他一些事情后，下午再坐火车回宝鸡。往返奔波，不以为苦。

四

周可兴先生说，他此生还有三件大事要办：第一件事是穷尽毕生精力为人民生命财产安全站岗放哨、为经济社会发展保驾护航；第二件事是为了弘扬和传承中华民族防灾减灾科学文化，他要为筹建中国减灾历史博物馆奔走呼号、建言献策，乃至倾注全力；第三件事是兴建岐震文博苑和防灾减灾主题公园。

据周先生介绍，发生在商、周易帜时期的几次岐山历史大地震，是中国和世界上有明确史料记载的最早的破坏性地震。岐山地震之后，周大夫伯阳父就提出了"阳伏而不能出，阴迫而不能蒸，于是有地震"的论断，成了人类历史上最早的地震成因学说。周先生从20世纪70年代起，就萌生了利用岐山地震遗迹兴建文博苑和主题公园的念头。1994年，他会同国家地震局兰州地震研究所多位权威专家一起，对岐山历史地震造成的382块崩石样本进行实地测量和计算，这一成果成为后来出版的《中国地震目录》删除岐山地震"震中不确"字样的重要依据。周先生表示，他要用自己的努力，在这里搭建起一个集地震、科技、旅游、历史、文化于一体的知识平台，吸引国内外广大地震科学工作者、爱好者和志愿者来这里共襄防震减灾大计、攻克地震预报难关。

周先生在青年时代就曾写过一部名为《陇西地震记》的剧作脚本，介绍张衡发明候风地动仪并实现人类历史上第一次成功验震的历史故事。周先生说，张衡把观天和测震融为一体，是地气耦合理论的祖师爷和拓荒者，他的科学思想值得人们传承和发扬。他还指出，张衡在他发明的地动仪上雕刻了山龟鸟兽图案，说明我们的祖先很早就注意到了动物异常与地震活动的联系。周先生感慨地说，人总是要死的，我们都要做无愧于先人的后代和无愧于后代的先人。

周先生的兄长周可任，在革命战争期间为中共地下党员，13岁参加革命，1948年被国民党活埋于河南泌阳，宁死不屈，年仅23岁。因此，周先生对笔者说：信仰不是喊出来，而是干事情干出来的。对比现在社会上人们的信仰精神缺失，周先生说，多次想写写兄长的故事，但提起笔来，却又觉得不合时宜，心情沉重，只有将精力转移到科学技术研究上去，才觉得安心。周先生说，其兄牺牲前，写了很多封信，委托战友定期寄往陕西岐山家中，一直到1954年，他还收到过兄长的信件。1951年，周先生的父亲曾写信给刘伯承，说自己的儿子可能在中原野战军中，参加了淮海战役，希望刘伯承能帮忙找到他。不曾想，后来还真收到了落款为"刘伯承"的一封信，说一定尽力寻找。

周先生最后一再表示："我走上防震减灾工作岗位，就是为了用自己所学的知识报效祖国和人民，我定将为自己毕生的追求做到'生命不息、奋斗不止'！"他说得很自然，在场者闻之，不禁肃然起敬！

红外卫星云图预报地震的创始人
——强祖基教授

□秦 风

一

强祖基，生于1932年4月，我国地震研究专家。强祖基早年曾在西北大学地质系学习，1952年，教育部对高校院系进行调整，强祖基转入北京地质学院地质找矿系，于1953年毕业，之后被派往苏联留学。1961年，强祖基获苏联莫斯科大学地质矿物学副博士学位。回国后，强祖基先是在中国科学院工作，到这时，他的研究方向和地震预报仍没有太大交集，主要是做地质学方面的研究。直到1976年唐山大地震发生后，强祖基的研究重点才发生了转变。

1976年7月27日，唐山发生了7.8级大地震，强祖基当天被调入国家地震局，次日便赶赴地震现场，现场惨状给予他的强烈刺激，至今仍历历在

强祖基

目。他还记得当地人问他是哪个单位的，他回答说是地震局的。那位老乡略带抱怨地说："这么大的地震，你们事先怎么也不打个招呼？"也就是从那时起，他下定了决心要搞地震预报研究，争取在下一次地震到来之前，先给老百姓"打个招呼"！

在国家地震局工作期间，强祖基参与了国家地震局预报中心的筹建，曾担任过综合组的业务处长。1989年起，他开始利用卫星红外云图的亮温异常预测地震，到1994年预测我国及邻区的 Ms≥5 级地震30次，占应报总数的83%。1994年曾获得国家地震局预测表扬奖。

1995年，强祖基从国家地震局退休，退休后他坚持自己的地震预报学研究，不仅对卫星云图的红外异常机理有了更深入的认识，而且还结合了 HRT 波、地质应力场等多学科的研究进展，提出了震前卫星红外应力场的理论。正是基于这些研究进展，强祖基自信地宣称，地震预报这个世界性难题是可以攻克的。

二

强祖基自20世纪80年代末开始关注卫星红外云图与地震之间的关联，经过多年研究，他积累了一套丰富的分析经验和技术。卫星红外云图所反映的信息表明，地震前有剧烈的地球排气发生，这些排气导致了大气的红外异常，长期观察这些排气的规律，便能发现其与地震的相关性，根据此相关性，便可对未来可能发生的地震进行预报（当然，影响卫星云图中红外数据的还有其他很多复杂因素，强祖基及其团队已经充分地考虑过了）。强祖基自1990年起发表过多篇相关论文，其中发表于1998年《中国科学（D辑）》第6期上《卫星红外图亮温异常——短临震兆》的结尾部分，对他们预测地震的基础原理有概要性的总结：

"经过8年的研究，我们总结出卫星热红外亮温增温异常与地震

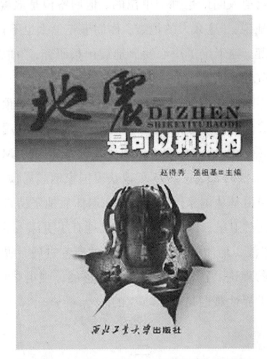

赵得秀、强祖基主编的《地震是可以预报的》

时、空、强三要素的如下关系：

"（1）用气象卫星红外波段（10.5~12.5μm）扫描仪对地球表面（水面和陆地面）进行探测，能发现地震前在远离震中区出现一大片孤立增温区，比其周围高出2~6℃。

"（2）震级根据异常面积大小而定，震级愈大，亮温增温面积也愈大，一般是≥700000km² 的增温面积预示着未来有≥7 级的地震，而≥400000~700000km² 的增温面积预示着未来有≥6 级的地震，该面积≥100000~300000km² 预示5 级地震。

"（3）利用这一增温异常演化特征来追寻未来地震的震中位置，往往是在随着时间迁移的增温异常的前缘或其前锋与地震带、活动构造带交汇部位或是孤立亮温增温异常凹陷部位，或是两组应力热带交会部位。

"（4）一般在亮温增温异常发展到鼎盛时期后，在几天至60天内发震也是短期和临震时期。"

这些结论，如果放在地球排气学说的整体框架内，也是可以获得合理的解释的。比如，增温区远离震中，说明其他地区排气，而震中区由于岩层的闭锁不排气，才能积累起致震的气量，等等。

三

强祖基最近的一次地震预测是云南鲁甸地震。他和地球科学家杜乐天是留苏时的同学。2014年4月4日，笔者在北京采访杜乐天，谈及地球排气与地震的关系时，杜先生介绍了强祖基利用卫星红外云图预测地震的情况。

笔者联系上强祖基后，强祖基表示，自己预测到云南一带在最近一二十天内会发生地震。4月5日6时40分，云南昭通永善县发生里氏5.3级地震，震源深度13公里。但据了解，这次地震并不是强祖基所预测的地震，他预测的地震不会小于7级。

2014年4月24日，笔者拜访了强祖基，强祖基向笔者详细介绍了地震的成因，以及他运用卫星红外云图技术的科学依据。同时，强祖基强调，4月5日云南昭通永善县的地震并不是他所预报的云南强震，"根据我的卫星红外云图来看，云南强震的震级应该在7级以上，时间在6月底之前。"

2014年5月24日4时49分，云南德宏盈江县发生5.6级地震，这次地震的地点虽然在强祖基预报的范围内，但强祖基认为，这次地震并不能算作主震，因为他所观察的红外还在持续升温，他的团队有四五种手段都证明，6月底之前云南会发生7级以上大地震，4月5日和

5月24日的地震只是大震前的小震群。

  2014年5月30日9时20分与9时21分，云南德宏盈江县两次发生地震，震级分别为6.1级和4.3级。另外，据统计，从5月24日至5月30日，盈江县共发生了13次地震。2014年6月22日，强祖基表示，这些都是震前的小震群，不会影响大地震的发生，经过修正，他将云南强震的时间修改为7月底之前。他的团队有4个人去了云南昭通，宣传地震预防的相关知识，受到了当地地震局的热情接待。

  2014年8月3日16时30分，云南昭通鲁甸县发生地震，震源深度12千米。约20分钟之后，强祖基向笔者表示："这就是我先前预报的云南北东部的强震！"此外，强祖基表示，对因为他们团队事前赶赴灾区进行抗震宣传，在一定程度上减少了人民群众的人身财产损失表示欣慰，同时，强祖基还说此次地震说明，他们的预报达到了国务院2001年6月9日提出的"力争地震短临预测有实际效果"的要求。当时官方公布的震级是5.6级，和强祖基此前说的7.0~7.5级相差较大，而5月30日盈江地震是6.1级，强祖基却说不是他预测的地震，笔者有些奇怪，但当天18时以后，网上发布了官方的修正震级：6.5级。笔者心中关于震级的疑问也随之冰释。

  因为科研条件的限制，强祖基在地震时、空、强三要素（具体时间、地点、强度）上的预测精度还有提升空间，而此次地震伤亡人数也超出了他的想象。他无奈地说："现在看来，当地对地震的重视还是不够，预防措施还是不得力，死了那么多人！"除了对人员伤亡的伤心，强祖基对他的预测手段没有得到足够的重视一直耿耿于怀，但他的信念依然坚定，"只要我们一直坚持预测，多预测准几次，就有人关注了。"

口述回忆

日本国外

忆西北联大时期的校友情
——1940级系友阎锡玛回忆母校

□阎锡玛

阎锡玛,男,山西省五台县人,原《水文地质工程地质》期刊常务编委。阎锡玛先生1944年毕业于西北大学理学院地理系,师承当时地质学界著名的地质学家张伯声教授,后留校任教。1950年,他进入北京华北财委的地质调查所工作,离开西大。1956年,参加九三学社北京分社地质部支社,先后任支社委员、宣传、组织委员等职。1984年,加入中国共产党。阎锡玛在水文地质学方面,尤其是在地下水的研究方面,贡献卓著。曾参加地质部组织的访苏代表团,在了解苏联水文地质方面的研究成果与方向后,积极发展中国的水文地质事业,对中国各地缺水地区进行了详细的调查研究,编制了部分地区的水文地质图,对解决中国部分地区缺水问题,做出了重要贡献。其主要著作有《中国地下水》《内蒙古高原中部水文地质分区讨论》等。

一、西北大学的由来

1937年,卢沟桥事变后,原在平津的高等院校已无法上课,教育部命令由北平的北京大学、清华大学与天津的南开大学合并联合组成

国立西北工学院遗址

了西南临时大学，迁校于湖南的长沙，后又迁徙云南的昆明，改称西南联合大学。另外，由北平的北平师范大学、北平大学和天津的北洋工学院，联合组成了西安临时大学，校址先在西安，并将原在西安的东北大学及河南的焦作工学院，也包括在内，后因西安已遭到日军飞机的轰炸，又奉命南迁到汉中的城固，改名为西北联合大学，至1939年，教育部又命令将联大的各院系调整，并分别独立设置。将北平大学工学院、北洋工学院及河南焦作工学院等合并改称西北工学院，校址设城固县的古路坝。将北平大学的农学院与原在陕西武功的农学院合并，改称西北农学院。院址仍在陕西武功县。将北平大学的医学院，独立设置改称西北医学院，院址设于汉中。将原属于北平师范大学的有关教育方面的专业，独立设置改称西北师范学院，院址在城固。将北平师范大学的部分专业和北平大学的文理学院、法商学院合并，改称西北大学，校长先后为胡庶华、陈石珍、赖琏、刘季洪等。

二、西北大学地质地理系地质组的诞生

西北大学共辖三院十三系，即文学院、理学院和法商学院。理学院中的地理系，主要是来自北平师范大学的地理系，系主任先后为黄国璋和殷祖英。我们在1940年入学时，系主任已是殷祖英了。大约从1940年起，在地理系中开始设置地质组，改系名为地质地理系。地质组自1942年起，开始有第一届的毕业生5人。1943年，第二届的地质组毕业生有11人。我们是1944年第三届的毕业生共计10人，全班为16人，包括地理组为6人。当时，地质方面的主要教授为郁士元先生，兼任教授有李善棠、张伯声、王恭睦等，及1942年毕业后

国立西北联大法商学院旧址

留校任助教的武果。当时,系中教学用的岩石、矿物、古生物方面的标本,除历年来就近在野外自行搜集的一些外,主要是依靠工学院矿冶系较为完整的标本(大部分为焦作工学院带出的)。在校时,我们曾有幸跟班郁士元教授和当时正在陕南进行地质调查填图的中央地质调查所的卢衍豪先生,在汉中梁山进行了系统的地质实习,包括地层、构造、地质填图、测量等。这里,我要强调一句,陕南汉中的梁山,的确是一个初学地质最为理想的实习地区,这里由前寒武纪的地层起,包括除缺失上古生代泥盆纪的沉积外,整个古生代和中生代以至新生代的地层,基本上都有显明出露和标志,各种构造形态也很齐全。现在,西大地质系虽远在关中地区,但我们以为,仍应将汉中的梁山作为地质系实习的最佳地区。以后我又曾随张伯声教授数次在梁山实习过,并和全班同学与张老师在汉中合影留念。日本投降后,1946年,西大迁校到西安,原地质地理系即一分为二,地质系开始独

抗战时期汉中的街景

立设置，系主任由王恭睦出任，系中兼职教授仍有张伯声、李善棠、任殿之，讲师有霍世诚、袁耀庭、曾繁礽、黄择机等，大约在1947年冬或1948年初，时在清华大学地质系任教的张席禔教授曾来校讲授过地层及古生物等课程。历年来系中由于专职教授少，所以有很多必修的课程，往往都是请专人来集中讲授的。

三、略谈早年毕业系友的情况

现在简略地谈一下地质系早年在城固和西安时先后毕业的几届系友的点滴情况。

上面已经讲过，西大地质系由1942年开始有第一届的毕业生5人。其中，除武果（少游）留系担任助教外，康永孚曾主持过桂林的冶金地质研究所，他以后一直是冶金部门冶金地质的主要负责人，张耀麟原在西安的兴国中学执教，西大迁西安后回母校地质系任教，李海清一直在开封河南大学任教，王恒兴原在陕西建设厅工作，现况不明。以上除李、王外，前三人已先后逝世。

1943年，原地质地理系地质组毕业生共计11人。其中，进入高等院校任教的有杜恒俭，毕业后他曾先后在中央地质调查所北平分所，从事古人类及第四纪方面的研究，并兼在北京大学地质系任教，现在北京中国地质学会，已退休。丁宝田一直在武汉测绘大学任教。朱瑞中在原华东师范大学执教，杜子荣在重庆西南师范学院任教，朱、杜二人均已逝世。张尔道原在中央地质调查所兰州西北分所工作，后回母校地质系任教，黄声求原在河南煤炭系统工作，现已逝世。乔作栻，原在兰州分所工作，后一直在黑龙江地质局和北京地矿部水文地质局工作，现已退休。

1944年，全班共有10人，计为胡炳如（胡冰），原在陕西建设厅工作，后随军解放兰州时，负责接收兰州西北分所，后调任新疆地矿局副局长兼总工程师；周慕林，毕业后即进入中央地质调查所从事工程地质工作，后调任地矿部天津地矿研究所从事第四纪地质研究；董福寿一直在天津冶金部地质研究所工作；张兴仁则在天津水电部勘测设计院，从事大型水电站，如黄河小浪底、万家寨等地质勘测工作；谢恩泽在地矿部河南地矿局工作；雷振伦在台湾工作，以上6人均于20世纪60到90年代先后去世。此外4人，张秀在成都地质学院（现理工大学）搞基建工作，已退休；徐恩寿在原辽宁杨家杖子钼矿任总工程师，为我国从事钼矿研究的少数专家之一，后调任北京冶金部黄金总公司的总工程师，已退休；韩祖铭毕业后曾在南京原国家资源委员会矿产勘测处工作，后赴美留学深造，先后在辛辛那提大学等校获得学位后，入密歇根州一矿业公司工作，对磁铁矿的成因有独到的见解，曾荣获美国苏必略湖地质学会颁发的对苏必略湖地区地质贡献的最高奖；阎锡玛毕业后曾留系任助教，后入地质调查所北平分所工作，地质部成立后一直担任水文地质工程地质方面的工作。1956年，曾去苏联访问，回国后筹组中国地质科学院水文地质工程地质研究所，从事区域水文地质及环境地质方面的研究，1972年退休。

1945年，中央地质调查所第一次在西北招收研究人员，地质组中经考试录取的计有李耀曾、关佐蜀、李延潘和何金海等4人。其中，李延潘改入石油部门，何金海改学地质测量外，关佐蜀入兰州西北分所，后在陕西省地矿局专搞石油地质。此外，苗祥庆一直在广州石油公司工作，胡信姬在陕西省地矿局，王景椿在北京京西煤矿部门工作，张继书改学测量由美国回国后即入母校地理系执教。上述诸人中，除苗祥庆、张继书、王景椿外，均已去世。

1946年，地质组只有赵庚荫与阎廉泉2人毕业，赵去新疆地矿局，已去世，阎留陕西地矿局工作。

1947年，其中，除左伯麟留系任助教外，刘国恩、胡厚文、赵铭渠均在石油部门工作，杨志甲入北平地质调查分所，赵觉民在兰州西北分所，勇俊龙在湖北冶金地质部门，郑功溥在广西冶金地质部门，窦培德在陕西地矿局，吴光荣在华东煤炭部门工作，贾何先在西安冶金地质研究所工作。还有苏正贤在上海工作。以上左伯麟、赵觉民、杨志甲、胡厚文、苏正贤等，均已先后去世。

1948年的毕业生已记不太清楚了，只记得当年孙管留在系中任助教，后离校入西安冶金地质研究所工作（已去世），李钟武也在该所工作。

1949年，除赵力田在上海地矿处工作外（已退休），侯世军、任海波、巩志超均在西安地矿研究所工作，何胤周在西安地质学院执教，辛奎德原在地质调查所北平分所，地矿部成立后曾一度担任过水文地质局副局长职务，专研矿区水文地质工作，均已退休。再往后系中毕业同学的情况就记不起来了。

以上只是一段生活中的片段记忆，也可能不够准确，写出来仅供参考而已。

追忆西北联大时期的学习与生活
——1940级系友韩祖铭回忆母校

□ 韩祖铭

一、我们所处的学习环境

我们在校时正是抗日战争之时，学校虽然成立在后方，可是学生们仍很难安心读书，不可能受到应得到的大学教育，原因不在经济方面，而是因为国内政治的不安，日军的飞机时有骚扰，上课不能按部就班，课余没有正常娱乐，上课时不但缺少教科书和参考书，应有的仪器和标本也可以说没有，学地质的学生曾受到最大的影响是缺少专任教授。可将以上所述简单陈述于下：

（1）国内政局不安定。抗日战争时，不但是国民党和共产党不能合作、统一抵抗日军的侵略，同时，在大学的学生们有的也不专心向学，也有此两党在暗中斗争的情形，各党在暗中时有聚会，我们同级的就有不同党派的同学。当时国民党执政，所以有些共产党员或者同情共产党的同学就被抓起来问话，有的同学竟被送到劳动营受训一年，所以他们就会比我们晚毕业一年。

（2）日军飞机的骚扰。汉中是抗战期间空军基地之一，中美飞机时有出入。所以，日本飞机也不时地经城固天空到汉中轰炸。因此，城固的警报器也时常报警,这样一来,我们也不能不找安全的地方躲避,有一次曾见到一架日本飞机被中国飞机打落,我们只见日机的机尾出烟向洋县的方向下落。

(3) 授课不能按部就班。在这方面,以我们地质地理系的情况最明显,尤其是地质组,因成立的时间很短,所以,除郁士元先生教授我们测量和矿物学外,有很多的课程都是由西北工学院和中央地质调查所的人士临时担任,以"集中讲授"的方式——就是将一门课程在很短的时间结束。这样一来,我们从早到晚都是上一门课,连温习的时间都没有,有的课程只有两周的时间即告完结,这些功课的讲授完全是依靠笔记和抄写教授在黑板上所写的东西,尤其是李善棠先生所教我们的矿床学,他将他要教的东西大致都用英文写在黑板上,让我们抄下,这时有些同学的英文也不是很好,所以得到的知识也不太惊人,我们的古生物学教授是后来的王恭睦先生,因系内标本缺乏,所以也没有打下很好的基础。

汉中(南郑)附近的梁山是我们唯一到野外实习的地方。首先由中央地质调查所之卢衍豪和郭宗山先生分别带我们到那里实习,后来又由西北工学院张伯声教授领导,张教授对梁山的地层、构造和古生物方面更有认识,在这方面,我很同意锡玛学长对母校的建议,梁山的确可称为学地质的学生(尤其是对地史和古生代的古生物有兴趣的学生)的"天然实习室"。

因为"集中讲授"的缘故,我们有很多的自由时间没有正当地方应用。用功的同学温习自己的所学;好玩的学生不是在夜室或校园玩桥牌,就是到附近私人住户的家去打麻将,别名叫"垒城墙",有时竟玩一整夜不睡觉,明知此系不良的嗜好,但是成了习惯很难放弃。这也是本人在大学时生活的一段。

在大学毕业时,学地质的学生可以说没有出路,本人只知锡玛留校就任地质助教职位,本人即立志继续学业以备将来,于是就在张伯声先生领导之下又补习了一年,战后成为被录取到美学地质的三个学生之一,也的确是张先生的功劳。

(4)学生们的正常生活。西北大学的学生多半是由战区来的,很多国立第一四七中学的毕业生,在此非常时期,这些学生不但可以免役,同时,国家以"贷金"的名义帮助他们完成学业,那些没有考入大学的学生,政府当局还在西大办立一个"先修班",让他们补习一年后再参加入大学考试,所以在校的学生有"公费生"和"自费生"之别,自费生都是由非战区俗称"后方"考取的学生,同时,那些不上学的青年就得去服役,俗称"当壮丁",本人曾看到十余位青年被绳子连在一起横渡了汉江大桥,用绳子的原因一定是怕他们逃跑之故。

大多数的学生都是在学校吃饭、住宿和自习。在城内的文理学院有两个饭厂(俗称食堂)和厨房,一个是专以面为主食,由北方来的学生多在此饭厂,交费吃饭(俗称上伙),另一个是以米饭为主,上此"伙"的多数是由南方来的学生,饭厂和厨房的管理和组织,除厨师及助手是雇用的,其他都是学生自治管理人(都是由学生中选出),每月改选一次。

办公室、教室和饭厂在一个地方,一处是男生宿舍,距学校的办公室不到半里地,宿舍多半是草房顶,每间房内有两张两层床可住四人,同房的人文理学院的学生宿舍也分两处:一处是女生宿舍,是和学校的班是同级,不一定是同系。

学生在白天多半是上课,若没课时各人可以自由行动,在晚上多半是温习功课,学校当局一方面给学生供给一周用的蜡烛,以便学生们在寝室应用。另一方面,在一大教室设置一个非常明亮的汽灯,以便学生在那里自习。

在课外活动方面,除各系所组织的球类比赛外,没有田径比赛。球类有足球、篮球、排球和垒球,没有网球。在个人方面,除了访友就是玩桥牌和打麻将。能使大家娱乐的就只有一个京剧团,演员有的

1940年西北大学足球、排球、垒球锦标队留影

1942年西北大学足球队获陕南区足球赛冠军留影

参加第11届奥运会的中国篮球队,董守义(中排左三)任教练

中国奥运的"传世国宝"——1936年奥运药箱

郭毓彬（左一）参加远东运动会

是西工的学生，有的是西大的学生，可是每年也不过一两次而已。

在假期间无家可归的学生即留校为家，有家的学生即回家度假，有些学生回家返校也是一件不容易的事。例如，一个学生家在河南，必须先乘汽车翻越秦岭再乘火车，最后还得步行或骑小驴到达自己的目的地。当时的公共汽车事实上是"大卡车"，内无座位，都是用自己所带的行李代替，同时，国家也缺乏汽油，就用酒精代之，那时，还有一种公共汽车是用木炭代替了汽油和酒精。所以，在过秦岭时，不但走得慢而且走一段即需要停车，以便助手清理炭炉和加炭，这样一来也就给乘车人一个机会，在黄牛铺一带看到昼成夜、野鸡叫的"日蚀"，在来往的沿途曾遭日本隔黄河炮击，又看到人山人海的难民散居在渭河河滩，过着不可想象的生活，所看到之情景的确使人心痛难忍。

二、离校后与师长同学们的联络

（一）1980年以前的联络

抗战结束后本人即立志一面谋事，一面准备参加留学考试，首先由李善棠老师推荐到河南省地质调查所任职，在那里小停即辞职前往南京应留学考试，并开始就职于资委会矿产采勘处，在谢家荣处长领导之下服务年余，同时留学也幸被录取，后经副处长李庆远先生之鼓励和代办入学许可证才达到自己的愿望。在这段时期内，政局不稳，除在南京和我们的系主任殷祖英老师，以及地质组的同学康永孚、雷振伦、何金海及几位西大同学相聚外，可以说，与其他师长和同学均失去了联络。在新中国成立以后，与张伯声师长、殷祖英主任、郁士元教授及谢家荣处长又取得联络。在这段时间内，对于西北大学地质系的发展，从张先生与郁先生的来信中也了解到一些，这段时间也是朝鲜与美国作战的一段，凡是中国的学生在美国都不允许出境，战后方允回归祖国。1970年本人到日本参加国际矿物学会同时又因公司事在日本停留两周余，那时又乘机到台湾省亲拜友，在那里与雷振伦学长乐聚。

（二）1980年以后的联络

1980年被请到祖国参加国际矿业学会（在北京是欢迎会，在北戴河是学术会），会后访亲，并到西安与西大师长和同学相聚，当时，所相识的只有郁士元先生与贾向先（曼云）同学。那时，张伯声师长因病在医院未能参加，本人也前往拜见。在经开封时又蒙学长李海清热心招待。1988年带领全家到祖国游览访亲并在北京参加国际沉积学学会，在北京与康永孚、乔作栻、阎锡玛和徐恩寿诸学长相聚畅谈，在郑州时，也与同班的谢恩泽学长晤面。1992年又到日本参加国际地质学会，乘机返祖国省亲访友，想不到的是，这之后便和张先生长久告别了。在1996年返祖国拜见母亲并参加第三十届国际地质学大会，当时只和阎锡玛及徐恩寿面晤，并知道我们同班的同学多半已离世。2001年返回祖国参加父母合葬的祭礼，探望各处有病的亲人，访问久别母校之地质系，同家人团圆，因时短事多，虽然西达兰州东至天津，路过北京也未有机会与在北京的阎锡玛、徐恩寿及乔作栻诸学长相聚，遗憾之至。可是亲眼看到母校地质系的进展，实在惊人，与我们在校时的地质地理系相比，真有天地之分、黑白之别，的确使本人内心感到无限的荣耀，可惜在西安停留时间短促，除与于主任及杨副主任相识同餐外，未有机会与其他师长相识畅谈，尤其关于地质有关的题目和所教课程的趋向，希望以后再有机会到来。

　　本人虽退休已近十年，但是和不退休无大区别，蒙公司的宽待，每天照常到研究室享受一切的方便，做着自己感兴趣的东西，尤其和前寒武纪铁矿层有关的东西。假若母系的师长或同学对这方面有兴趣的话，欢迎来信联络和讨论之。

　　离开祖国已近53年之久，在此阶段英文没学好，中文也忘记了，以上所述不但白字多，同时语言也有不通之处，所以只可供参考之用，若有欠正确之处，可更正之。

1944年毕业学生　韩祖铭
2001年7月24日

王战教授谈西北联大地质系的
人物和往事

□ 王　战

一、王战教授谈西北大学地质系的发展历程

（一）成立和开创时期（1939—1949）

1939年，那时候正是抗日战争时期，值国家危难之际，学子们退居秦岭、巴山之间的城固小县城，刻苦学习知识，无非是想寻求富国强兵之道，学习一些可以马上用得上的知识来报效国家。而当时的西北联大北靠黄土高原、身置秦岭巴山之间，有良好的地理位置和条件发展矿产资源，而且学习矿产资源知识，开发矿产资源，正是国家之急需。于是，在1939年8月西北联大改组为西北大学之后，在原西北联大的地理系中设置地质组，改地理系为地质地理系，西北大学地质系的前身就诞生了。此正所谓万事万物，皆应运而生。

我是1957年考入西北大学地质系的。虽然没有经历过西北联大地质系初创时那一段历史，但是，在给张伯声先生当助手期间，也听他讲过那一时期的事情，张伯声先生毕竟经历了那一段历史，对地质系成立时期的事情肯定很熟悉。再加上我后来搜集的一些资料，所

王战教授

以，我对于那一时期西北大学地质系的情况还是有一定了解的。

地质组初创时，情况比原本预料的要好，原地理系的学生争相报名参加，想多学一点儿寻找矿产资源的知识，为国效力。据张永森、张立民的《西北大学校史稿（新中国成立前部分）》记载：西北大学在分设地质组和地理组之后的七八年间，两组的人数大体相当，甚至在大多数年份中，人数还要稍稍多于地理组。1939年创立之后，当年就招收了7名新生，其中就有后来在西大地质系从教多年的张尔道先生。据张尔道先生生前讲，他原本是想报考北大的，但录取通知单上说，由于抗战期间交通不便，西北地区的学生一律到西北联大就学，于是张尔道先生便就读于西北大学地质地理系。

虽然地质地理系有了一个较好的开端，但毕竟新成立，与西大的其他院系相比，是全校数得着的小系之一，而地质组的师资力量就更薄弱了。地质组成立之初，真正能给学生教授地质知识的老师满打满算才3个，就是郁士元、殷祖英和谌亚达。地质地理系的第一任系主任是黄国璋教授，但他的专长是人文地理，无法给地质组的学生上课。第二任系主任是殷祖英教授，他的专长是资源地理，能给学生介绍一些矿产资源分布概况的相关知识；谌亚达教授擅长的是地形学和地貌学，可以讲授一些动力地质作用及其地表效应等方面的知识。而真正能挑大梁、担任起地质学主课教学任务的也就是郁士元教授一个。郁先生是随东北大学来陕的，为人很热情，对地质组的建立和发展十分关心，投入了极大的精力。西北大学这一时期的地质组得以维系，全仗着郁先生请校外教师代课，最方便的莫过于向西北工学院求助。西北工学院的主体是北洋工学院，其地质系、采矿系的实力都比较强，而且有许多名师，像张伯声、李善棠、王恭睦，等等。那个时候，他们是西北大学的兼职教授，在抗战胜利，西北大学从城固回迁西安的时候，经过郁先生的多方劝说，他们才留了下来，真正成为西北大学的教授。郁士元先生可谓真正是西北大学地质系的"护园人"，他不但多次顶住校方撤销地质组的压力，而且还不失时机地动员多位著名的教授调来西北大学，这才有了地质学系成立后著名的"四大教授"：王恭睦、张伯声、郁士元、蔡承浽（女）。

而且那这个时候，地质地理系的学生和教学设施，也十分简陋，或者说，很不理想。

地质地理系当时的学生少得可怜，每个年级只有十几个人，最少的时候甚至只有几个人。像1942年秋天时，地质组没有招收到新生，学校讨论准备撤销地质组，幸亏当时有两名学生阎廉泉和赵庚荫从河南大学转到西大地质组，才致使这次撤销案没有变成现实，保住了地质组。后来还有人开玩笑说：是阎总（阎廉泉后来做了陕西省地质局总工程师）救了西大地质系一命！那时候社会动荡、生活困难，再加上国民党特务机关经常在学生中抓捕"共党嫌疑分子"和表现激进

西北大学老校区（太白校区）西门

西北大学新校区（长安校区）东门

者，以至于本来就人数不多的地质组更是雪上加霜。

至于教学设施方面，更是不行。由于地质组设立以后，只有郁士元一个专业主课教师，根本就没有什么仪器设备和岩石标本，所以，上课主要是靠兼职教师，实验课程主要是靠西工的标本。因此，校方多次要撤销地质组。但是，多亏郁士元先生的极力申辩、阻止，才保住了地质组。

不过，虽然环境艰苦，但是，西北大学地质系却顽强地生存了下来。这个时期西大地质组的学生虽少，但他们大多出身贫寒，不怕艰苦，都怀有学好本领、以便毕业后能为国家开发矿业、振兴民族经济的愿望。他们在西北大学学生课余学术活动中表现也非常活跃，在1943年5月，西北大学自主创办了《自然科学月报》，这个学术刊物是由"西北大学自然科学月报社"的学生主办的，这个学生组织的负责人正是地质地理系地质组的学生左伯麟和物理系的学生舒贤治。值得一提的是，这两个学生后来都留校做了教师。其中，左伯麟先生后来成为西北大学地质系矿物学课程的骨干教师和矿物教研室主任。

1945年，抗日战争胜利，各大院校纷纷回迁，西北大学亦不例外。1946年，西北大学从城固迁回西安。第二年，也就是1947年2月22日，在西北大学年度第一次校务会议上，通过了院系调整的决议，其中的第三项就是"遵照部令将地质地理系分为地质、地理二学系"，二者均属于理学院。至此，西北大学地质系才算真正成立了。以前是地质组，现在才是真正的地质系，第一任系主任是王恭睦先生。

第二任是郁士元先生。不过，他是代理系主任。直到1948年10月的时候，杨钟健先生来西大就任校长，正式任命张伯声先生为地质学系的主任。

杨钟健先生任命张伯声先生为系主任的时候，两人之间还发生了一件有趣的事情。杨钟健先生一到西北大学，听说当时地质系没有正式的系主任，是由郁士元先生在代理，就想任命学识、人缘都很好的

西北大学校训

张伯声先生为西北大学地质系的正式系主任。两人见面后,杨钟健先生正想向张伯声先生通知这件事,但张先生反而先向杨钟健诉起了冤。原来,西北大学在迁校以后,百废待兴,多次向教育部申请拨款购置图书、仪器等东西,教育部曾在 1947 年 3 月给西北大学地质系汇来 1 万美金,理学院分得 3000 美金。但是,当时理学院下设 6 个系,再一分,就没多少钱了,根本就不够地质系购买设备所用。所以,张伯声先生心急之下,以个人名义致电教育部长朱家骅,说明地质系底子薄,标本不配套,仪器方面除了两个罗盘、几个手持放大镜、几把铁锤和绘图板之外,根本就没有其他东西,别无长物,与西工地质系简直是天差地别,没法比。未及一个月,也就是 1947 年 4 月,教育部便又追加了经费美金 2000 元,还特意注明是为了"充实地质学系设备!"但是,当时的西大教务长岳劼恒先生从学校全局考虑，认为地质系是小系，暂时不需要那么多仪器设备，就把这 2000 元美金分给了某些系科。张伯声先生很不高兴，就向杨钟健先生诉说，希望他能主持公道。但杨钟健先生不但和岳劼恒先生是同学、关中乡党，而且杨钟健先生初来西大，需要教务长的支持，再者，岳劼恒先生的做法也是从学校的全局出发，无可指责，就很不高兴地走了。

虽然初期发生了不太愉快的一幕，但是，杨钟健先生很快就宣布张伯声先生为地质系的主任，而且在后来的相处中，互相信任，保护了西北大学。新中国成立前夕，国民党下达了将学校迁往四川的指令，杨钟健先生和张伯声先生团结一致，用各种办法抵制迁校；而一些国民党人员对张伯声先生进行劝说，说共产党多么可怕，动员张先生随国民党一起南逃。但张伯声先生却说："我没有骂过共产党，没反对过青年人搞学生运动，没得罪过穷人，我不怕！"而且，张先生还私下里劝说一些学生尽可能出去躲一躲，到迁校的时候一看没有学生，看他们怎么迁。两个人相互信任，相互协作，保住了西大财产，使西大逃过一劫。

总的来说，从西北大学地质系成立到新中国成立这一段时间，因为是内战时期，各大院校的发展情况都不是很好，西大地质系也不例外。但总体来说，在这个政治斗争复杂的年代，西北大学地质系的发展还算不错的。1947 年，那时候杨钟健先生还没来西大，地质系的学生左伯麟、杨志甲和经济系二年级的学生陈得智三人，荣获春季大学国际奖学金，各得 18 万元。同年 5 月份的时候，由于学校经费紧张，不得已停发学生实习费用，但边政系和地质系学生经常在西安进行"新生剧团"演出，筹措实习经费。还有值得称道的一件事，就是在这个时期，在郁士元教授和张伯声主任的主持下，"西北大学地质学会"宣告成立！并且在 1948 年到 1949 年不到一年的时间里，该学会就组织和编辑出版了两期《地质通讯》。创刊号上载有张伯声先生的《陕西城固地质略志》和白超然的《陕西煤之探讨》，城固地质志原本是张先生在陕南城固期间带领西工和西大学生在野外进行实习期间收集的资料所编成的一本小册子，回到西安后，张先生又对这本志书进行修改，重新整理，变成一篇论文，予以发表。后来，20世纪80年代的时候，政府提倡"盛世修志"，而张先生的《陕西城固地质略志》被认为"开创了我国编写地方地质志的先河"。

其实，那个时候在出版《地质通讯》第2期前，学会和系里已经凑不出一点儿钱了，全是靠着教师和毕业校友的捐助，募集了1050元钱，才使其出版。杨钟健校长为本期刊物撰写了《西大地质系之前瞻》一文，在文中他写道：西大地质系"殆为地质环境中最占优良而先天特厚者"，"西北大学地质系所处地位既如此优越，陕西及其附近地质问题之多，需要解决又如此其切，如何发扬西大地质系，使能肩负此艰难任务，乃同仁最大任务"。杨先生在60多年前写的这番话，在今天得到了应验。

值得一提的是，1948年，正是国内战争的白热化阶段，国共两党斗争激烈，国民党反动派经常在校内抓捕进步学生，但在中共西北大学地下党组织的领导下，从6月24日开始，分批组织进步学生秘赴陕甘宁地区（主要是延安）参加革命，像1946级地质系学生孟孔昭，就是这时候秘赴延安参加革命的。

（二）扩大和发展时期（1950—1955）

1949年，新中国成立，西北大学面临的危机得到解除，获得了一个较好的发展环境，这一段时间是地质系的扩大和发展时期。

但发展过程并不是一帆风顺，其中还有一些波折。1949年5月20日，西安解放，那时候西安的国民党军政人员已经全部逃走，所以解放军未开一枪就长驱直入，和平解放了西安，西大的危机也得以解除。但是，西大地质系的困境还是一如既往。那时候，学校比较重视物理、化学两系，将大部分经费都给了这两系，地质系的仪器设备、图书资料等没有什么较大的改善。其实，地质系不但兼有理科的性质，需要大量的仪器设备，还兼具工科的性质，需要时常进行野外考察活动，需要经费。张伯声先生在从西工调来西大的这几年间，饱尝了地质学系没有经费和不被学校重视的苦头，因此有了带上全系人马（其实还不足 10 人）另谋出路之意。1950 年的时候，张先生让曾繁礽去沈阳的东北工学院任教，实际上就有投石问路之意。1950 年 4 月的时候，张老被邀请去河南参加豫西地质矿产考察，走前一再叮咛将去东北工学院报到的高焕章，要高焕章到东北工学院见着曾先生时，问清楚东北工学院的仪器设备和实习经费状况，及时回个消息。为转去东北工学院做打算，但最终还是没去成！

其中，最主要的原因是西北大学地质系获得了一个发展的契机，张先生也就不愿意离开了，毕竟张先生对西北大学地质系有很深的感情。即 1950 年 8 月份的时候，正值暑假，西北石油局的人忽然派人来联系西北大学，希望西大能为他们定向培养 50~60 名石油地质人才，因为是急需，希望两年能毕业。西大校方同意了这件事，决定由地质系开设石油地质人才速成训练班。就是这件事，带来了转机，从河南考察归来的张老听到这个消息大喜过望，看到了西北大学地质系发展的可能性，也就打消了转校的打算。

西北石油局注入经费后，西北大学地质系的许多问题都得到了解决，其不但解决了地质学系所急需的一些仪器设备，而且还在校北门到大礼堂的大道两侧修建了一些平房教室、实验室和仪器室。有了经费和仪器设备后，张老和郁士元先生四处联系，争取有名望的地质学专家和校友来校任教，那一时期，相继调来任教的老师有王永焱、袁耀庭、张耀麟、关恩威等。1950 年招收的这一届专修科学生是我国第一批石油地质专业的学生，他们分散在西北、华北乃至全国各地，为我国的石油地质勘探事业发挥了重要作用。比如青海石油局的顾树松、华北石油局的武思训、南阳油田的王寿庆，以及后来留校任教的

大庆油田

华北油田山西煤层气

祝总祺，都是这一届的学生。

1951年的时候，西北大学地质系又迎来了一次大发展，为日后西北大学地质系"中华石油英才之母"称号的获得，奠定了基础。1951年1月，张伯声先生任西大理学院院长兼地质系主任，进京参加中央教育部召开的"培养地质干部座谈会"，凡是设有地质学专业的院校都派人参加。会议的主题是：为了配合即将开始的社会主义建设，国家急需一大批地质勘探人员，从事矿产地质和石油地质的的普查工作。人数是一两千人，分三年招生，每届培养两年。这是国家燃料工业部和地质部根据"国民经济第一个五年计划"向教育部提出的请求。教育部希望由两三所大学来承担这项任务。然而在场的人都面面相觑，"每年要招收四五百人，连续三年，怎么承担得了呢？"但张老认为，既然国家需要，就应该去做，同时，这还是一个发展、壮大西北大学地质系的绝佳机会。于是张老挺身而出，慷慨陈词，说西北大学有地域优势和有培养石油地质人才的经验，明年为西北石油局培

西北大学地质系

养的那批专修科学生就毕业了，可以腾出人力、物力干好这件事情。于是，张老为西大地质系领回了这项光荣而艰巨的任务。

张老领回这项重大的任务后，学校有一些人并不理解，纷纷责难，如果到时候完不成任务，怎么办？为了办好这项任务，张老和地质系全体教职工一起集思广益，出主意、想办法，认为既然国家需要，我们就是硬着头皮，也要吃下这颗酸梨子！于是施行了以下三个方面的办法：在师资力量方面，借全国高校调整之机，教师们忍痛将地质系中尚未读完本科的两个年级的学生集体调拨到北京地质学院去完成剩下的学业，又使高年级本科生提前一年毕业，腾出人力。这些学生虽然离开了西北大学，但是一直将西北大学作为他们的第一母校，认为他们是在这里接受了地质知识和热爱地质事业的启蒙教育而受益终身，一些人还时常回到系里看望自己的老师，多次回校做报告，时刻关心着母校的发展。除了以上的做法，张老还从1951、1952届的毕业生中留下一些人充当助教，像赵重远、陈润业、安三元、陈景维等；与此同时，地质系还从外校引进了一批毕业生和教师，如袁耀庭、王永焱、汤锡元、陈荷立、丘燕昌等，充实学校的师资力量，并且多次请外校的老师来本校办讲座，传授专业知识，大礼堂也被批准由地质学系上大课使用。

在教材资料方面，由于先前从来没开办过石油地质专业，西北大学地质系开创了中国石油地质教育的先河，再加上当时外国的经济封锁政策，欧美等国家的石油地质教材根本弄不到手，能接触到的资料都是苏联的。于是全体地质系教师掀起了学习俄文的热潮，年逾半百的张老为了学习俄文还得了高血压，但不到5个月的时间内，张老就基本可以看懂俄文地质专业书了，而且还翻译出版了奥布鲁契夫的《地质学原理》。通过这一办法，初步解决了教材问题。

在仪器设备方面，由于是国家燃料工业部下发的任务，经费自然充足，地质系购置了30多台德国出产的蔡司和莱兹偏光显微镜、生

西北大学太白校区内保留的大礼堂，现在仍在使用

物显微镜，以及经纬仪、水准仪、费氏台、山地望远镜等，700多只崭新的地质罗盘和袖珍放大镜，这与新中国成立前夕的两只破旧罗盘相比，简直是天壤之别。其余的地质背包、地质锤、测绳、花竿等一些物品，更是不在话下。

通过这些措施，西大地质系终于圆满地完成了准备阶段的任务。1952年夏天将所有老生送走之后，就迎来了400多名新生。1953年的时候，由于西北大学大规模地承办石油地质和矿产地质两个专修科的壮举及其一年的成功实践，引起了其他兄弟院校的羡慕，他们纷纷主动向教育部请缨。加上北京地质学院这时也已经成立，所以，1953年和1954年，教育部只给西北大学下达了石油地质专科的招生任务，不再招收矿产地质班。因而1953年西大只招收了200人的石油地质专科学生。两届学生，人数已达六七百名，地质学系已经成为西北大学的一个超级大系。1954年，两个专修科第一批400多名同学毕业，除了留下三个毕业生（即矿产地质班的薛祥煦、石油地质班的叶俭和邸世祥）留校任教外，其余的人都奔赴石油和矿产地质普查第一线。在同一年的秋天，西大地质系又迎来了第三批200多名的石油地质专修科新生，到1956年夏天，上述的国家燃料工业部和地质部下达的培养石油、矿产地质人才的任务圆满完成。全部送入社会，工作在石油、矿产勘探的第一线。

这一批上千人的地质力量，在我国地质、石油、煤炭、基建、交通、国防等全国各部门发挥了十分重要的作用，尤其是在石油地质勘探上的表现更为突出，有一些人甚至为此献出了自己的生命，如杨拯陆等。

西北大学地质系在1952—1956年间培养的这一批地质人才，工作积极、表现突出的人员不可胜数，后来仅仅担任正副局领导、总工、院长等重要职务者多达30多位；甚至有一些成为省部级领导，像宋汉良、安启元、阎敦实，等等。还有1955届的毕业生任纪舜，毕业后被分配到地质部工作，任黄汲清先生的助手多年，后来也成为中国卓有成就的大地构造学家。

除了上述在教育上有如此巨大的成就外，在地质科研方面，亦取得了一些可喜的成就。从新中国成立到1956年，最显著的要数张伯声教授在1950年奔赴河南参与豫西地质矿产考察团所取得的成就：张老带着一名应届毕业生赵铭渠，在发现平顶山煤矿和巩县铝矿的过程中发挥了关键的作用；他还在考察途中，对中岳嵩山的前寒武纪地层构造进行了研究，发现和命名了"嵩阳运动"和"嵩山石英岩""五指岭片岩"，嵩阳运动界面被誉为在中、国首次发现的太古与元古地层间的角度不整合面，"嵩山石英岩组"和"五指岭片岩组"这两个岩石地层的命名至今还在被沿用。张尔道先生和郁士元先生同样有所成就。张尔道先生在1953—1954年间带学生在豫西实习期间，在元古地层内部发现一个角度不整合面,他将其所代表的地壳运动命名为"中岳运动",沿用至今;郁士元先生在张老的支持下,组织的"中国地质学会西安分会"(后改为"陕西省地质学会")活动极为频繁,年年都有学术年会和会刊。其中,西北大学地质系教师的学术论文占有很大比重。

(三)稳步前进和收缩时期(1956—1965)

1955年到1956年这一段时间,是新中国成立后知识分子最舒畅的两年,张伯声老先生在1956年这一年入党,年底的时候,他由国务院任命成为西北大学的副校长,由霍世诚教授任地质系的代理系主任。这个时候,西大地质系有一个专业(本科地质学专业),两个"专门化"(矿产地质专门化和石油地质专门化),两个教学实习基地,每周有30~40节课,课表上几乎没有办法安排自习课,因而学校提出了"一年超北大,三年赶南大"的口号,那可真是"豪言壮语"啊。

而1956年之后,由于政治活动较多,西北大学地质系的发展受到了一定影响,但没有受到多大的损失。

从1958年开始,我们国家各行各业开始了"大跃进"运动,地质系的教育模式首先受到冲击,系上要求打破原有的模式、课程,搞起了"一条龙教学",也就是将"地质系的三条腿"作为"三条龙":结晶、矿物、岩石、矿床"一条龙",古生物、地层、地史"一条龙",普地、构造、区地、大地构造"一条龙"。整个地质系的学科被简化成三门,1958年的大学生深受其害,以至于他们在毕业前夕一致要求补课。

"大跃进"期间,"大炼钢铁"运动盛行,西北大学地质系的师生也都参加了这项活动。

1958年8月份的时候,受安康地委的委托,地质系二、三年级全体学生和一部分教师以寻找铁矿为主,师生们深入秦岭、巴山深处,起早贪黑、跋山涉水，奋战4个多月，检查了无数个群众报矿点，为地方上发现了一些有利用价值的小型矿产点。还有一点让大家惊奇的是，4个月的艰苦奋斗，食物就是些红苕、土豆、苞谷这些东西，没想到回来的时候，这些学生不但没瘦，反而更加壮实了。不过，在找矿的过程中，反映出了一些问题，也闹出了不少笑话，像一个年轻的矿床教师将表面有点铁质染色的千枚状板岩当作"菱铁矿"，爆出了"安康发现大型铁矿"的冷门，还上了《安康报》和《陕西日报》，闹了一个大乌龙；还有矿物学的教师，被前去检查工作的领导批评为"思想太保守"后，将一个巨大掌子面上的褐铁矿层的厚度从原来的0.5~1米扩大为5~10米，使储量"扩大了几十倍"，县政府立即组织上千民众上山修路，然而路还没有修好，山上的矿就挖完了！

"大跃进"期间，西北大学地质系还发生了这样一件事，就是1958年的时候，地质部想在西安建立一所"西北地质学院"，后来却没建成，其经过是这样的：

地质部原本的意思是想以西北大学地质系为基础，成立一个独立的"西北地质学院"，张伯声先生也大力支持，本来地方都选好了，就在边家村西南方白庙村的一块地方，然而当地质部来人看时，发现校牌上写的是"西北大学地质学院"，是西北大学的附庸，人家当然不愿意了，反复商量后也没达成协议，也就不了了之。那块校牌后来还在地质系存放了许多年，好多人都见过。

1960年"大跃进"之后，西北大学地质系又有了新的发展状况，这时，西大地质系在陕西省教育局的批示下，进行了调整：地质系新增加了两个本科专业，石油地质专业、地球化学与放射地质专业。1961年的时候，全系的教师都被划分到三个专业中去，三个专业的顺序依次为：第一专业地质学；第二专业石油地质；第三专业地球化学与放射性元素矿产。大概就是从这时候起，系里的专业排序均习惯性地延续下来，尽管有些专业几上几下或者名称改来改去，但这一顺序一直没变。

1961年，地质系共招收学生60多人，1962年因经济困难，西北大学的多数院系停止招生，地质系也在此列。并且由于国家经济困难，毕业生的分配方案也很难落实，所以，61届半数以上的人员几经联系后被分配到陕西省地质局；62届的大部分被西北冶金系统包下。而与之同届的石油班，因分配难而延长了学制，和63届一起毕业。

总的来说，"文革"前的十年，是西北大学地质系积蓄力量、稳步发展、内部调整结构、逐渐趋于成熟的过程。师资力量老、中、青配套，专业课程对应的8个教研室及与其相关的实验室、标本室都逐个建立起来。学术活动也很频繁，陕西省地质学会（1959年的时候中国地质学会西安分会重建为陕西省地质学会，理事长是张伯声，秘书长为郁士元）年年都有文集面世，即使是经济最困难的1962年，也未停止。并且在学会的积极邀请下，黄汲清、张文佑、陈国达、斯行健、许杰、涂光炽、马杏垣等一大批中国地质大家来西大做报告。张伯声先生的"从陕西水系发育看新构造运动""镶嵌的地壳""再谈镶嵌的地壳"等著名的学术观点，也是在这时首次公之于世的。

（四）破坏与重建时期（1966—1976）

1966年5月，"文化大革命"爆发，十年"文革"开始，这一时期，很多院校都受到冲击，西北大学亦不例外。

西北大学的"文革"是从1966年6月2日开始的。当时，地质系多数教师和61、63、64级学生都已经外出实习了，只剩下65级学生正在准备野外实习还没有离校，就在那时候，运动来了。一系列的事件连接，让人应接不暇，许多学校、院系都遭到一定程度的冲击。这段时间，单就地质系而言，当时全系66人，其中就有14人被打入"牛棚"或者被定上各种反动的头衔，占21.2%，而且清队还在不断扩大，很多人都惶惶不安。其实，那些清理出来的问题，全都是档案里有的、早已由组织做了结论的。这一时期，地质系的教授和部分讲师被打入"牛棚"，遭受苦难。像左伯麟先生，关恩威先生、郁士元先生等。其中，郁士元先生受到的痛苦最为深重。

虽然这一时期，西北大学地质系遭受了重大冲击，师生饱受苦难，但地质系师生依旧致力于地质教育，开展教育工作。这段时期，可以分为两个阶段，第一阶段就是1966年到1971年。这段时间内，地质系被迫停课，也没有招生，地质系的正常教学秩序完全被停止。第二阶段就是1972年到1977年。1972年后，全校恢复招生，地质系也得以重建，慢慢地恢复。

第一阶段的情况是这样的，1969年之前，无非就是进行一些复课运动或者几次三番地外出进行教育革命调查，与一些冶金局、地质队的领导、技术干部、工人等进行座谈，征求其对地质教育、对西大地质系的改革意见，并和其他兄弟院校交流，收集它们的教育方案。最主要的教育贡献就是1970年成立的"帐篷大学"和一些短期的地质培训班。"帐篷大学"就是西大地质系在勉县与略阳间的煎茶岭上给冶金勘探局系统的职工开设的地质试点班，校址建立在一个贵金属矿化带上，校舍就是搭了几顶帐篷，所以就被称为"帐篷大学"。后来还上了报纸，与西安外语学院在富县牛武镇办的"窑洞大学"齐名。但不同于后者的是，"帐篷大学"是送上门去教学，深入生产第一线去教学，后者则是把知识分子集中到山沟窑洞里去上课，所以"窑洞大学"最后以失败告终。煎茶岭试点班原本打算办两年，但后来因故提前一年结束。另外，还有石油地质专业的教师在陕北富县为长庆油田的一个勘探分队开办了一个培训班。还有一些教师不时地到生产单位短期上课或者培训技术人员。

1971年11月的时候，国际大地测量和地球物理协会主席、加拿大艾林德尔学院院长威尔逊教授来西大进行了访问，还做了将近三小时的学术报告。开始找了两幅世界地图，威尔逊教授都不满意，还是张伯声先生弄懂了他的意思,从地理系借了一幅大西洋在中间的大挂图。他讲的是地球上各大陆板块之间开合与漂移的问题,大家都感到很惊奇,后来才知道他就是"板块构造"的创立人之一。这是第一阶段的事情。

1972年,西北大学恢复招生,迎来了开学上课的日子,西大地质系又慢慢地恢复,得到了重建,这是第二阶段的事情。1972年恢复招生,由于地质系准备得很充分,地质系招生的范围是整个西北五省地区,招生专业多、人数多、地域广,西北大学有此殊荣者,唯地质系和历史系之考古专业。那个时候,叫作工农兵学员,他们是由工厂、农村、部队基层民主选举出来的模范、先进工作者等等,有些还是西安附近的单位敲锣打鼓、披着红花送过来的。工农兵进大学的任务是"上、管、改"。所以,这一时期的教师也抱着这种学习工农兵优秀品质的态度,和学生们打成一片,一些教师、班主任甚至都住到学生宿舍,和学生们同吃、同住,教学相长。老师们对那些工农兵也是下过大功夫的,因为这些工农兵来自不同的地方,文化程度差异很大,小学、初中、高中的都有,各占三分之一,所以教师们要想方设法让这些人跟上"队伍",手把手地教学,坚持互教互学、共同进步,"不能让一个阶级兄弟掉队!"随后的四届入学学生,都经过"文化考试",不同于第一届文化程度差距大的现象,其后的几届文化程度差距都不太大。其实,现在来看,这个时候的师生感情才是最好的、最密切的。老师没有架子,深入到学生中去,建立了深厚的感情。

"文革"期间,西北大学地质系还有一些重要的地质理论成就,主要集中在第二阶段。第一阶段,也就是1972年以前,"文化大革命"开始后,大学里的一切科研都不得已而中断,没有什么科研成果。直到1972年步入第二阶段之后,招生、开课等相继步入正轨,"教学、科研、生产三结合"逐步开展,地质学系中的科研项目才逐渐兴起。

以1975年作为一个时间节点的话,1975年以前(包括1975年)

的成就主要是发挥了几个学术上有特色的教师的作用，主要是教师做出的科研成果。像以张伯声先生为首的关于"波浪镶嵌构造的研究"，以王永焱为首的"中国黄土研究"，以张国伟为首的"秦岭地质力学研究"，等等。还有的就是一些教师带领学生在野外实习过程中的重要发现，这个也很多。比如，像安三元、蔺万筹等带领学生在小秦岭承担西冶713队普查任务时发现了"长岭杂岩"中的钾矿、青白口群"大庄组""冯岭运动"等，邱树玉等对洛南元古地层中假裸枝叠层石的研究，等等。而1975年之后，即从1976年起，则形成了以"富铁会战"任务带动起来的"大兵团作战"式的科研群体。

所谓"富铁会战"，是指由国务院决策、国家科委下达、中科院牵头的全国有数十个科研、生产、教学单位参加的大型任务。西大地质系参加的是"中原会战片"，范围是河南的许昌和舞阳，而对含矿地层及其构造的研究，主要在中岳嵩山西南麓（登封君召）和伏牛山东北麓（鲁山背孜街）。因为院校等教学单位是教育部推荐的，经费也是由教育部和中科院商定的，但当时西大地质系已经不是教育部所属院校，所以得到的经费等，都比其他的院校少，西大地质系经过努力，才得到同等的待遇。庆幸的是，在野外工作了两三个月后，地质系就取得了不凡的成绩，令中科院迅速改变了看法。其中，最突出的成果就是：君召太古地质剖面研究。这些成果是29位教师、两个年级的学生奋战了5个多月，一米、一米抠出来的，关键的地方一厘米、一毫米都不放过。河南的"富铁会战"搞了5年，地质系在豫西早前寒武纪地质研究方面也取得了多项进展。

豫西会战的时候，还有这么一个小故事。就是当时有几个地质技术人员通过对多处露头岩石产状的测量，否认了张伯声先生提出的"嵩阳运动"，认为它不存在，还专门登门挑战。地质系的教师初来乍到，没有立即反驳，后来在一次阶段汇报大会上，他们再次向西大地质系的教师叫阵，西大地质系的教师直接反驳，用五条充足的理由捍卫了张老创立的"嵩阳运动"，以后，再也没有不同的意见出现。

1976年的时候，还发生了这样一件事，就是当时我国连续发生了6次7.0级的大地震，导致人心惶惶，影响了社会的安定。张伯声先生为了平息人们的恐慌，和助手顶着酷暑查阅资料，绘出了两米多长的图表曲线，又通过一个多月的研究，把震中按不同的地壳波浪系统进行分析，得出了关中地区若干年内不会有6级以上的地震发生的论断。此前，张老从来没有涉足过地震研究。而且张老还顶着多方压力，前后做了14场报告，平息了西安的"地震慌"。

（五）艰苦奋斗在新时期（1977—1992）

1976年10月"文革"结束，1977年全国恢复了停止多年的统考招生和四年制本科教育，西北大学地质系迎来了新的发展环境和机遇，但这段时期内，西北大学地质系的发展，也并非一帆风顺。

1978年的时候，西安地质学院成立，地质系里有一部分年轻的教师，以及少数的讲师、副教授都被调往西安地质学院。张伯声先生也因为一些原因，于1980年离开西大，前往该院，西北大学地质系遭到冲击。1982年，地质部为了加强西安地质学院的力量，好几次同陕西省协商，希望能将西北大学地质系合并到西安地质学院去。陕西省也认为，自己不需要那么多的地质人才，所以表示赞同。而与校方接触的过程中，西大校方也欣然同意。这样一来，等于要直接裁撤掉西大地质系，1983年的时候，省、部已经谈妥，很快就要付诸实施，但这个消息一传到地质系里，一石激起千层浪，半数以上的教师不同意离开，其中尤以老教师为最，毕竟他们一路伴随着地质系的成长，有感情，况且"文革"期间一些校系因搬迁、分合造成的损失历历在目，大家都不想再体验一回。于是，以王永焱先生为首，共有72名教师联名上书至省上，陈述不走的理由，同时，又和当时的校长巩重起座谈，最终打消了领导们迁系的打算，保住了西北大学地质系。

西大地质系虽然保住了，但是，困难还是没有解决，就是招生和分配的问题。招生的问题在于省上是按照本省需要的数量来下达任务的，他们都认为，本省不需要那么多的地质人才，所以每年地质系只能招收十几人或者不招，且 1977 年恢复招生后，原本生源地还是西北五省，但后来就限制在本省。地质系为了招生的问题，时常要去找校领导和省上，但也不过争取到三五十人的规模；至于分配问题，为了解决好学生的就业分配问题，地质系"全民齐动员"，广开门路，为毕业生寻找"婆家"。而联合办学就是最好的目标，趁着当时各大油田急需石油地质人才的机会，西大地质系率先和石油工业部签订了 20 年的联合办学合同。1985 年，首届招收委培生就有 177 名，到了 1989 年的时候，全系在读学生 620 多人，到 1992 年的时候，地质系共为石油工业部门培养了近 1000 名石油人才。通过联合办学，不但缓解了那一阶段中国石油人才的供需矛盾，同时，也使地质系再度发展起来，同各油田相互合作科研项目 100 多项，经费多达 860 多万元，校方对地质系的态度也有所转变，积极支持地质系的发展。通过联合办学，为石油工业部培养委培生，西大地质系走出了困境。

这段时期内，虽然仍有困难，但 1984 年 10 月的时候，地质系举行 45 周年系庆，规模很大，气氛热烈，老中青系友聚集一堂，其中最多的就是石油方面的系友，不少人都成为局长、党委书记、总地质师，还有一些甚至是省部级领导。座谈会一连举行了数日，会后还出版了上、下两册论文集，这算是西大地质系成立以来的一件盛事。系庆的时候，正值王永焱、霍世诚两位老教授退休，还为两位老先生举行了惜别会。

（六）步步前进的新时期（1993—2002）

通过培养石油委培生，地质系获得较大的发展。西北大学地质系也终于迎来了一个平稳的发展环境。

1992年的时候，国家教委在兰州召开了全国高等理科教育会议，决定在全国范围内选一些基础较好的理科专业，作为国家理科基础科学研究和教学人才培养的基地，给予重点的扶持。这又是一次发展西北大学地质系的机会，当时的系主任梅志超先生自然不愿放过，经过努力，1993年，西北大学地质系终于被确定为"国家理科基础科学研究和教学人才培养基地西北大学地质学专业点"。这是陕西省高等院校中第一个获准国家人才培养基地的，得到了省政府和校方的重视，校方决定让全校最好的公共课教师给地质系上课，陕西省和校方在财政十分困难的情况下，先期投入了130万的启动经费。后来，在1997年的时候，国家经费下拨到位，校方又增添了许多，下发配套经费总额有507.5万之多。

1997年和1998年的时候，经过全体教职工的努力，利用暑假进行了大规模的实验室改造，完成了1300平方米的实验室改造和建设任务，建成西大动力学实验室。1998年，在国家自然科学基金委员会组织的基地评估中，西北大学地质系的工作被评为"优秀"，在全国11个地学基地中仅次于北京大学自然地理学基地，排名第二，在4个地质学基地中排名第一。1999年暑假，全校师生再接再厉，一鼓作气完成了全系的实验室改造工程，并且新建了6个实验室，工程涉及全系的每个角落，搬迁的房屋达80多间，仅岩石标本的重量就高达30多吨，全体教职工都是无偿投入的，时间折合工作日有10000多个。

2000年，西大地质系的大陆动力学实验室被批准为省部重点实验室，全称是"西北大学大陆动力学教育部重点实验室"。2001年，在"国际地质分析联合会"组织的由27个国家的81个实验室参加的第十届国际地质标准参考物质测试水平考试中，分析全优的实验室只有3个，西北大学的大陆动力学实验室就是其中的一个，到了2002年的时候，同样是这个考试，也就是第十一届，西大地质系的大陆动力学实验室又名列第一。可以说，这个实验室已经达到了国际领先的水平了。

还有就是1998年的"长江学者"奖励计划了。"长江学者"是由爱国人士李嘉诚资助、由国家在全国范围的高等院校内实行的奖励计划，而西大地质学系首批就获准设立一个"长江学者岗位"，好像专业是构造地质学；到1999年的时候，又有两个专业接连获得"长江学者岗位"，是古生物学与地层学专业和矿产普查与勘探专业。这件事被光明日报社知道，感到很惊讶，认为省属高校的一个系竟然能获取3个"长江学者岗位"，在全国属于首例，就想报道一下，于是1999年6月的时候，派记者来西大地质系进行采访，然而没想到，就在记者来前不久，地质系又获得一个"长江学者岗位"，这一消息令记者再次惊讶不已，将西大地质系的相关报道发表在《光明日报》的第一版上，并把这种无私奉献、团结拼搏的精神称之为"西大地质系现象"。

同样地，这一时期西大地质系在科研方面，成就卓著。仅仅"九五"期间，地质学系共同承担的科研项目就有159项，科研经费到款2680万元。在此期间，全系的教师共发表科研论文720篇，获得省部级以上科研成果奖的有21项。其中，由张国伟教授主持的国家自然科学基金项目"秦岭造山带岩石圈结构、演化和成矿背景"成果，在1999年获得国家自然科学奖二等奖（当年无一等奖），被认为在在整体上达到了国际先进水平。同年，张国伟教授也被遴选为中国科学院院士。

在显生宙生物演化方面，尤其是在"寒武纪生物大爆发"的研究方面取得了重大突破。舒德干教授在上寒武纪发现了好几个最原始的脊索动物化石，还发表了数篇文章。这一发现将最原始的脊椎动物出现的时间提前了大约5000万年，把脊椎动物和无脊椎动物的演化序列基本上连接了起来，并在此基础上修订了生命演化树，建立了"后口动物门"。2001年，舒德干教授成为在全国第一届长江学者表彰大会上唯一一个荣获长江学者一等奖的学者。

在含油气盆地和油气藏理论研究、盆地和油气藏动力学、中新生代地质与环境灾害研究等方面形成了科研优势和学术特色。同时，还在矿物、岩石、矿床、地球化学、黄土与第四纪研究、黄河流域地质环境演化等方面都取得了重大成果。

其实，在这一段时期内，在电化教学方面也有一些成就，地质学系当时已经陆续完成了三部多媒体教学教材，由高等教育出版社出版，而且还获了奖——教育部成果一等奖。

为了加强地质工程方面的教学和科研力量，地质系还陆续引进了一些老师，像王家鼎教授、康卫东、王润兰等。

至此，西北大学地质学系的发展历程到此也算告一段落了，就西北大学地质学系的发展历程，我有以下感慨：西大地质系的发展经历了一个曲折的发展过程，历经风雨，有辉煌、也有波折，很多事情都变了，但西大地质系踏实肯干、勇于创新的精神并没有改变，一届届流传下来，取得了不俗的成绩。第一，培养了大批优秀的地质人才，在石油、煤炭、找矿、地震、水利、教育等各个方面都有杰出的贡献；第二，西大地质系经过几十年的发展，养成了踏实、务实的学风，成为一种西大地质系学子深入骨髓的品质。

近些年，西大地质系呈现加速度的发展趋势，较好地实践了"公、诚、勤、朴"的精神。但是，地质系的人都很清楚，由于历史、地域，以及领导体制和其他多种因素的制约，要与几个名气很大的学校里的专业试比高下，还是有很多困难的。若想进一步、全面达到国际一流水平，还需要付出更多的和持续不断的努力。成绩只能说明过去，而未来还需要我们努力去创造，去迎接新的挑战。

二、王战教授谈西北大学地质系的教师

（一）保全西北大学的杨钟健先生

前边在讲到地质系的发展历程时，提到了很多知名教授，他们都对地质系甚至是西北大学的发展起到了积极作用。他们有的是长期任教，如张伯声、郁士元先生。也有的是暂时性代课，例如，杨钟健先生。关于杨钟健先生，他的资料很多，我着重讲一下杨先生在西北大学时期的情况。杨钟健先生是研究古生物学和古人类学的，中国古生物学发起人之一，也是国内研究古脊椎动物最早的人之一。1948年，当选为中央研究院院士，1948到1949年，担任过西北大学的校长，他还在地质系教过古生物学。

杨先生在西北大学任教期间，最令人瞩目的一件事就是，他曾和张伯声先生全力配合，抵制国民党的将西大迁往四川的计划。这在前面西北大学地质系的发展过程中已经提及，在此做如下补充：

杨先生思想很进步，他和李四光都是辛亥革命的元老级人物，一直支持孙中山，对蒋介石不是太满意，但也不敢过多地去反对。在反对迁校运动中，他对新中国做出了不小的贡献。国民党败退时，要求杨钟健先生把西大迁到成都，杨钟健先生和张伯声先生两人配合着故意拖延。杨钟健先生说，这个问题很复杂，现在我们正在请人做箱子，要钉多少大箱子，钉了以后要装箱，这次得装好，免得像上次搬到陕南再搬回来，中间损失很大。其实就是故意在拖延，因为他知道再过几天就要解放了。

西安解放后，杨钟健先生亲手把这些交给了共产党代表。解放后第二天代表到了学校，代表是个女同志，叫阮祁莘，是我们系上一个学生的母亲，穿了一身灰衣服，带着八角帽，穿着草鞋，代表共产党

西北大学校园中杨钟健先生的雕塑

来接收。那时候,共产党在西大成立了党支部,西北大学第一任党支部书记是姬成仁。

其实,杨先生在学术上的贡献,一点也不比他在政治上的成就差。

杨先生能力比较全面,看到哪个方面有研究意义,他就能研究那一方面,但以研究古脊椎动物为主,他在云南发现了禄丰龙,是迄今为止中国已发现的最完整的恐龙化石。到后来,他还研究过北京猿人问题。开始是裴文中他们在发掘、研究,最后到杨先生这里有了进一步的肯定。杨先生的墓就在周口店,那边有四五座墓,也有裴文中的，在发现北京猿人过程中做出重大贡献的人都埋在那边。

（二）功绩卓越的张伯声先生

张伯声先生，是我的恩师。1961 年，我从地质系毕业后留校，就给张先生当助手，直到张伯声先生 1994 年去世。我跟张先生工作了 30 多年，对张先生的学问、为人都非常了解。关于张先生的地质学说，现在资料很多，网上一搜一大堆，但关于张先生本人的求学经历，以及个人生活的资料，还是比较少的，所以我以下重点讲一下这方面的事情。

张伯声先生是河南荥阳人，是清华学校毕业的。他到开封上初中的时候，碰上清华学校在河南选拔人才，他被清华挑中，去了北京。清华学校是清华大学的前身，学制是八年制，中学六年，大学两年，（等于是理工科的预科，毕业后选送去美国留学）。

1926 年毕业以后，张伯声先生到美国公费留学。他开始是在威斯康星大学学化学，后来了解到芝加哥大学化学专业更好，于是就考到了芝大化学系。一年半后拿到了硕士学位，他就想着学地质。这其中是有原因的——当时坐船过太平洋去美国，张伯声先生遇到了老地质学家谭锡畴先生，两人谈了一路，张伯声先生对地质学产生了浓厚兴趣，只是当时已经报了化学专业，不能更换，只能等学完了化学再学地质。

张先生立志要报效祖国，为家乡河南做些事情，于是化学系一毕业，他就考取了芝加哥大学地质研究部的研究生，希望将来可以开发河南。这时候他的导师是约翰逊，约翰逊是全

张伯声教授

世界有名的矿物岩石学家，走遍全世界搜集岩石，收集了整整四柜子，而且分类特别细，光花岗岩就有几十种。约翰逊曾给他的学生讲过，我一辈子积攒的财富就是这四柜岩石标本，你们有时间就来看一看，只要看完一柜，走遍世界看岩石，基本都没有问题了。张伯声先生在那里学习了一年左右的时间，看完了两柜，基础是很扎实的。有件事能说明情况，就是1975年7月张伯声先生去河南当顾问那次。

当时，我是和张先生一同去的。坐了将近一天的火车和汽车到了登封君召，刚下车就来了一个工农兵，手里拿着块石头。工农兵上来就问，张老，这个石头，我们都不认识，您看是什么石头？他以为张先生搞构造的不认识石头，就拿了这块石头来考他，想给张先生一个下马威。之前他们那些人都认不出来，调来地质系的磨片工磨成了0.2毫米的半透明的片子通过偏光显微镜才认出来。张先生简单一看，"变质闪长岩！"那个人惊讶地伸舌头。他是不了解张先生岩石学水平的高低，也有点儿对"学术权威"不尊重。

读研究生期间，张先生听了斯坦福大学威利斯教授讲东亚地区构造的一个讲座，威利斯教授在中国考察过，对中国东部地区很了解。张伯声先生被他的理论吸引，于是转到了斯坦福大学投靠威利斯教授，不巧威利斯教授去了非洲研究"东非大裂谷"，张先生就跟随该校的古生物专家布莱克卫尔德学习了一段。

张伯声先生化学基础很好，在芝加哥大学跟着岩石学家约翰逊教授学习，接着又研究古生物。他对构造有兴趣，虽然没跟着威利斯教授学习，但威利斯教授的书他都读过了。地质就是"三条腿"：构造、岩矿、古生物。张伯声先生打好了这三个基础，虽然硕士、博士学位没得上（硕士临近毕业时家里有事，提前回国了，所以在美国最高的学位是化学学士），但他懂的东西非常多。

回国后，张先生本来是想去国民党的中央地质调查所，这是权威机构，但调查所聘用的都是北大地质系毕业生，而且是老师带学生。

河南有个焦作工学院（新中国成立后叫焦作矿业学院），张先生当初学地质的目的就是在河南开发矿产，所以他就到这个学校当了教授。

在焦作工学院担任教授期间，由于张先生知识很渊博，什么都能教，所以他可以胜任各个地质学科的课程，不过主要还是做岩矿地质教授。他在焦作工学院工作了一年多。后来，又先后在河南大学地理系、上海交大（当时叫交通大学）、上海交大的分校唐山工学院任教过。唐山离天津很近，天津的北洋工学院后来就请他去任教，因为唐山工学院是搞铁路、桥梁、隧道、工程，面比较窄，不太适合张先生。北洋工学院学科比较全，而且张先生找矿、矿产、岩石之类的课程都能教。

七七事变后，平津地区的这些高校都开始内迁，张先生就是这时候来到西安的。刚来陕西组建了西安临时大学，几个月后，日本军队占领了风陵渡，派飞机到西安轰炸，教育部下令临时大学搬到了陕南，改组成西北联合大学。到最后，原来的七个高校改组成了三个：国立西北大学、国立西北工学院、国立西北农学院。还有几个小的院校：一个师范学院，一个法商学院，一个医学院。抗战胜利后，在郁士元先生的劝说下，张先生留在西北大学，正式成为西北大学地质系的教授。

以上就是张先生从求学到进入西北大学的整个过程。但在西北大学待了30多年后，张先生又因为一些原因，离开了西北大学。

1980年12月，张先生离开了西大，到了西安地质学院，我也跟着去了，直到张先生逝世后才回来。西安地质学院虽然很重视张伯声先生，打着张先生的旗号申请要经费，但却不经张先生的同意，随意花费。例如，张先生初去西安地质学院的时候，学校向地质部申报了十万元钱的张老科研启动经费，但这十万元钱到学校后，学校既没给张先生通知，也没给我说，用一万块钱就买了些小计算器，各个系一人一个，发了一个给我，说是给了张先生十万块钱，我们买了一百个计算器。张先生当时有点儿不太高兴,后来说算了,这钱本来就是地质部给学校的。张先生心胸开阔,常对我说:什么事都要看开,不要和任何人争,有成绩将来别人也不会把你的成绩抹杀的。

在西安地院的时候,一个很有趣的事情就是张先生开始留胡子了。张先生的胡子很密,原先是他自己刮胡子,后来让妻子范大夫给他刮。范大夫说,你这胡子很难刮,而且越刮越难,便建议张先生留胡子,这是他85岁以后的事情,也是张先生到西安地院以后的事情。

1988年的时候,西安召开地质构造会议,张先生也到场了,到场后,人们都惊讶张先生留了胡子,那时候,张先生的胡子已经很长了。所以我们可以明显看到,西北大学地质楼前张伯声先生的雕像没有胡子,而西安地质学院张伯声先生的雕像是有胡子的。

其实,张先生一生主要的成就,大都是在西北大学担任教授期间完成的。张先生常说,西大就是我的家。例如,在河南家乡的贡献,波浪状镶嵌构造学说的完成,在石油方面的贡献,在地震方面的贡献,等等。我就张先生的贡献简单做一个回顾。

第一,正如前面提到过,张先生学地质是为了开发家乡河南,所以,他在西北大学任教授期间,就曾积极参加家乡河南组织的地质活动,为家乡做贡献。

张先生在河南有三个比较重大的发现:嵩阳运动、巩县铝土矿和平顶山煤矿。

河南1953年要进行大建设,河南西部全是山区,但具体有什么矿,大家都不清楚。于是河南省早在1950年就组织了一批训练班出来的懂地质地理的人员进行调查。同时,邀请张伯声先生前去做顾问。张伯声先生一直想着给家乡办点儿实事,接触以后马上就带了两个助手去了,还有一个顾问是北大教授冯景兰先生。

当时交通不便,几十个人骑着毛驴边走边观察。路过嵩山时,一行人坐在嵩阳书院的石阶上休息。山沟里是太古地层,上面的嵩山地

张伯声先生发现的嵩阳运动

层透明发亮,是石英岩。五岳里最特别的就是河南嵩山,只有嵩山是石英岩,原来是以石英为主的砂岩,变质了,变成变质岩,硬度非常大,太阳一照闪闪发亮,像玉石一样,它的主体就是元古宙的石英岩。底下可以很清楚地看到,是太古宙的深变质岩。当时,张先生做了一个剖面,定名"嵩阳运动",第二年,在全国发表了一个摘要,很短,两页纸。河南地矿局的年轻人后来测量,发现"嵩阳运动"界面上下地层产状基本一致,于是认为"嵩阳运动"不存在。后来在"富铁会战"的阶段汇报会上,地质系教师用了五条理由来证明嵩阳运动的存在,令这些人心服口服。嵩山现在是世界地质公园了,去嵩山的重点之一就是看嵩阳运动。

再一个是在河南巩县发现铝土矿。巩县有个地方叫小关,一行人在小关的路边吃午饭,张先生踢着脚下的石头说,这是铝土矿。北大的一个矿物教授认为是铁矾土——里边有铁，铁风化后表面就成了红色。两人相持不下，于是派人把矿石送到开封去检验，两个月后结果出来，张先生说对了。中国古代不炼铝，中国人都不认识铝，包括这个矿物教授也不认识，但张先生看过全世界的标本，他认识，于是河南豫西就开采出了全国第一个大铝土矿，当时的规模是亚洲第一，发现铝土矿是张伯声先生的功劳。

还有一个是平顶山煤矿。当时，张先生坐着马车路过宝丰梁洼，看见两个人在路边沟里挖煤，停下车一观察，他发现这不是个小煤矿，于是就留下两个助手画草测地形图，测量了周围几十里的地形，发现下面全是煤，而且质量相当好。河南省请中南地质勘探局勘探以后，证明这是个大型的优质烟煤矿。平顶山市每个季度都出《平顶山通讯》，寄给张伯声先生，他们说，"没有张伯声先生就没有平顶山市"。

也正因为他给家乡做过不小的贡献，河南省便推荐了他当了第一届、第二届全国人大代表，第三届才是代表陕西的。

第二，就是张伯声先生的"波浪状镶嵌构造学说"，这是他的代表学说之一。可以说，张伯声先生对地质学最大的贡献就是"波浪状镶嵌构造学说"。他开始并没有反对板块学说，外国的"板块构造"学说应该是1967年提出来的，张先生的《镶嵌的地壳》1961年在学校做过报告，1962年在《地质学报》发表。当时就是几页纸，也没有图，但是水平高的人看后大为赞赏，意识到这是个重要的新观点。有些人就说，中国又出了个年轻的地质学家！实际上，张先生年龄很大了。闹这个误会主要是因为他改了名，原来叫张遹骏，伯声是字，新中国成立后把字改成了名，结果好多人不知道。

他的学说跟"板块构造"有类似的地方。"板块构造"学说把世界分了六大板块，他分为三大块，就认为这是中国的"板块构造"学说。张先生认为，它和西方的"板块构造"学说不一样，西方人的观念是死的，全球就是六大块，板块漂移没有规律性。而且他们那几个创始人自己观点也不太一致。

《地质学报》1962年公开发表这个论文时，把张先生的观点称作"镶嵌"观点。当时已经讲到波的问题，一直到1965年，张先生写文章时才把"波浪"放进来，张先生认为，不讲波浪只讲镶嵌不行，因为外国人也在讲镶嵌，如果只简单讲镶嵌就跟外国的板块学说没有差别，所以应该把波浪加上。镶嵌是怎么形成的，块是怎么形成的？由波浪引起的。全球有四大波系。这个是在"文革"停刊前最后一期的《地质学报》上发表的，这次配了四大波系的图，他的观点基本成型了。

第三，就是张先生对石油工业的贡献。其实，张先生在中国石油工业发展方面的贡献，是间接的，他没有直接作用于石油勘探开发方面的贡献。但是，他在为石油工业培养人才方面，功不可没，尤其是在新中国成立初期。

前面在谈西北大学地质系的发展历程中，我提到西大地质系在新中国成立初期为国家的石油工业培养了大批人才，而张伯声先生，在这期间，功劳很大。现在西大地质系是大家公认的"中华石油地质之母"，这是张伯声先生的功劳。1952年到1954年，西北大学地质系能为国家培养600多人的石油地质人才，张先生功不可没。是张先生敢为人先，挺身而出接受燃料工业部培养石油地质人才的委托。也是张先生顶着重重压力，和地质系的全体教师集思广益，开办了三届石油专科培训班，解决了各种师资、设备、教材等各方面的问题，最终使这三届石油地质专科生顺利毕业，圆满完成了国家的任务。

地质系通过为石油部、各油田办的培训班，获得了一些经费，西大西门两边盖的楼都是地质系出的钱。

还有一个，就是关于地震，张伯声先生也同样有一些研究。学地质的人不研究地震，从旧社会到新社会都是这样。地质界重视地震是从李四光开始的。1966年邢台地震后，李四光就建立了全国第一个地震队，在地质部抽了一些懂构造的进行研究。1976年唐山地震后，张先生就开始在学校里给大家普及基本常识，地震来了怎么应对，以及横波、纵波、面波——面波是公认的破坏性最大的，地震死伤人往往是横波接下来的面波，这些基本知识是要给群众普及的。张先生尽管不研究地震，但介绍这些基本知识，起到了稳定人心的作用。

仅仅普及基本知识是不够的，后来我们两个就查资料继续研究。关中地区历史上有三个强震集中的时间段，时间的间隔最短的是650年，多的到800年。渭华地震是1556年，到1976年才420年左右，还有200多年。后来我们又把关中几个地震密集时期全国的地震情况画到图上，发现西安这三个地震密集时期有个特点——1966年邢台地震后全国各地地震比较频繁，陕西也有，但震级比较小，最多4.5级。从全国来讲，是东北—西南方向在震，西安在这条线上，没有强震；15世纪到16世纪这100多年里（1501年朝邑地震和1556年渭华地震）西安5.0、6.0级的地震就比较多，这时候全国也地震频发，一个东北—西南方向，一个西北—东南方向都在震，新疆、河西走廊，一直到大别山、东海也在震，也就是说，震区呈十字交叉时，西安就要震。

再往前推，就是公元400年到880年，应该是南北朝时期到唐末，这时期是北—西方向震，明朝那次是北—西、北—东方向都震，现在这一次是北—东震。西安就是在北—西和北—东这两个构造带的交叉点上，两个构造带都活动的时候，西安才会震，而且更剧烈。

这就跟两大波浪系统是不是同时活动有关。为什么1966年其他地方地震频繁，西安却没有大震，因为这两个方向（东北—西南、西北—东南方向）一个是波峰、一个是波谷，波峰、波谷相叠加，震动就被抵消了。我们把物理上的波借鉴来了，波有干涉作用，波峰和波峰形成更高的波峰，波峰和波谷则相互抵消。构造上这么讲，是不是地震的活动也是两个方向干涉的结果。有些类似于"跷跷板"，以秦岭为支点，华北、华南"天平式"摆动，关中是在支点带上，一般不震。

得出这个结论后，我们做了全国范围的三个大图，西安那些大的单位请我们去做报告。张先生年龄比较大了，就让我跟着去。张先生说，我们研究了一个多月，查了中国几千年的资料，我们不敢保证以后，但是我们把以前的资料摆出来，你们自己考虑考虑，看看我们讲的有没有道理。

张先生 70 多岁的人了，我就代他做报告。摆开大地图，我开始讲，一般要详细讲上两个多钟头。讲到最后，张先生站起来说，这就是我的观点——没有张老师的权威性发言，我讲的是不会有人信的。先后做了十几场报告，效果很好，对稳定人心起到了很大作用。

不但如此，张先生还自己用行动来稳定人心，进行地震辟谣。就是当时地震谣传最厉害的时候，好多人都住在地震棚里不敢回家，张伯声先生却一直住在办公室。现在能找到的资料就是这样写的，这个事情基本属实，但我要澄清一下，张先生也住过两天防震棚。

原来谣言传得厉害，一直到天冷了还有好多防震棚，春节大家都不敢进房子里过。后来社会上有人说，西大有一个白胡子老头，一级教授，人家不搭防震棚，就住在楼上。但张先生实际上住过两天防震棚。张先生的妻子相信他，但他岳母已经 80 多岁了，就是不听，闹着要到外边去，张先生没办法，就把儿子叫回来，帮助搭了个防震棚。他妻子要照顾母亲，他就陪着两个人住了两天。后来觉得不方便，就又回去了。经过张先生和妻子耐心劝说，他岳母及周围人也一个个都搬回去了。

张先生的一生，功绩卓著，且与人为善，在各个时期都能很好地打理人际关系，这与张先生的哲学思想是分不开的。我作为张先生的学生，对张先生的思想境界和哲学底蕴还是比较了解的，我在我的一本书中对张先生的哲学思想就做了很详细的分析阐述，在此，我也做简单介绍。

所有的"大家"都有点儿哲学思想，用哲学的思路来考虑专业问题，要没有的话，很难成为大"家"。所以说，哲学非常重要，我认为张先生已经不仅仅是一个地质学家了，还是一个哲学家。他的这个哲学不仅仅是与自然科学结合得比较好，而且已经结合到了社会的发展、人文、人和人的关系。所以张先生为人谦和，不与人争，奉行中庸。

比如，我在书里谈到中庸，这个就受益于张先生。1983年，张先生过80大寿。吃完饭后他让我留下，跟我谈了两个问题。一个是说，对我们的"镶嵌地壳"观点不要急于求成，不要追求名利，要不断完善和坚持。罗马教皇给伽利略平反，从原来的处分到最终的平反用了420年，所以你要坚持你认为正确的观点，不要幻想着一两天就能被接受。

另一个就是中庸观点。张先生说："这几十年我越来越体会到孔老夫子的中庸理论是一个正确的思想。例如，我们现在做学问，别人可能要批判你、攻击你，但只要是正确的，就永远不会被推翻，哪怕一辈子都不能公之于众，但只要你心里明白这是正确的，按着这个思路去研究，就不会走太多的弯路。"

张先生强调中庸，他本人也是这么奉行的。"文革"时候，那些历史上有点儿问题的人都被批斗，他是一级教授，最可能受到冲击，但是，他没受什么苦。后来他们批判资产阶级知识分子统治学校，才把张先生揪出来了，西大有200多个人被定为资产阶级知识分子，都进了"牛棚"，张先生最后一个进"牛棚"，也是最早一个出来的。当时还要劳动，红卫兵对他态度比较好，干不了的事情从来不勉强他。例如，挖坑种树，红卫兵就说，你能挖几个就几个，尽力就行了。

张先生是权威学者，但对人毕恭毕敬，态度很友好。所以说，通过"文革"，说明对待人和事还是不要有太多的私心杂念，要为更多的人着想。不管何时何地，你对人好，别人心里都会记着。

张先生行事比较信奉中庸，这个少有人提起。想要了解张先生的一生，关于他的中庸之道，还是值得我们了解和研究的。

（三）为西大奉献一生的郁士元先生

在新中国成立以前那段特殊时期，还有一个教授的贡献也不小，他多次在地质系危急关头挺身而出，这个教授就是郁士元先生。

郁先生是非常热心的一个人，而且不太注重个人得失。他毕业于北京大学地质系，毕业后留校任教，七七事变后随校来到西安，在西北联大任教，后来又到了西北大学地质系，后半生一直在西大任教。

郁先生品德之高，从担任系主任一事上就能看出来。1947年，西北大学地质系成立，此前地质系的事情都是由郁士元先生打理，西大地质系成立后的第一任系主任也应由郁先生担任，但郁先生却请王恭睦先生担任地质系主任，理由是王先生比他更适合这个位置。王恭睦先生离开后，郁先生代理系领导职务，后来张伯声先生来了，郁先生马上就让位给张先生。所以说，郁先生不注重个人的得失，一切以大局为重。郁先生非常淳厚，大家都对他非常敬重，他真要当系主任，也未尝不可。

郁士元先生作为西大地质系的创建者之一，在西大地质系发展初期，贡献十分大。

1939年8月，西北大学的地质地理系分为地质组和地理组。地质地理系是个小系，每个年级只有十来个人，地质组规模更小，只有郁士元先生一名专业主课教师。

地质系的老人们都说，地质系能发展到今天，离不开郁士元先生的努力，要没有郁先生，地质系早就不存在了。因为后来地质组招不到学生，学校说是不是该撤销，校务会议都这么决定了，郁士元先生坚决反对：今年没人，明年还会有人。这话还没说完，突然两个学生来报到——日本军队到了河南，河南大学办不成了，学校地理系地质组的阎廉泉和赵庚荫就到西大报到来了。两个学生敲校务委员会办公室的门，说河南大学停课了，我们来西大报到。阎廉泉后来当了陕西省地质局的总工程师，别人就跟他开玩笑说，阎总，你当年来报到，救了地质系的命。

系里教师不够，郁先生就在校外请人代课。李善棠、王恭睦、张伯声等名教授，都是他请过来代课的，最后都成了西大的教授。抗战胜利以后，西北工学院在咸阳，张伯声先生就到了咸阳。大家都知道张伯声先生有学问，郁士元先生就说，一定要把张先生给请过来，张先生不答应，因为在西工多年了。郁士元先生就说，你看，咸阳搞科研、教学条件好还是西安条件好？西安有陕西省图书馆，交通也便捷。但是还要对得起西工，就这45里路，你现在是每个礼拜坐着马车到这边来上两次课，这边再派马车到那边上两次课，不就行了。原来是西工的教授给西大兼课，到最后就变成了西大的教授给西工兼课。经过郁先生的努力，才有了西北大学地质系成立之初的四大教授：王恭睦、张伯声、郁士元、蔡承霖。

郁先生的确对地质系的生存与发展做出了重大贡献，对地质系的事情很上心，凡是牵扯到地质系的事情，别人不出面，他一定要出面，他也敢于出面，愿意为地质系争光。1958年，党委组织了一次全校师生员工大会，党委书记说，今天这个会，就叫作"解放思想，吹牛皮、放大炮大会"，现在全国都在"大跃进"，大家敢不敢跃进，敢不敢解放思想，现在请大家发言。

大家鼓完掌，冷场了一阵子，最后上来一个老干部，是生物系的总支书记曹达。他说，我代表生物系给党，给全校表个态：我们生物系要奋战一个月，让母鸡一天下24个蛋！大家鼓掌，哈哈大笑，都觉得不太可能完成任务。接下来就一个个上去了，你们生物系解放思想解放到了这个程度，一天能让母鸡下24个蛋，我们还有什么不能说的？物理系代表上去了说，我们要奋战三个月，建成原子反应堆！数学系说，要把计算机搞起来……

最后到地质系了，代理系主任霍世诚先生是搞古生物的，很慎重的一个人，迟迟不敢上去。郁士元先生见状，自告奋勇上台去了，他大声说："我代表我们系给大家表个态，说说我们地质系要怎么跃进：陕西省是个缺水的地区，地下水的情况还弄不清楚，我们要奋战一个月，全体师生对西安及其周边地区的水情进行复查，搞清楚西安地下水的状况！"

地下水状况调查在全世界看来也是个很困难的问题。除非打钻，在小范围内可以调查，光靠普查很难完成的，即使是打了钻，过上一个月水位也是有变化的。从郁先生平时做学问的态度来说，这已经够跃进了，但在全校范围内没有任何轰动效应。不过，总算有人代表系上表了态，没有丢人。

并且这也不止是说说而已，后来郁先生写过几篇文章，但因为地下水探测要搞钻探，当时没有这个条件，顶多到一个地方去搜集些资料，然后根据这些资料再汇总一下，写些简单的文章。地质系缺水文方面的人才。郁先生什么都懂一些，但只要别人有更专业的，课就由那个人上，他就联系人研究些项目、做些普查。

除此之外，郁先生对学校事务也是非常热心的，包括多次向公交公司申请延长线路，使西大的老师、学生乘车能方便一些，我当时在学校，申请延长公交线路这个事情，我还是比较清楚的。

原来西大交通很不方便，那时候西边是偏门，北门才是正门。大家要坐公共汽车进城，出北门要往东走大半站路，一直走到现在的含光路附近，那里有个6路车，从白庙村过来往东拐进南门。郁先生觉得很不方便，他是西北大学教育工会的副主席，就以工会副主席的名义向公共汽车公司提建议，最后那边同意从西门到西大，半个钟头开一趟班车。因为半个钟头才一趟，想坐车的人直接就走到含光路了，所以一趟车上常常只有三五个人，运行了两个多月后公司觉得赔钱就停了。过了一段时间，郁先生又争取了一次，从西门到边家村，多跑一站路。人还是不多，运行一段时间又停了。这两次都是郁先生联系的，虽然不是很成功，但大家很感动。

除了开通公交外，还有一个事就是参观西安的景点。我们西大地质系的人经常出野外，很少在西安市参观，郁先生就以校工会副主席和系工会主席的名义和社会各界联系，表示想参观一下钟楼、鼓楼等地方，最后管理部门同意了，那时候不收费。地质系的人就说，跟着郁先生还能给大家谋点儿"福利"。

郁先生还当过陕西省地质学会的秘书长，理事长是张伯声先生。张先生事情比较多，地质学会的事务基本上都是郁先生在管理。陕西省地质学会每年至少要开一次会，这在全国是比较少见的。他自从担任陕西省地质学会工作后，每年的活动都是由郁士元先生筹备的。他要提前安排地方，决定由哪个单位主持，请哪些学者做报告，会议有多大规模……具体的事情都是他在安排。这种活动没什么直接经济效益，工作人员一分钱也拿不到，有时候自己还要垫钱，但郁先生就是对这种社会活动非常热情，全身心地投入其中。

还有，就是郁先生抗战从军一事，也是比较有影响的。郁先生在抗战时期报名参军，要求上前线杀敌，是"教授参军第一人"，被蒋介石接见过，还被授予少将军衔，新中国成立后，他也并不避讳这段经历，我作为他的学生，也是知道的，而且还亲历过。

就是进西北大学后第一年春节，凡是给我们上过课的老师，我们都去拜年，我们一宿舍七八个人到郁先生家，他很热情地接待，请我们吃水果。讲着讲着就讲到了青年参军问题，他讲到了自己第一个响应号召报名，国民党授予了他少将军衔，他还把军服拿出来给我们看，国民党的军服。他不忌讳这个事情，不像很多人在国民党当个连长，新中国成立后害怕得不敢说。他心里没有鬼，当少将不是为剥削阶级、反动派服务，他是保家卫国的。他觉得很光彩，不仅不隐瞒，还到处讲这个事情，结果后来很多不知道这个事的人都知道了，"文化大革命"一来，这就成了大问题。

"文革"期间他被抓走了，刚开始的时候，他被禁在"牛棚"里，就是因为在国民党军队当过少将，别的事也确实没有。后来1968年5月16号那天中午，我到革委会去，别人说，刚才来了一辆新吉普车，几个军人把郁士元带走了。据说，不是一般问题，是重大问题。后来我们就向省上领导打听，他们也不清楚，等于说是中央保密。1968年夏天，陕西省开会搞了一个"高等院校清理阶级队伍状况汇总"，出了个简报就说，西北大学清出了一条"大鲨鱼"。

"文革"后期，一天我们开会，听革委会苏主任讲，中央文革周扬专案组胡乔木专案小组来的同志说，郁士元先生的问题已经审查清楚，现在已释放。那时我们才知道，郁先生被带走的原因是叫他揭发胡乔木。

郁先生和胡乔木都是江苏盐城人，两家是世交。郁先生比胡乔木要大一些，两人一直关系很好，抗日时期胡乔木参加地下党活动被特务追捕，郁先生和夫人还收留过他一段时间。"文革"时候江青、陈伯达要批判胡乔木，就从胡乔木身边人下手，郁先生就是因为这件事情被抓进了秦城监狱。

当时郁先生被逼迫，要他承认胡乔木被特务追捕那次当了叛徒，因为当时的其他当事人已经都不在了，郁先生要是说出这个结论，那就是人证。老先生虽然很随和，但没有因为保护自己而随机应变，不跟着形势变化乱说一通，有就是有，没有就是没有。作为一个人，他的基本素养是有的，人格很正直。

回来时候郁先生穿了一套新衣服，说是胡乔木在北京专门给他做的，胡乔木非常感激他这个表兄。郁先生虽然被释放，但是，他的夫人在此期间离开人世，子女也深受牵连。

郁先生去世那一年追悼会上，胡乔木送了花圈来。这在西大无论哪个教授还是领导逝世，追悼会的规格都没高到这个程度。

郁先生在地质教育岗位工作了近 60 年，教过普通地质学、地质测绘学、中国地质与有用矿产等七门课，还主编过多部教材。例如，《煤铁概论》《农业地质学》《普通地质学》等。他在陕西工作期间，对陕西省地质问题进行过较深入的研究，发表过《勉县煤矿区之地质》《西安附近的地质简述》等文章，为陕西地质研究工作奠定了一定基础，为西大地质系的发展，做出了重大贡献。

（四）四大教授之王恭睦先生

前面提到了西大地质系成立之初有"四大教授"，也讲了其中的张伯声先生和郁士元先生，那"四大教授"之一的王恭睦先生，我在此也简单介绍一下。

王恭睦先生在地质系当系主任时间不长，大概不到一年时间。他是德国慕尼黑大学地质学博士，1941 年 8 月到的西北大学，当时是兼职。

1945 年抗战胜利后，学校要迁回西安，开始是郁士元先生在这里管事。郁先生是个很热心的人，临时管理了一阵子。王恭睦先生来了一段时间后，郁士元先生觉得王恭睦先生学术水平确实很高，知名度也比他高——郁先生的知名度是靠社会活动，人比较热心，也得到大家尊重，但是，就地质方面学问而言，郁先生比较泛泛，虽然各方面的知识他都知道，但如果深入讲某一科，水平就差一些。王恭睦先生在矿物岩石方面绝对是权威。新中国成立以前出版的《地质学名词》《岩石学名词》和《矿物学名词》，中英文对照，就是由王恭睦先生负责主编的。这是国民政府时期出版的各行各业专业名词的丛书中的三本，说明他在这方面的造诣是很深的。他就请王恭睦担任系主任，那是 1947 年 2 月份的事情。

但后来因为解放战争，他回南方省亲去了，碰上打仗，交通不便，一直没能回来。郁士元先生又开始代理了几天系主任，后来由张先生正式主持系务。

王恭睦先生到四川后，就去了成都地质学院。成都地质学院成立比较晚，应该是在 1952—1954 年全国院系调整的时候才成立的，院系调整以前西南地区没有地质学院。原来地质部有三大地质学院：北院、东院和西院。北院是北京地质学院；东院是东北地质学院，很快就改成长春地质学院了；西院是西南地质学院，很快改成了成都地质学院，都是以城市命名的。院系调整是 1952 年的事情，也就是说，王恭睦先生到成都是 1952 年以后的事情。

王恭睦先生很有学问，可惜后来因故自杀了。他在成都地质学院当教授，据人揭发，说他强奸妇女，外头都在传，但是没有落实，老先生比较害怕，就自杀了。自杀以后，不光张伯声先生觉得惋惜，其他几个教授也都感慨地说，王先生很可惜，这事是真是假说不清。

而"四大教授"里除了上述三位外，还有一位女性，即蔡承澴教授，但蔡成澴教授在西大时间很短，只知道她是广西人，其余的便不太清楚了。

（五）爱发"牢骚"的霍世诚先生

新中国成立以前，西大地质系里还有一位霍世诚教授，还当过代理系主任，也是西大地质系一位比较有名的教授。

霍世诚先生是研究古生物的。他是内蒙古人，毕业于北大，没出过国，但是英文好。1948 年到的西北大学。学地质的都是胸襟开阔，而研究古生物的常常在一个地方一待就是一天，甚至可能一个月都在那里，时间久了就不太懂人情世故了，所以，大家觉得他的思想比较狭隘，有时候还爱发点儿牢骚。

像我们大学毕业临走时，张校长要给大家做报告，就把他当时才有的、不成熟的镶嵌地壳的观点讲了两个多钟头。毕业后我留校给张伯声先生当助手，张先生就把他这个报告很详细地写了一个摘要，两页纸，叫我帮着润色一下，修改一下标点符号。修改了两三遍，打印出来拿到系里请大家提意见，最后大家什么意见都没提，说张伯声先生无非就是条条块块——他的观点就是剧烈活动的条和相对稳定的块，全球都是大块、小块。张伯声先生觉得没听来什么意见，就把摘要翻译成了英文，又压缩了一下，打印了一页纸。张先生不放心，又发给了系上，人手一份。霍先生拿到手上，看了后说："哈哈，这也是喝过洋墨水的人，竟然还写错别字！"非常得意。其实，就是一个词没有加上"ed"，他有些牢骚平时没机会发，遇见机会就表现出来了。

霍世诚教授在西大地质系教过普通地质学、地史学、古生物学，在古生物学方面，他是研究介形虫的。他只教古生代，中生代、新生代他不教，都交给年轻人去教了。恐龙、爬行类，以及后来人类的出现，这些方面他都不擅长。

霍先生本人学问比较渊博，石油、矿产、古生物都有涉猎。霍先生在甘肃永登一带发现过油页岩，还研究过西南地区的矿产。在介形虫研究领域，他发表过几篇文章，全国只有几个这方面的专家，他是其中之一。介形虫是个小门类，关注人不太多，在他那个门类里，大家都知道霍先生，但在整个古生物界还是有人不知道。除了介形虫，他还研究笔石和高肌虫，写过50多篇相关论文，在国际上都很有影响。

（六）严谨的左伯麟先生

新中国成立以前，西北大学地质系还有一些留校任教的年轻学生，他们本来就是西北大学地质系毕业，后因为地质系缺少教师，他们便留校任教，像左伯麟、孙管等。

左伯麟先生是西大地质系1947年那一届毕业的。他是甘肃人，现在，在他老家已经是个名人了。他女儿叫左西京，画画非常好，中学毕业时在甘肃就小有名气，新中国成立以前参加过复兴社，人非常厚道。

左伯麟先生在西北大学教的是矿物学，是地质系最认真的教师，做事一丝不苟。什么矿物有什么晶型，矿物有标准的晶体——晶体是木头做的，地质系这一套东西很全。真实的矿物发育不一定那么好，他就两个对照着给学生们讲。例如，黄铁矿是正方形，但跟石盐（从青海盐湖采的盐），两个不一样，不一样在什么地方，讲得非常细致。"黄铁矿很重要的特点就是晶面条纹，直的、平行的条纹，这个方向的条纹与另一个面上的垂直。"这一讲，大家就记得很清楚，不能简单讲立方体就是黄铁矿，得加上它的条纹。

有次我们到陕南去，看着好像满山都是金子，其实就是黄铁矿，可以看条痕，再和条痕板上的颜色来鉴定。如果没有就在硬石头上划，黄铜矿划出来是绿色的线，黄铁矿划出来是黑色的，如果是金子，划出来就是黄色的，看着都一样，但一划就知道了。这些都是左先生教的东西，很实用。

左伯麟先生对学术十分严谨，对就是对，错就是错。1958年，因为大炼钢铁的缘故，地质系不少教师都领着学生到陕南去找铁矿了，左伯麟先生也去了。他带着学生去秦岭一带找铁矿，去了4个月。当时真正能在野外找矿的人不多，系里有一个年轻教师刚从北京进修回来，在祁连山跟专家跑过野外，他知道矿怎么找，于是随同系秘书一个县一个县去检查，最后说，在岚皋县发现了菱铁矿，其实，是有点铁质染色的板状千枚岩。到紫阳以后其实还是那个成矿带，左伯麟先生说，这不是菱铁矿！别人批评他，人家是跟着苏联专家，从北京科学院回来的，这还能有错？岚皋那边已经报上去了，发现了大菱铁矿。

左先生不相信，给"矿石"编上号码送去化验，后来发现确实不是。这个教师还是比较认真的，作为矿床教师，不是就不是，不会违心胡说。不过因为受了批评，之后谨慎了很多，总是先拿去化验，虽然他一看就能看出来。

左先生办事确实很认真，从小事就能看出来。找矿那次我没跟着他去，回来后听别人说，学生爱睡懒觉早上起不来，他起来做好了早饭，接着把所有事情都办妥了，然后才叫学生起床。

还有一次，"大跃进"期间，西大地质系受安康地质部门委托，去寻找铁矿。找矿的老师们到了安康，群众报告说，这山上整个掌子面都是铁。左先生一看，确实是铁。拿皮尺一量，长、宽都知道了，但厚度不清楚，左先生不敢多算，开始估计厚度在1米左右，但领导嫌太保守，后来左先生勉强算了5~10米。我当时在地质局的十三队，矿山组派了个人，领着我们两个实习的学生也到那里去了。去时候正在放炮，一放炮，不到10厘米灰绿色石头就露了出来。实际上那是辉长岩，辉长岩里有铁，铁质一风化，辉石淋滤，时间长了就有了五六厘米的厚度。当时也没有打钻，左伯麟先生不敢妄说，估计可能5米或者更多，他就说，先按5~10米算吧，不敢太多了。实际上就是5厘米多一点，局部厚度可达50~60厘米，到最后放了几炮就没有了。地质队看没有开采价值，收拾了一下就走了。我们去的时候，当地已经调了上千人去修路，下山时候路已经修得差不多了，可是矿也采完了。

这事情说明，他实践经验还是不够，他不像那个年轻教师，明明不是还要说是。他认得铁矿，但是有多厚，他没有构造地质的野外经验。

（七）模糊的孙管先生

关于孙管先生，我了解得其实不是很多，因为他在西大当了一段时间教师后，就离开了。

孙管先生在岩石研究方面是很权威的一个教师。岩石学的岩浆岩部分就是他给我们教的，教得相当好。学问也很好，他说过，给我一块石头，我都不用看，只要一摸，我就知道这是不是粗面岩。这有点儿说大话的意味，但是说明他在标本鉴定方面确实还是比较厉害的。

他是1948年从西大地质系毕业的，毕业以后就留下当了教师。他在西大待了一段时间，后来就离开了！可能有时候被批评，孙先生就不服气，所以他也不愿意在这边待下去。他这个人思想有些"另类"，经常发些小牢骚。后来碰上学校精简机构，主要是精简刚毕业的，孙先生却主动要求说，把我也精简了，我不想在这儿待了。正好上边完不成任务，就把他"精简"到冶金公司去了。可他后来有些后悔，领导说："你自愿报名要去那边，给年轻人带了个好头，现在年轻人都去了，你自己不去怎么行？"所以还是去了。

他到冶金公司后，对方很重视，原来在地质系，系主任想出门办事还得给校办打电话，批准后才能派车，他一个讲师更别提什么待遇了。结果到冶金公司后，单位给他配了小汽车，任命他为副总工程师。以后的事情，我就不太了解了。

（八）"大炮"袁耀庭先生

新中国成立后，西北大学地质系从外面引进了一批教师。其中，比较有名的要数袁耀庭先生了。

袁耀庭先生是河南人，矿床学家。早期从事冶金和采矿，后来转向以内生金属矿产为主的矿床地质学教学与研究，最后主要研究煤田地质学。

袁先生原本在河南焦作工学院采矿系求学，抗日战争中，焦工部分师生转来西安加入西安临时大学，后为西北联大。联大解体后，工科专业组成西北工学院。袁先生1941年毕业于西北工学院，遂留校任冶金采矿系助教，后升任讲师。抗战胜利后，西北师范学院部分迁兰州，因地理系教师缺乏，答应给袁先生副教授职务，而西工从陕南回迁咸阳，尚无给袁先生晋升的动议，于是袁先生就去了兰州。因西工的教师大多为天津北洋工学院的老班底，抗战胜利后，天津在老北洋的基础上建成天津大学，西工的教师多数回到了天津，于是西工急缺教员，后悔原来没有给袁耀庭晋升副教授，鉴于袁先生的学识与讲课口才，要把袁先生从兰州拉回来，就需要许之以更高的职位，于是在兰州一年之后，袁先生就又回到了西工。因两所大学争夺人才而使袁耀庭很快成为教授，此事被他们那一代人传为美谈。

西大地质系在新中国成立后教师本来就很少，包括新留校的在内也不足十人，当时张伯声先生主政西大地质系，接连承担石油局短训班和教育部与燃料部共同下达的专修科任务，教师更是急需，于是张先生四处求人来地质系任教，也就把袁耀庭先生从西工拉来做兼职教授。袁先生的地质基础课教得很是出色，后来进入石油专业课阶段，教学人手也逐渐多了起来，袁先生便不再兼任西大地质系的教授了。

其实，能从西工将袁耀庭先生拉过来，除了张伯声先生的努力外，袁耀庭先生自己愿意，也是一个重要原因。

袁耀庭先生的老本行是冶金和采矿，但老北洋的冶金力量甚强，袁先生在西工当助教是在采矿系。采矿需要较多的地质基础知识，于是袁先生时常去听张伯声先生的地质课。据袁先生自己讲，他的地质基础主要得益于张伯声先生。他说，他虽然不和张伯声先生在一个系，既不是张伯声先生的嫡传弟子，也不是张先生的助教，但张伯声先生确确实实是他的恩师！到后来，袁耀庭先生以他雄厚的地质知识成了西北工学院地质系的掌门人。袁先生平时表现比较自负，经他的口夸奖的人极少，但一提到张伯声先生，那是佩服得五体投地。他对张伯声先生非常尊重，尽管袁先生的性格大大咧咧惯了，但一见到张伯声先生却像小学生见师长一样拘谨。他常常对我们说，张伯声先生的学说，你们要好好学习领会，发扬光大下去，张老的思想境界和研究思路可是比一般所谓专家教授不知要高出多少倍！

1956年，西北工学院与南京航空学院合并组成西北工业大学。西工大各系都是与飞机制造直接相关的专业，原西工地质系被调拨到从上海内迁来的交通大学（西安交大），而交大主要是机械制造、自动化、铸造之类的专业，而地质专业与各系无多少联系，适逢煤炭部要在西安建立矿业学院，这个老西工的地质系在西安交大一年之后就到了西安矿业学院，并成为矿院的主力系科。但矿业学院对地质专业的要求，主要是研究煤炭，以及与之相关的沉积地层与古生物化石，不研究金属矿产，而袁先生的强项是矿床地质学，以内生金属矿产地质为主。袁先生以系主任身份坚持，说矿床学不可少，搞煤矿，你不懂矿床学怎么行？当然，矿院地质专业的矿床学以外生沉积矿床为主，其他分量较轻。这大概也是后来袁先生离开矿院去了西北煤炭研究院的原因吧。

袁耀庭先生为人胆大，敢说，敢"放炮"，所以有个外号叫"袁大炮"。例如，20世纪80年代在钟楼饭店开过一次会，陕师大和陕西省地震局立了一个项目，研究陕西地震，以及陕西古代发生过哪些大的地震、造成的影响之类，全面调查后要出一本书，于是就召集专家开个评审会。

那个项目是省科委组织的，科委领导在会前通知说，西安市副市长知道大家今天开会，要来看各位专家。袁耀庭先生就高兴了，说来吧，给他来个"下马威"再说！当时，袁先生是陕西省政协副主席，而那位要来讲话的副市长很年轻，这是袁先生想给他一个"下马威"的原因。

果然，副市长一进来和大家打招呼说，大家辛苦了。结果袁先生就说，市长，我有个事要先跟你通告一下。市长问，什么事？袁先生就说，我们省政协要随机来检查你们西安市的工作，希望你们认真做好准备。副市长刚上任不久，听说在这开会，就来看看专家们，本来是好意，慰问一下，袁耀庭先生却觉得你一个年轻后生当什么副市长，就先给你来个"下马威"。

袁耀庭先生敢说，因为袁先生是有真才实学的，袁先生曾说，他的水平不是一般的水平，可见是很自信的。

袁先生表达能力很强，而且他知识面较广，从学冶金、采矿到改学地质矿产，看问题的深度就是不一样，而且他的脑子很灵活，只要觉得书本不对，就能跳出书本去讲，还能用很通俗的语言讲清楚。我听人说过,他讲到岩浆矿产时,说这些岩浆矿产用通俗的语言讲就是大便,热液矿产就是小便,气成矿产就是屁。这样写成文章不行,但是讲出来学生记忆很深刻。

他虽然说话比较随便,但是人不错,也擅长跟别人打交道,不过有时候不好"对付"。我听矿院一个学生说,袁老师很厉害,考试时候当监考老师,考的科目并不是他讲的课,他站在那儿看学生答题,突然叫一个学生站起来,说你出去,像你这水平没有资格参加考试,乱答一通!

袁先生本来是主攻金属矿的,后来因为工作原因,开始从事煤炭研究,在煤炭事业发展方面,有很大的贡献。

袁先生调到西北煤炭研究院任院长后,开始从事煤炭研究,对陕西乃至整个西北地区和内蒙古的煤炭资源了如指掌。虽然他原来是主攻内生金属矿产的,但在改行搞煤之后,却能应对自如,很快适应。全世界公认煤矿有三个主要成煤期:一个是石炭二叠时期,一个是中生代侏罗纪,一个是新生代新第三纪,其他时期很少。他说:"这个结论在秦岭被推翻了!你到南秦岭北大巴山区,全世界搞煤矿的人在这里会大开眼界!前年全世界的煤炭部长到中国来开会,我领着他们到陕南大巴山紫阳去看,紫阳的煤是不是煤?是,这煤既不是石炭、二叠、侏罗,也不是新第三纪的,这是早古生代的煤!大家惊讶得舌头都伸出来了。"他说:"全世界没有的中国就有!按照全世界定的规律,到中国就不一定适用!中国好东西多着呢!"这是在我们某次去开会,休息时候他讲的事,还是很自豪的。

(九)"教授"张尔道先生

新中国成立之初,西北大学地质系还有一个先生,他一直都是讲师,但却被人称为教授,他就是张尔道先生。

张尔道先生是西大地质专业创立当年招收的7名新生之一,1943

年毕业后到中央地质调查所兰州西北分所工作，最初并不是西大地质系的教师。新中国成立以后才来到了西大地质系任教。

我跟他还实习过一个礼拜。1958年、1959年大家出去生产实习，本来都是三五个学生自己独立考察，后来系里觉得大家才上了一年多课，经验还不够，应该有教师跟着，所以就派了教师指导。张尔道先生带着一二十个学生，在地图上先圈一个山沟出来，接着到实地看露头情况，他对学生说，沿着沟往前走，有五种可能性。走一段路后，把一种可能排除了，还有四种可能，排除到最后只有一种可能了。再往后走，绝对就是那一种情况。他看到一个地质现象，有几种发展倾向、几种可能性，他全都想到了，随后出现一个新的现象，就可以把前边一两种可能情况否定掉，这个本领是其他老师没有的。我跟着张尔道先生一个礼拜，学了不少东西。

1955年、1956年那段时间要给教师们评职称，西大地质系上报的是张尔道、张耀麟两位先生，希望能把他们都评成副教授，这两位当时都是讲师。张伯声先生这时候主持地质系工作，他本人非常支持。但最后省上批下来的结果是把张耀麟先生提成了副教授，张尔道先生没有批准。张伯声先生就问原因，上边说是政治问题，张尔道是内部控制使用人员，旧社会参加过特务组织，是特务组织省一级的委员。具体是什么特务组织，并没有告诉我们，只是表示可以内部控制使用，绝对不能再给升职称。

没评上副教授，他本人不服气，始终觉得张耀麟远远达不到自己的水平。抛开个人政治问题不谈，张尔道先生的学术水平绝对够得上教授的职称。

张尔道先生号称"西北小构造第一把交椅"，张伯声先生是西北构造头一家，这是大构造。大构造包括小构造，张尔道先生大构造不一定在行，但小构造绝对是逃不过他的眼的。所以地质局审图一开会，必须把张尔道先生请到，因为地质图首先是构造问题，张尔道先生要提了问题,他们都回答不了,"你这图自相矛盾,这个地方画这条线没有道理",他知道这条线应不应该这样画,图上一看就能看出来。后来,地质局各个分队的图基本做好了,技术员择人先毕恭毕敬到张尔道先生家,说张先生你给看看,他一条一条看出五个问题,这五个问题只要一修改,别人下次就找不出问题了。他就能看出来这是不是造假,一条线连不上,你想给这里随便画条线解决问题是绝对不行的,不信可以去野外看看,这点本事他还是有的。"文革"前出版发行的那些 20 万分之一的地质图说明上都有"本图在成图过程中受到西北大学张尔道教授的指导"之类的感谢语,他这一辈子副教授都没当上,但是,社会上都公认他就是教授。

三、王战教授谈西北大学地质系的学生

(一)阎廉泉、赵庚荫

我在前面谈了西北大学地质系新中国成立前后一些教师的情况,接下来我想谈谈那时候地质系学生的情况。我们知道,西北大学地质系除了大批知名教授外,还有不少著名的学生,在各自的领域都有不凡的成就,像石油方面的阎敦实、宋汉良、安启元,地震方面的强祖基,大地构造方面的任纪舜,等等。这些人我们都还比较熟悉,在此我也不多赘述,我想讲一讲我们了解得比较少、但贡献比较大的学生的事情。

前面我提到过,地质系(地质组)在发展初期,有一年没招到新生,学校已经准备撤销地质组了,这时候忽然转来了两个学生,正是由于他们的到来,学校这次撤销地质系就没"成功",他们便是赵庚荫和阎廉泉。

赵庚荫毕业后去了新疆地矿局,现在已经去世了。阎廉泉是河南

1975年中国科技协会访美（前排左一为地质系校友阎敦实）

西北大学52级石油地质专业甲班部分同学合影

人,见人都眉开眼笑,为人很好。他们两个人都是从河南大学转来的,当时日军进攻河南,河南大学办不下去了,他就和赵庚荫于1942年秋天转到了西大地质组。阎廉泉 1946 年毕业后没有留校,分配走了,后来长期担任陕西省地质局总工程师。

1991、1992 年时候,我一个学生请我当野外指导教师,我当时在外地有个项目要负责,毕业答辩回不来,就给阎廉泉写信,让这个研究生去找阎廉泉,请阎廉泉来代我当指导教师。回来以后,我对他表示了一下感谢。他待人非常好,从来不训人,甚至没有对别人说过一句使别人难堪的话,是个非常和善、慈祥的老先生。地质局老一辈的人都知道他。

阎廉泉不太写文章,偶尔写上一两篇,就在陕西省开会时大概讲一讲。作为总工程师,主要学问都在他头脑里,主持会议之类的都用得着。虽然文章不是太多,但是,整个陕西省的地质构造情况,以及陕西省出版的各种图幅,具体情况如何,以及有什么成就,他是了如指掌。陕西省这么多地质队,工作情况他也很清楚,有什么问题,他也都知道,还经常出去到大队、分队检查工作、提问题。哪怕什么资料都没带,他也可以坐在那里给别人讲解上大半天。

在具体地质工作方面,阎廉泉还是有一定贡献的。他到陕西地质局工作之前在河南工作过,后来又到了"秦岭区域地质测量大队",他在测量大队里当总工程师。这个测量大队是地质部直属的四个超大型地质队之一。阎廉泉指导这个地质队完成了从河南的伏牛山到陕西秦岭和大巴山的一套 20 万分之一的国际标准分幅地质图和说明书,为后来的东秦岭找矿工作提供了很大帮助。

(二)杨拯陆、谢志强、谢宏

杨拯陆、谢宏、谢志强三人都是西北大学地质系的毕业生,因为他们三人之间有一定的联系,所以我放在一起进行介绍。

在我刚进入大学的时候，就听说我们系有一个学姐是国民党将领杨虎城将军的女儿，她已经毕业，是新疆某地质队的队长了。她所领导的地质队，是新疆石油局的模范地质队。这个学姐就是杨拯陆。

她生于1936年3月12日，在她9个月大的时候，张、杨二将军发动了西安事变，兵谏蒋介石联共抗日。不久，张、杨就受到了蒋介石的迫害，杨拯陆同外婆和三个姐姐逃到了四川乡间，1949年才回到了西安。

1949年5月20日西安解放，在共产党的关怀下，杨拯陆回到了西安，进入陕西省西安女子中学读书。当年秋天，她就参加了新民主主义青年团，先后担任了团支部书记和学校团总支委员。中学毕业时，她报考了西北大学石油与天然气地质勘探专修科（二年制）。她认为，这是个祖国最需要的专业，她要早日报效国家，把自己的青春献给祖国的大西北。在大学里，她是青年团的骨干，不到18岁就加入了共产党，后来成为校团委委员。

1955年，杨拯陆从西大地质系毕业，她选择了到新疆搞石油地质勘探。她说，祖国需要在那里找到大油田。

到新疆石油局地质调查处报到后，领导上的意见是让她留在科研单位工作，可她坚持要去野外地质队。她是真正想为国家做贡献，后来有一个出国留学深造的名额分配她去，她也让给了别人。之后的3年时间里，她担任了117地质勘探队代理队长、队长。后来，她所带领的106地质队成为新疆石油管理局的先进队。1958年，在不到4个月的时间里，她带领十几名队员，在准噶尔盆地的克拉美丽地区，完成了1950平方公里的地质详查，详查面积是原设计的205%。领导和专家验收组评价说："在完成任务上，106队是最好的一个先进队。"

1958年，本来杨拯陆和男友谢宏约定结婚，但因为有了新任务，她决定在完成中蒙边界的三塘湖盆地石油地质普查之后再结婚。9月下旬，任务基本完成、她和一位队友在补做工作的过程中遇到了暴风

克拉玛依黑油山天然油池

克拉玛依地表的沥青

雪，杨拯陆和队友张广智光荣牺牲。其他人找到遗体时，杨拯陆的怀里还揣着一张她自己手绘的地质图，并且已经涂上了相应地质时代的颜色。当年10月，独山子矿务局给她开了追悼会，上边批准了杨拯陆和张广智为革命烈士。

杨拯陆生前主要工作在准噶尔盆地东部地区。她写过一个《克拉美丽红山区地质调查总结报告》。她明确指出，在克拉美丽地区存在生油层，也存在储油构造。

近年来，新疆石油工作者根据杨拯陆填绘的地质图，在她工作过的这片区域，经过十几年的实践探索，于2007年在马朗凹陷牛东地区实现了大突破，在石炭系打出了日产百吨的油井，使三塘湖油田日产油超过了千吨。现已成为年产百万吨的油田。

杨拯陆生前所找到的储油构造，被石油部门命名为"拯陆构造"。1982年，中国地质学会在庆祝学会成立60周年时，命名杨拯陆发现的那个地质构造为"拯陆背斜"。

说起杨拯陆，就不能不谈到谢宏和谢志强。

谢志强是中共党员、革命烈士谢葆真的侄子，他是1963年毕业的。谢志强的功课中等偏上，在班上表现也不是特别突出，他是共青团员，可能组织部门觉得他出身好，当了基层干部，他工作也很努力，最后一直升任到克拉玛依油田的书记。后来南疆油田开发好之后，因为在克拉玛依当领导，工作做得好，组织上派他去库尔勒油田当书记去了。

谢宏是杨拯陆的未婚夫，杨虎城将军的女婿，他也是西北大学地质系1955届的毕业生。曾在克拉玛依当领导，而且还是自治区第三梯队接班人。在此期间，他因公去美国、墨西哥考察油田，出去了一个月，结果克拉玛依油田出了事情，烧死了300多个学生，谢宏受到了牵连。出事后处分了一些人，好多人给他说情，因为他人很好，最后没受处分。但因为自己是领导，心理上感觉自己也是要承担责任的，就跪在那几百个学生的坟前痛哭流涕，部分家长还是不谅解，觉得他领导不力，没把手下人教育好。

  但谢宏在石油方面很有建树，主持过对准噶尔盆地油气资源综合研究评价工作，还研究过克拉玛依油田断裂带的油气聚集规律，依此发现了一系列油田，他还组织过准噶尔盆地勘探工作，1996年发现了呼图壁天然气田。

  谢宏他们毕业后，并非是直接分配到了克拉玛依油田工作，开始时，他们都是先到乌鲁木齐的石油局去报到。1954年那时候，全国就克拉玛依那一个大油田。西大去的人都是在北疆，主要集中在克拉玛依。

  当时，克拉玛依就是原有的几十个人加上西大去的那些人。西大当年一共毕业200人，可能去了100多。还有一些人去了四川、广西，当时全国的地质普查过程中都需要人。到北疆后几个队就去搞普查，杨拯陆领着人就去三塘湖，三塘湖也在北疆，北疆东部，天山以北都是他们的工作范围。当时杨拯陆他们发现的油田只是估计可能有油，因为没有钻井也不能肯定，现在证明那是一个油田，构造非常好，被命名为"拯陆背斜"。西北石油局让西大培养的训练班在培养这三批石油专科生以前，燃化部下设的只有一个石油局，就是西北石油局。西大的学生对石油的贡献是公认的。

（三）张国伟

  接下来，我想谈一谈我的一个同学，张国伟先生。他是研究秦岭的权威，全世界研究秦岭的人里边，张国伟绝对是权威，地质界戏称他为"秦岭王"，研究秦岭不去拜访他不行，他知道得最多。他是陕西省的一个骄傲，因为他是陕西自己培养和上报的院士候选人。1999年当选为中国科学院院士。

  张国伟是我的同乡，我们两个都是河南南阳人，1961年一起毕业的。1961年的时候，正值国家经济困难时期，毕业生很不好分配。这时候西大已经下放到了陕西省，西大毕业的学生分配不出去。我们那年（1961）已经不太好分配，有一半人毕业后分到了陕西省地质局。到第二年，地质局不再招人了，考虑到西北冶金勘探公司的地质力量比较薄弱，所以1962年毕业的学生就都分到西北冶金勘探公司去了。我们两个是留校的。

张国伟的文化素养比较高，在中外政、经、文、史、哲、美等方面都有基础。他至少有两年以上的时间在我们甲班担任团支部宣教委员。张国伟脑子很够用，发起言来头头是道，我们大学四年，政治运动一个接一个，从1958年"红专辩论"起，他的政论水平已经崭露头角。有些口才不行的同学害怕在全班大会上发言，但只要有张国伟和刘德长（核工业北京地质研究院遥感中心博士生导师，曾任该中心主任兼总工）一发言，心里就轻松了一多半，因为他们两人的发言每人通常要三四十分钟。班会总共不足4个小时，中间还要休息二三十分钟，剩下的时间已不多，再有几个喜欢发言的人随便一讲，其他人也就不用再发言了。张国伟讲话内容宽泛并且自成体系，很能吸引人的注意力。

张国伟毕业以后留校任教，给本科生和硕士生、博士生都教过课，教过的有第四纪地质学（含黄土学）、地质力学、普通地质学、构造地质学、大地构造学、板块构造学、前寒武纪地质、造山带地质等课程。

张国伟在地质上的贡献，主要集中在秦岭研究上。他主持过"秦岭造山带岩石圈结构、演化及其成矿背景""秦岭勉略构造带组成、演化及其动力学特征"等研究项目，提出该造山带主要是由三大套构造岩石地层单元组成，经历了三大演化阶段。揭示了秦岭壳幔非耦合关系的三维结构，以及大陆动力学上的意义。论证了中新生代秦岭陆内造山过程及构造演化趋势和特点。提出秦岭是目前仍处于深部地幔调整，上部地壳滞后响应，正在急剧隆升，并趋于裂解成大别、东、西秦岭三块的活动山脉，论证了对我国的环境和自然灾害的重要控制作用……关于秦岭，他做过的研究不少。后来在西北大学，他又领头建立了"大陆动力学国家重点实验室"。

（四）姜渭南

1962 届毕业生中，有一个人是姜渭南，他曾经跟李四光先生学习过。

姜渭南是地质系 1962 年那一届的毕业生，比我晚一届。本来，姜渭南也应该要分到西北冶金勘探公司，就在他们那一届毕业时候，张伯声先生收到了地质部部长李四光的一封信，大意是说，当时您建议我办地质力学讲习班，这个建议很好，上边已经同意，希望贵校尽快派一两个年轻地质人员前来学习。

张先生就请系上派人，可是系上一个也派不出来，因为之前精简机构，头几个月精简了二十七八个人。剩下的各有各的工作，去一个人，系里至少就有一门课没人教。最后张先生说，这意见是我张伯声提的，现在地质部领导同意了办班，全国各个地质队要去 100 多人，我们西大自己不去，恐怕影响不好。

系里的老师都有教学任务，学校就在毕业生里挑了一个，占用了第二年的分配名额，先去学一年，等学成回来，国家不那么困难了，再留下当助教也可以。姜渭南领了毕业证，系里就给他下达了任务——到北京去开会学习。他是 1962 年 9 月左右去的，一直到第二年年底才结业。

这期间，姜渭南很认真，讲习班开幕式上李四光部长做了个报告，他就很详细地做了记录，认真地整理一下，自己留了一份底子，另外一份就寄回来了。这稿子很珍贵，我一直保存着。1974 年，各个学校学报都开始复刊，西大学报也在筹备复刊，学报负责人就请我推荐稿子，我给他们推荐了姜渭南这个会议记录，校报过了几期就把这个会议记录发表了。这个稿子非常重要，是迄今为止出版的各种李四光文集中都未见收录的文献。结业以后，李四光还写信向张先生表扬姜渭南，说这 100 多人里面，学习最认真、成绩最好的就是姜渭南。姜渭南刚大学毕业，是这些人里最年轻的，但学习非常好。

他是 1964 年元月回校的。回来以后，他成了"文革"前地质系唯一一个系统掌握地质力学知识的人，也是唯一一个为地质系研究生和教师的地质构造研究做过模拟实验的人。

当时，我陪着张先生的研究生在陇县，后来我因为上"中国区域地质"课，再后来张伯声老师派我去天津华北地质所进修，就叫姜渭南跟着研究生去，去了几个月回来做了几个模拟实验，是泥巴实验，这几个泥巴实验模块就是按照陇县的构造和分析的应力场景做出来的。李四光部长提出应该要注意这种模拟实验，你在野外看到的是个什么构造形象，以及由此推断的应力场状况，你在室内就必须根据这种应力状况做实验，能搞出这个构造形象才说明你的观点、推论是正确的。姜渭南后来做了两个模拟实验，效果非常好，可惜 1969 年就去世了，要不然，他很可能会取得极大成就。

1969 年 2 月，陕西省准备修"毛泽东思想万岁馆"。当时全国多数省都建成了，陕西穷，拖到了最后。因为建这个要用红色大理石，红色大理石非常贵，陕西财政紧张，拿不出钱来。上边就说，看能不能在陕西的山里找，陕西山这么多，难道就找不到？这个任务被分配到西大地质系，地质系派了十几个人，分成了三组：商洛地区一个组，汉中地区一个组，再一个就是陇县组。陇县组短短几天就完成了任务，可惜在回来的路上出了车祸，死了三个人，我们教研室两个人姜渭南和郭勇岭老师都遇难了，同时遇难的还有西安市建材局的科长。

张国伟院士谈西北联大地质系的特点与影响

□ 张国伟

一

关于西北联大的源流,我们都知道有陕源和京源两个,西北联大是京源。我是 1961 年毕业的,毕业后就留校任教了,我在西北大学学习、工作了这么多年,西北联大地质系的很多教授也都给我带过课,所以关于西北联大的事儿,多多少少我还知道一些。但我觉得,抓西北联大这个事儿的意义不在于衡量它的功和过,最关键、最重要的是在国家危难时期,不同地域在各自不同但都艰难的情况下,无论西北联大也好,西南联大也罢,都坚持了中国高等教育的发展和对人才的培养,这是难能可贵的。

抗日战争时期,京津地区的几所高校内迁陕西,组成西北联大,西北联

张国伟教授

大成功组建后,很多的年轻学子便集中在这里,实际上,是组建了一个人才培养的中心基地,使得在民族危难的时候,我们的高等教育力量得以保存。同时,这些举措为西北地区高等教育的发展起到了奠定基础的作用。如果没有西北联大,西北高等教育的路可能更坎坷。

西北大学就是从西北联大发展壮大起来的,地质学也是在西北联大建立起来后发展起来的。当时,西北联大地质系是中国西部包括西南地区唯一的地质系。新中国成立初期,全国高校中,只有北京大学、南京大学(原来的中央大学)和西北大学设置了地质系。因此可以说,西大地质系是全国最老的地质系之一。

西北大学地质系有着很高的地位,我当初考入西北大学的时候,也就是 1957 年的时候,西北联大时期一些比较著名的地质系教授还未退休。

最早给我代课的是郁士元教授和王恭睦教授。我是 1957 年进的西大地质系,我上学的时候,郁士元教授已经是老先生了。当时,郁先生给我们教测量学、普通地质学。他人很好,也很热情,但管的事儿太多,精力比较分散,所以,在学问研究方面不是特别突出,但郁先生对西大地质系的发展贡献很大。

张伯声教授也给我带过课。张先生原来在西北工学院工作,在西北大学只是兼职,后来转到了西北大学。西大地质系中,真正学问好的就要算张伯声先生了。

殷祖英教授,我不太了解。新中国成立以前他就离开西北大学了。新中国成立以前离开西北大学的一些老先生的情况,我都不是很了解,要是想了解这些先生的详细资料,建议去查查国民政府时期的中央地质调查所的杂志、文章等,可能会提供更多的信息。

杨钟健先生我倒是了解一些,杨先生是陕西华县人,他担任过西北大学校长职务,有时候他开会,我就负责接待工作,所以跟他接触得比较多。

我上学的时候，还在西大地质系原来西北联大的老教授就是郁士元先生、张伯声先生和杨钟健先生。

总之，1939年到1949年的十年间，西大地质系聚集了当时全国一批真正有名的地质学家。比如，王恭睦、殷祖英、郁士元、李善棠、张伯声、霍世诚、张惠远等。这十年，由于这些地学的顶级人物聚集在一起，为地质系发展奠定了雄厚的基础。遗憾的是，这批人后来因为各种原因，离开的离开，调任的调任，后来在西大工作时间比较长的就是张伯声先生。1952年全国高校院系调整，西大地质系成为少数全国综合大学中保留下地质学系的高校之一。

二

我们知道，西大地质系为新中国的石油勘探与开发事业做出了突出贡献，新中国的第一批石油地质专业人才就是从西大地质系走出去的。那么，西大地质系在其他行业，比如，煤矿、水利等领域，做出过什么重大贡献，有什么杰出的人物？

要回答这个问题，我们还是得先简要回顾一下历史。

中国最初开设地质学系的院校，北边有北京大学、清华大学、西北大学；南边的有南京大学、中山大学；西南有重庆大学。而这些最早有地质系的学校到新中国成立初期真正被保留下来的只有三所：北京大学、南京大学和西北大学。

因此，西北大学地质系的实力很强，因为它是把从北京来的一批人才、办学经验和当地的资源融合在一块，保留了原本就很强大的实力。

新中国成立后，亟须发展钢铁和石油事业，过去外国人认为，中国是个贫油、无油国家，不出石油。西北大学地质系的石油地质专业，就是在这样的背景下成立起来的。西大从20世纪50年代初就开始设置了石油地质专业，1953年到1956年，连着几年培养了一大批石油地质人才，对新中国石油事业的发展做出了巨大的贡献。当时，新中国石油事业的发展偏重于西部，而西北大学是全国唯独开办石油地质专业的院校，一届就有800多学生，到20世纪60年代，全国的14个油田中有13个油田的局长或总地质师都是由西大毕业生担任的，而像宋汉良、阎敦实、安启元等人，后来还担任了更重要的职务。

其他行业中，西大地质系也出过一些优秀人才。西大地质系不光石油地质专业突出，而且构造理论研究也很厉害。比如，像秦岭怎么形成的、嵩山怎么形成的这些基础理论研究，都有比较大的贡献，一些著名的理论像中条运动、嵩阳运动，都是由西大地质系提出来的。

西大地质系还有一批人是做矿产研究，但矿产研究最终没有得到很大的发展，没有石油地质、构造研究发展得好。

究其原因，主要有以下三点：

首先，每个学校、每个系都会有自己的重点专业、主攻方向，不能眉毛胡子一把抓，要有特色。比如，我们西大地质系有构造理论大家张伯声先生，还有构造所，那我们就主抓构造理论，将其继续发展。我们从国家基金平台得到国家的资助，以国家的目标为目标，抓国家的方针步调，办自己的特色，做别人替代不了的事情。一个学校一个系一个学科，没有自己的特色，永远都会是弱者，永远不能给国家做出贡献，也永远培养不出高水平的人才。所以办学必须要有特色，大地构造、区域构造、造山带是我们西大地质系的优势和特色。学科的发展除了办出特色，还要培养人才，像我培养的那一批构造人员，全国有名的构造人员有七八个人，我培养的学生中就占了三四位，占很大一部分。

其次，就与西大的历史发展有关了。20世纪50年代末60年代初的时候，教育部想把西北大学收归为部属院校，但陕西省不同意中央教育部将其收回去，认为西安是个古都，要建立完整的高等教育体系，要从工科大学一直到体育院校办完整的教育体系，所以把西大从教育部又要了回去，西大就成为了省属院校。当时，陕西省是个穷省，在办学经费上不是很充裕，这样，西大的发展相对于其他一些院校就慢了一些。比如，兰州大学、四川大学都是国家给它单独投入，钱投入比较多。这么说吧，当时省属院校一个学校一个学生只给投入几百块钱，但部属的就有几千块钱，差别就这么大。

最后，与国家的经济发展状况有关。20世纪60年代初国家经济发展经历了一段困难时期，西大将地质系一开始创办的五个专业缩减到了两个专业，只留下了一个石油专业和一个基础地质专业，其他的都砍掉了。矿产专业没有发展的原因就是因为把它砍了。而其他专业当时招生也受限制，只能面向本省招，不能面向全国招。这样西大吃了这个大亏。在后续的发展上则相对缓慢一些。

不过，西大地质系的地学理论研究方面，还是一直处于前沿。

现在，全国在地学研究上比较突出的有四家：北京大学、南京大学、西北大学、中国地质大学。四所院校各有特色，除西大是省属院校外，其他三所都是部属院校。

但西大地质系还是很强的。就像刚才我已经讲到的，西北大学发轫于西北联大，而西北联大则保存了当时北京迁移过来的优质资源和力量。也就是说，本身有一个较好的起步。加之在后来的发展中，西大地质系的师生们始终团结上进，做学问一丝不苟，又善于合作，所以发展得也相对较好。西大地质系的教授讲师们治学都很严谨。比如，张伯声、王恭睦、舒德干等等，成绩很杰出。这不仅大大推动了西大地质系的发展，甚至对我们国家整个的地质行业、石油行业都产生了深远的影响。

现在，地质系的地学理论优势依然保持着。比如，对构造地质的研究，对前寒武纪地质、造山带与盆地的研究，以及对新生代地质与环境、含油气盆地地质、油层物理和油藏地质等的研究，都形成了自

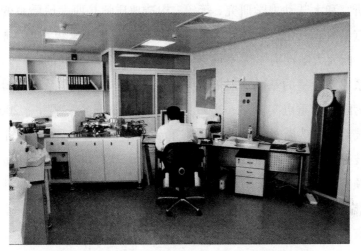

西北大学大陆动力学国家重点实验室内正在工作的人员

西北大学大陆动力学国家重点实验室一角

己的优势和特色。比如说，舒德干教授的古生物研究，我的秦岭造山带研究和大陆动力学研究，等等。构造地质学是西大地质系的国家级重点学科。其中，大陆动力实验室也已经成了国家级重点实验室。

西大大陆动力学国家重点实验室是1992年成立的，它是在地质学系原实验室的基础上发展起来的。1995年，地质学系原实验室被批准为陕西省重点实验室，2000年成为教育部重点实验室，2003年被科技部批准为首批省部共建国家重点实验室培育基地。2005年通过了科技部组织的国家重点实验室建设申请评审，2006年立项建设，2007年顺利通过验收，于是正式进入国家重点实验室行列。这是西北大学获准的第一个国家重点实验室，也是陕西省属院校中唯一一个获准的国家重点实验室。

大陆动力学实验室在发展的过程中，也经历了一些波折。当时，根据中央精神，省属院校不能建立国家实验室，但我们觉得，有必要在西大建立这么一个国家实验室。为此我打了12份报告，当时学校都没怎么抱有希望，但我坚持认为办一个现代的地质系，没有国家级实验室，没有先进的平台，是根本不可能的，要发展就必须要紧跟前沿。后来孙勇任校长时支持办这个事，最终大陆动力学国家实验室还是建立起来了。

现在，大陆动力学实验室主要在做造山带与盆地动力学、重大构造事件与生命演化、中国西部含油气盆地与油气资源评价，以及西北地区新构造与环境变迁和地质灾害等四个方面的研究工作。实验室里真正的固定人员有十几个，编制也就是三十几个吧，人员算是少而精的。

我在大陆动力学国家实验室从事管理研究工作，担任学术委员会主任委员，包括项目的立项、上报、审批及后期的投入、科研等一系列的工作，我都做过。客观说，大陆动力学实验室的建立与我有关系，但总体来讲，还是大家共同努力的结果。我退休后，不在实验室担任任何职务了，现在实验室都是我的学生们在管。他们遇到问题时，我会帮他们分析，给出一些指导意见。

三

西大地质系的贡献是不可磨灭的，其历史地位也是很高的，包括石油地质的研究、构造研究等特色优势，至今依然保存着。

但是，看问题得有一个角度的问题。也就是说，你说你厉害，得要看你和谁比。如果用我们目前的状况和一些发达国家来比的话，恐怕我们还是有一定差距的，差距大概有十年二十年吧，地质学状况也是如此。地质学是一门综合的学科，而且中国这块土地又非常得复杂，不像美国、苏联都是一个大的板块，咱们是很多板块（大块有五个，小块有十来个）拼接起来的，所以研究起来比较困难。板块构造是现在的主流说法，我们目前在地学研究上并没有做出新的理论贡献。

在学术研究上，我们国家现在发表的论文很多，发表量排到了世界第三。但是应用率很低、质量不高，这就和一些发达国家有了差距。这种状况必须改变。

现在地学理论研究方面，板块构造学说还是占据主流地位的，但是，板块理论也不是能解决一切问题的，特别是对于中国的大陆状况而言。

所以，现在我们正在组织全国的力量包括北京大学、南京大学、中国地质大学这些学校，以大陆构造研究为中心，争取成立大陆构造协同创新研究中心，相当于建立一个中国大陆及全世界大陆的研究中心。这个事如果办成了，从国家层面讲，则是成立了一个世界研究中心，对西大来讲，在发展上就会再上一个大台阶。总之，可以发展当前独到的地学学术力量，建立新的大地构造理论体系，用以引领原始创新。

牵头大陆构造创新协同研究中心的有六个核心单位：北京大学、南京大学、西北大学、中国地质大学、中国科技大学、中国科学院地质研究所。以此为中心，然后再组织全国的十几所院校，兰州大学、重庆大学、成都理工大学、吉林大学、浙江大学、中国科技大学等一起来做这个事，把全国这方面的资源和人才聚集起来。在此基础上，组织一批人在最前沿的学科上去创造新的理论、新的科学技术，去解决国家的重大需求。这也算是高等教育的一个重大举措，对中国的高等教育肯定是大有裨益的。

其实，说到这里，应该要谈一谈所谓的"西大精神"，现在很多资料中都能看到有人在谈"西大精神"，实际上，上述我刚才讲的很多事情都是"西大精神"的体现。最后，我就我理解的"西大精神"，做一下简述。

首先，我要先自豪地说这么一点：西大的投入产出比远远超过北大、清华等高校。国家对北大投入非常大，教育经费他们拿十几个亿，西大才拿一两个亿，投入的差别很大，但是，西大地质系为什么能发展到现在这样，为什么现在可以在中国处于前四强？这其中有几个关键的步骤：一个就是争取到了211工程，当时规定省属院校不能进入211工程，但最后争取到了。另一个是西大争取到了人才基地建设。当时，全国只有三所学校争取到了基地建设，西北大学、南京大学和北京大学，连中国地质大学这种专门的地质学校都没进入，最后我们都争取到了。再一个就是我们创办了国家级实验室。西大地质系包括西大如果没有这个国家级实验室，进一步发展是比较艰难的。现在我们的国家实验室是一流的实验室。多次评比，在世界上都是名列第一。

从这么多的事例中概括来讲，西大精神包括了以下几个主要方面：

第一，西大发展的宗旨是为国家服务。这是西大的一个传统，比如，我们在国家石油发展需要人才的时候，开办了石油地质专业，而这个专业的很多毕业生都选择到最艰苦的、最需要的地方去工作，大家想的都是怎样才能为祖国的发展出好自己的力，做好自己的贡献。

第二，西大善于和其他兄弟院校或单位合作。就是要利用一切可以利用的力量，相互支持，走双赢的道路。

第三，西大的内部很团结，包括我上面讲到的对211、人才基地、国家实验室的争取与创建等，都是西大团结努力的结果。就是这股团结的力量，一直推动着西大在向前发展。

第四，西大自身"居安思危"，有危机感，眼光也放得长远。西北大学毕竟不是部属院校，是省属院校，没有大的靠山，在各方面多多少少还是有些限制的，所以西大发展了，取得成绩了，也从不骄傲自满，这种危机感也督促着西大不取巧、不懈怠，向着下一个目标进军。西大的发展目标也符合国家的重大需求、重大部署，就是走在国家的旗帜上。另外，西大的眼光超前，看到国家科学发展的前沿，这样走才能走对。

简而言之，西大精神就是西大在非常艰难的情况下，发掘自己的力量，有重点有目标，抓机遇求团结，面向前沿面向国际，同时紧跟国家的大步骤、大方针措施进行发展。西大不怕穷，穷不可怕，但穷要穷得有志气，要大方，不能嘟嘟囔囔，小家子气是办不成事的。我们西大之所以能为国家的石油事业做出如此大的贡献，培养这么多人才，就是与做事大气有关。当时很多院校由于各种原因，不想也不敢办石油地质专业，但我们西大就不怕困难，办起来了。所以无论是一个人，还是一所学校，一个系，要有志气，人穷志不短，还要有眼光，办事要大气。西大和西大地质系都是这样发展起来的。

黄建军高级工程师谈西北联大对中国有色金属行业的贡献

□ 黄建军

一

我是甘肃兰州人，1940年出生，1958年考入西北大学地质系普通地质学专业，1962年9月毕业，同年分配到西北冶金地质研究所（现为西北有色地质研究院）工作，1996年晋升为教授级高工，一直在一线负责与成矿有关的地质科研项目，2000年12月从原单位退休。

我上学那会儿，西北大学地质系是学校里的一个大系，有三个专业，包括普通地质学和石油地质专业，还有一个专业是保密专业，因为国家当时在搞尖端工业的发展，所以专门开了一个具有保密性质的班。他们本来比我们要晚一年，后来因为要分配就提前毕业，分配的时候给打乱了。大部分同学分配的单位并非所学的专业。

1962年，西北大学地质系共毕业了150多个人，西北冶金地质勘探公司分了60个人，陕西地质局也分了几人，还有一些人分到了东北、贵州、河南、广西等地，但还是西北冶金地质勘探公司分的人最多。当时，国家在冶金地质方面需要人才，有些分配到西南和东北的同学，差不多也都在冶金系统，地质系统的比较少。

黄建军高级工程师

我刚到单位时,被分配到岩矿室。主要工作是对西北地区各地质队送来的岩矿样品进行外检或对疑难样品进行光性详测后准确定名,另外,也搞与岩矿工作有关的专题研究。"文化大革命"开始不久,为了精简机构,岩矿室和矿床室合并,统称地质室。我也主要参与研究成矿条件、成矿规律及成矿预测等方面的课题或专题研究工作。

我一辈子都在冶金有色金属行业工作,但每个阶段打交道的工作对象都不一样,总的来说,主要可分为三个阶段:

我首先从事的是铜矿研究工作,在甘肃白银、青海、陕西等地做了差不多有 10 年。甘肃白银的铜矿是新中国刚成立时苏联专家帮着一起搞的,我 1963 年参加这个项目,那时国家专门组织技术力量找富铜、富铁(指品位高的铜矿、铁矿),我就去甘肃白银找富铜矿。甘肃白银铜矿是当时全国最大的铜矿,有三个主要的矿区:折腰山、火焰山(这两个是露天开采,当时已经开采了),以及小铁山(重点工作矿区),1963 到 1965 年,我们就在小铁山工作。小铁山虽说是铜矿,但实际上以铅、锌为主,当时铅可能有65万吨,锌有25万吨,铜有10万吨左右,合起来差不多有100多万吨。我记得白银铜矿的产量当时约占我们国家全国产量的1/3,这是很厉害的。而且铜矿里边可以提取硫,也是当时全国供应硫最大的一个单位。

1964年,为了进一步开发利用白银铜矿,进行小铁山矿的补充勘探,补勘的同时,也对矿石的性质及伴生有益组分的赋存状态和分布规律进行研究,并对其储量进行计算。这样大大提高了白银小铁山矿的使用价值,为回收利用我国当时急缺的稀有稀散元素提供了重要依据。再以后,我们通过对白银铜矿成矿规律的研究,为进一步勘查深部矿体(800米以上)和寻找周边矿体提供了有力根据。

1980年到1985年,我主要进行钼矿研究,由我负责完成"六五"国家重点科技项目下属"陕西小秦岭钼矿重要类型及成矿规律、找矿方向的研究"课题,及"陕西金堆城—黄龙铺成矿特征的研究"专题

西北有色地质研究院正门

黄建军先生在洛南葫芦沟进行矿产地质勘查工作

黄建军先生年轻时在野外工作时的照片

报告，做了差不多有五年吧。搞钼矿也是根据国家的需要。当时，冶金部下了一个任务，要搞钼矿的战略研究。我亲自带着研究小组对陕西小秦岭的钼矿成因类型和赋存规律进行研究。我们先到金堆城，因为它是已知较大的钼矿，并对黄龙铺和小秦岭成矿带进行研究。从金堆城到黄龙铺，到黑山，一直到河南边界夜昌坪，进行了详细的实地调查和勘测。其中，有好几个金铜钼矿点，我们都做过工作。当然，重点工作主要是查明陕西小秦岭钼矿类型的重要类型和分布规律，通过掌握规律，进一步提出找矿方向或成矿预测，为以后进一步的地质勘查提供有力的依据。

钼矿是我们国家在有色金属方面的长项，在国际上卖价很高，选出来的钼精矿主要用于两个方面：一方面用来满足自己的工业需求。实际上，当时金堆城一个矿就能满足整个中国的工业需求，它的储量很大，当时年产量有1万多吨或2万多吨；另一方面，就是出口赚外汇，当时钼矿的出口价格很高，比如，钼精矿要求钼矿的原矿品位是0.03%，0.1%就算是富矿，如果选到45%，一吨就是9万或10万，那个时候外汇很少，不像现在我们是美国的最大债权国了，有了外汇可以买一些工业急需的先进设备。

1986年到2000年，我主要在小秦岭、河南南阳浦塘、青海、陕西、双王、马鞍桥、汉中煎茶岭等地从事金矿勘探工作。这中间，我也搞过一些铅、锌、铁矿研究，但主要还是在小秦岭搞金矿研究。1986—1990年，我负责完成了"七五"国家科技攻关项目"陕西小秦岭地质主要金矿类型、成矿规律、控矿条件及成矿预测"研究课题等。在"八五"期间，我负责完成了国家重点黄金科技攻关项目"陕西小秦岭金矿大比例尺成矿预测研究"专题的研究工作，并获得部级科技进步二等奖。20世纪80至90年代，小秦岭在全国是除山东以外的第二大产金基地。

它的特点是储量大、矿点多，从陕西跟河南的交界处向西，从东

黄建军先生工作中

黄建军先生获得的各种荣誉证书

桐峪、善车峪、麻峪、蒿岔峪、潼峪、浦峪（所谓峪就是一条大沟），每个峪几乎都有矿。我们主要就是查明金的成矿规律，发现与金矿有关的重要信息，认为哪个地方好，进一步进行物化探勘查和遥感影像的分析，发现价值的异常，去现场检查异常，看它到底是否与成矿有关的异常。通过这些系统调查，有目的地工作，为进一步的地质勘查提供重要依据。

"九五"期间，我和桂林有色地质研究院共同负责完成国家科技攻关项目"紧缺矿产资源快速勘查评价的新方法、新技术研究"下设专题"重要类型金矿床体快速定位预测的综合示范研究"，及"中国西部若干重要类型铜银金矿床模型与定位预测"的研究。我们承担的课题和专题不仅完成了原设计的要求，而且获得了生产部门的认可及肯定。在我负责和承担的不同地区不同矿种的科研项目中，先后获得国家科委、省、部总公司颁发的科技进步奖、科技成果奖等9项。发表论文30多篇，专著3本。

2000年我退休后，我们原来的上级单位，有色地质调查中心把我返聘回北京，在那边又工作了7年。在这期间，我除了进行成矿预测、找矿靶区的优选的工作外，还负责完成了"内蒙古大兴安岭中北段成矿环境、找矿方向及勘查技术方法研究"课题，并获得中国有色金属工业科学技术二等奖。

二

我国是金属矿产种类和产量比较丰富的国家。金属矿产根据它的工业用途和共生现象，一般可以分为四类：一是黑色金属（本身带有偏黑的颜色，从地质上讲，这些矿床有时候能互相共生。比如，铬铁矿，就是铁里面有铬；锰铁矿就是铁和锰在一起），主要指铁、锰、铬、钒、钛。把钒、钛也放在黑色金属中，是因为钒、钛经常和铁在一起共生。比如说，磁铁矿是铁矿中的一种矿物，含有磁性，它经常和钒、钛在一块儿，形成钒钛磁铁矿。像我国的四川攀枝花、陕西汉中的毕几沟，都是规模比较大的钒钛磁铁矿。当然，独立的钛矿（陕西安康就有金红石矿）、钒矿（陕西省山阳县钒矿）也有。锰矿的话，可以形成独立矿床，也可以和铁在一块儿形成铁锰矿。铁、锰、钒、钛、铬，总的来讲叫黑色金属。

二是有色金属，一般带有颜色，主要指铜、铅、锌，镍、钴、钨、锡、钼、铋、铝等。它的分类主要是根据共生现象。比如，铜铅锌、钨锡钼铋，根据其矿石矿物的组合，它们经常在一块发生共生现象。还有镍里面经常有铜，铜镍矿经常在一起共生。再如，陕西山阳的公馆汞矿，它有银也有汞，汞和银经常在一起。而铝属轻金属就比较单独，一般来讲，它不跟什么发生共生。所以这个没有严格的分类。

三是贵金属，分在金属矿产里面，有金、银、铂、钯、锇、铱、钌、铑等。

四是放射性金属矿，比如，铀、钍、镭等。

第五种是稀有、稀土和分散金属。稀有金属就是一般我们比较少见，比如，铌、铍、锆、铯、铷、锶等，地壳里面分布很少，很稀有。比如说铯，它形成天青石，就是铯的矿物原料。我记得陕西黄龙铺就有这种矿，它比较少见到。

还有就是稀土金属，包括化学周期表里面原子序数为39和57到71共16个元素，稀土金属又分为轻稀土、重稀土、分散金属。轻稀土指的就是前面那几个，镧、铈、镨、钕、钷等，包括人造元素钐、铕。重稀土元素包括钇、钆、铽、镝、铒、铥、镱、镥等。分散金属指锗、镓、铟、铊、镉、硒、碲等。这些元素分散在那些主金属元素里面，不能形成独立的矿床。比如说，硒、碲经常含在黄铜矿、黄铁矿中，如甘肃白银的火山岩矿床里面含硒、碲较高，可为工业利用。

镍黄铁矿

锂云母

十字石

陕西八方山毒砂

而有色金属作为金属中的重要一类,其在我国矿产中所占比例多少,开采量如何,是一个值得关注的问题。

如果简单从种类来讲,有色金属当然是占的比重比较大。但如果是从开采量或者是应用来讲,那铁的应用是最广泛的,有色金属就比较一般了。当然这个标准随着我们生产技术的提高和工业利用的程度而有所变化,这和国际市场上的价格变化也有关系。比如钼的话,它是工业品,可以够得上工业开采价值的是 0.03,0.1 就是富矿,0.03

就是开采品位，意思就是够得上开采了。

所以，这个问题要看从哪个角度来讲。也就是说，所谓的比例是指在工业运用上占的比例还是矿产本身的数量。比如铁矿，俄罗斯很多，如库尔斯克铁矿，一个都上千亿吨，像我们国家鞍本铁矿，鞍山到本溪的铁矿，是我们全国最大的铁矿，其总储量现在合起来可能不到 1000 亿吨，可能有几百亿吨，所以我们国家每年大量进口铁矿石。因此从对资源需求的角度来讲，铁矿的应用很广泛，需要量很大，所占的比例当然就很高了，但如果就其自身储量而言，占到的比例就不算高了。再比如说，同为 10 万吨的矿，是钼矿的话，那就是大型矿床，但如果是铁矿的话，就是小矿了。不能简单地说哪个占的比例大，哪个占的比例小，要从不同的标准去探讨。

但每一种矿产资源在世界上的分布是很不均匀的。比如，南非的金矿，一个矿床就 3 万吨，我们国家现有的金矿总的储量大概也就是 2000 到 3000 吨。再如石油，在中东地区、俄罗斯特别集中，但是，在中国，相对来讲还是比较贫乏的。1976 年，我参加冶金部组织的地质调查学习组，当时，鞍山产的钢铁是 400 万吨，占全国钢铁产量的 1/4，全国钢铁产量也就 1500 万吨左右。但现在，美国、日本合起来的钢产量也没有中国多，从改革开放以来，我国金属矿产的发展真是突飞猛进，当然显得许多金属资源十分紧缺，需要大量进口。这几年发展的快得很。

有色金属是我们国家的长项，但大量地普遍使用的一些资源，像铜、铁、铅、锌、锰、铬反而比较紧缺，因为它们都是常用的，需求量很大。而钨、锡、钼、铋，像云南个旧锡矿及我们国家的钨矿、钼矿、稀土等，这些都是储量比较大的，可以满足国内需要，还可以大量出口。但也由于无序竞争，显得比较混乱，造成一些具有战略意义的资源流失。

在地理上，我国的有色金属在分布上是很不均匀的。当然，它有

浸染状自然金

铬铁矿

潼关金矿

方铅矿

黄铜矿

一定的成矿规律，像我们中国或者世界成矿带的分布，这个都有图，但也只是很粗略的分带。比如，我们国家的钼矿就分了几个带：一个是东北黑龙江到内蒙古，有一个北东向矿带与境外的俄罗斯、蒙古同为一个大的钼矿带；在华北，就在河北省、内蒙古南面，也有一个近东西向分布的钼矿带；还有小秦岭钼矿带，从陕西到河南呈北西向分布的钼矿带，金堆城钼矿也包括在里面，是一个很大的钼矿带。成矿区带的划分一般首先把地质分成构造单元，比如，《全国成矿区带及其大地构造带的划分》这个图，实际上，已经把我们国家的矿产分成几个成矿区带了，然后按板块原理、构造的概念划分出很多区块，再进一步根据板块构造划分成较小的成矿区带等。工作中划分的就更细了。像我刚说到的成矿区带划分，首先按所处的构造条件划分成几个成矿域，再进一步分成一级、二级、三级成矿区带，像钼矿，因为很多元素经常共生在一块儿，或者是一个带里面包括好多种矿种，通过人们多年的研究以后，已经对成矿区带划分得比较仔细了。再如，陕西小秦岭，它还要进一步划分的，那就是在我们工作过程当中划分成很多找矿范围更小的成矿的区段、区块。

  全国有很多地质部门和行业侧重某几种矿的寻找，许多专业地质队都在找矿。那么如何找？首先要看是什么矿种。不同的矿种采用不同的手段。比如，石油，石油一般地表没有，除非像甘肃玉门老君庙，它的那个石油顺着一定的断裂构造，地下有裂隙，直接就渗出来了，渗出来在地表形成一种像糨糊一样的东西。以前人们赶马车时，就会涂上这些东西，相当于给车轮子上抹润滑油，上油以后摩擦力就小了。也就是说，那个时候还有地表石油，而现在地表石油几乎没有。大部分石油都深埋在几百米、几千米的地下，要用现在的手段，比如，重力方法、地震方法、电磁波方法等去找。再比如铜矿，找铜矿的话，你用磁法效果就不行，除非是磁铁矿共生的铜铁矿床，铜矿是金属矿产，而且是一固体矿产，它不像石油是液体矿产，而固体矿产像铜矿几乎没有形成很单一的纯净的铜矿。与铜有关的矿物分散在岩石中，当达到工业上可以利用的品位时，就是人们常说的铜矿石。现在一般来讲，搞地质的，首先在地表看这个地方有没有形成铜矿的地质条件和地质环境，不一定是直接找铜，可以通过其他有关的间接信息去找。就好像我家的鸡丢了以后，我找鸡，可以通过鸡粪或鸡毛来找，道理是一样的。那么首先从地表确定，你这个地方有没有成矿条件和与成矿有关的构造、蚀变、矿化等找矿信息，根据这些信息进一步确定找矿方法和勘查手段。又如金刚石矿，用电法就不行，它本身就不是电的良导体，岩石中分布得很少，而且很分散、很稀少。关于金矿，现在大量普遍使用的方法就是去野外调查，根据成矿环境看有没有成矿地质条件，有没有成矿信息，完了以后才敢说可能有金矿，然后进一步用化探、物探等方法进行深入勘查。

其次，同一矿种还要根据不同的类型，不同的类型里面还要根据成矿条件、地质构造条件进一步划分。矿床类型一般有工业类型、成因类型两种划分方法，一个是从工业利用来讲，另一个就是从它的成因也就是怎样形成来划分的。就好比人的个子一样，我要想找高个子，肯定得去欧洲，欧洲人一般个子都高，亚洲人个子就比较低，这个我们叫抓类型。但对于一个空白区来讲，比如说西藏，以前人也没有去过，在那儿找什么矿的话，那就需要识别。根据周围的地质环境、地质条件，确定它可以形成什么类型的什么矿种，有了这个类型，就有了找到的方向，哪一种类型可以找到比较大的矿。是通过实践经验已经证明了的。到野外去判断一个矿的类型，不是说一看就能看出来了，有些容易，有些甚至于到了把矿开完了还有争议，还没有把类型确定下来。因为它有时候就像人有病一样，有时候像感冒，有时候又像其他的病，最后可能病都治好了，还不知道到底是什么原因引起的。地质是个很复杂的东西，一方面，地球的形成过程经历了很长时间，产生了多次构造运动和挤压变质等因素，成矿是一个极为复杂的过程；另一方面，在成矿前、成矿中和成矿后受许多地质因素的影响，像断裂、褶曲、岩浆运动、碰撞等。比如，加拿大的肖特贝镍矿，旧看法一般就认为，是跟基性岩有关的铜镍矿床，但后来有一些学者认为，加拿大的肖特贝属于外星体撞在地球上形成的，含有很高的镍和铜，所以成因这个说法，也不是说一成不变的，地质找矿工作是很复杂的。

刚开始的时候，我们找矿除了专业手段以外，偶然地发现矿产资源，也是一种比较常见的找矿手段，不过随着人类文明的进步，科学技术的发展，偶然性找矿的概率越来越小。所谓偶然性，首先你得看见地表有矿，看不见的话当然就不用谈了。古人也开采矿，也有一套找矿的经验，那时开采的量有限，不像现在，光陕西省开采的矿大大小小就有几千个。比如，小秦岭金矿，原来早就知道，明朝不允许开采，说是一条龙脉，动不得，但后来近100多年一直在开采。这个偶然性，在以前的话可能性还比较大，随着现在地表矿找完了，偶然性就很小了。一般来讲，漏矿也有，不是没有，而是在地下，是盲矿，看不见，但是如果配合一些现代的技术和手段，比如，化探、物探，一般来讲，不是离地表太深的矿床，也都是可以发现的，所以偶然性就越来越小。

偶然性从概率来讲，是一种偶然的。现在这种概率也有，不是说绝对没有，包括两个方面，一个方面这个矿人不认识，比如说，同是一种铜矿，但人不认识。湖南有个香花石，这种矿看表面的话，就是形成的一定结晶状态的石头，但其实香花石里面有很多稀有元素，这个东西虽然在地表放着，但别人不认识，找的话首先就得目测，要先认出来，然后再化验、分析，确定是否是工业可利用的矿。另一方面，就是有一些矿石、岩石经过风化、剥蚀以后，流到山坡、河沟，这个河沟、河床干枯以后形成人们的耕地，农民在翻地时就会偶然发现。比如，山东桃林发现一颗很大的金刚石矿，是我们国家最大的桃林钻石，而这个钻石就是农民在地里翻地的时候偶然发现的。所以，总的来讲，偶然性因素也有，但很少，从统计学角度来讲的话，它的概率会越来越小。

三

新中国成立之初，中国有色金属工业的发展，和现在大不一样，其中一些金属矿产地的发现，就有一些偶然因素。

我考上西北大学地质系是1958年，我们国家在1958年大炼钢铁，从整体工业来讲的话，底子薄，还是比较落后的。我感觉还是得感谢苏联，新中国刚成立时，对我们国家的帮助是很大的，到现在咱们国家好多的重工业，像洛阳的拖拉机制造厂、兰州的炼油厂、石油机械厂及化工厂，都是苏联专家帮助咱们搞的。1958年炼的钢铁产量1000多万吨，很缺，要大量进口，于是发动群众上山，群众报矿，那时候找矿有比较大的偶然性。群众对当地的水土比较了解，有些石头他们看着很奇怪，很特殊，就来报矿，地质人员就去配合着找。

新中国成立前我们国家的有色金属，好多都是被资本主义国家进行掠夺式开采。比如说，云南锡矿，是法国人开的；江西钨矿，是英国人开采的，这些矿都是比较大的，有些现在还在开采。

新中国成立以后，随着工业的发展，矿产资源十分紧缺，加之那时候地质人员也少，可能才100多个，我们就需要自己培养人才。1958年开始筹建北京地质学院，后来有所谓十大地质院校，比如，西安地质学院、长春地质学院、核工业部自己的地质学院、矿业学院等，矿业学院里面也有地质系，比如西安矿业学院就有。我是1962年从西大毕业的，正是我国经历了三年经济困难时期，后来按"调整、巩固、充实、提高"的方针，经济很快得到恢复和发展。随着我国经济发展及国家工业需求的增长，我们国家的地质工作有了很大的进步。

随之，有色金属行业也开始组建。刚开始我们国家的有色金属是很落后的，有些矿，比如，汞矿、锑矿、钨锡矿，开采后主要都是原料出口，自己用的不多，后来就发展到不仅仅要开采矿石，还要进行选矿，选了以后，做成精矿后再卖出去。随着工业的发展，尤其改革开放以来，逐渐形成从采矿、冶炼到加工等一套工业体系。我国从原料出口大国发展成工业成品的出口国。比如钨，以前灯泡用的钨丝，产生高温以后它不熔化，所以就会发亮。现在钨金属的应用范围非常广泛，钨钢的硬度高，在钢铁工业里面稍微加一点，就可以应用到比如坦克、枪炮武器等方面。还有我刚讲的稀土元素，就是57至71号的那些元素，是我们国家的长项，这些元素，我们国家内蒙古的白云鄂博就是一个很大的稀土矿产地，我记得我国当时的稀土矿储量占世界70%以上，如果一个国家的某一种，不要说占70%，如果能占世界某矿的20%，那量就相当大了。

现在我们国家有色金属行业发展很快，比如，铜、铅、锌，做成工业产品使用的很多，应用范围很广。尤其我刚说的一些稀有元素、稀土元素，放上一些后，能起到很大的作用。所以很多国家，包括我们国家，有些东西都是保密的，或是专利，增添某些稀有、稀土元素在电子产品或其他工业产品方面，会大大提高产品的性能，延长使用寿命。我们国家稀土出口得很便宜，但人家做成成品反过来卖给我们中国，那价格就很高了。比如稀土矿，除了白云鄂博受国家控制以外，在我国的江西、广东等地，有很多脉型的稀土矿，那里开采的矿量小，开采出来，稍微选矿就卖出去，你争我争，都在无序竞争中降低矿产品价格，相对来讲，卖的价格比铁矿石高得多，但是，从国际市场上来讲，你争我争，结果把自己的价格压得很低。所以，我们国家后来采取限制这些矿产品的出口。

我们国家对于矿产进口，一般采取两种方式，一种是进口矿石，一种是直接进口金属。

一般来讲，近距离的就可以买成矿石，远距离的矿石，为了降低运输成本，一般都要选矿或进行粗加工。如铜精粉，就是经过选矿后，它就不是矿石了，铜的含量高了，回来后就可以冶炼了。国外一般比较希望你在他们那儿建厂，比如，我们现在进口印度尼西亚的镍矿，原本是直接从他那儿采镍矿，就是直接用矿石，这样成本低，但这些国家现在也希望你在他们那儿建厂，而且他们现在不允许直接卖矿石给我们，而是要求我们必须要建选矿厂，要建选矿厂的话，你肯定就要建电厂、要修路、要使用当地劳动力，解决当地的一些就业问题，对于他们国家来讲，是很有益的，但对我们而言，投入的成本相对就高了。

当然，我们进口矿产资源，还必须要有战略考虑。比如，我们在印尼进口镍矿，在那里建厂、发电、投资等，实际上就是帮着他们在搞工业发展。表面上两个国家是双赢的，但我们肯定不希望是这样的关系，因为我们的投入量很大，万一他们的政权稍有变化，那我们的投入马上就收不回来了。基于这个因素，再根据实际距离的远近，我们分情况处理。像铜矿的话，我们国家现在除了大量地从智利、秘鲁、赞比亚进口外，还在近距离的国家如吉尔吉斯斯坦、蒙古、缅甸、老挝、越南等进口。

改革开放以后，我国工业迅猛发展，有色金属使用量相当大，铜、铅、锌、铁所有这些东西在世界上的应用量都超过了美国：一方面，我们国内自己需要量大；另一方面，我们将其加工后出口。所以，随着工业发展和贸易量的增加，我们国家在有色金属这方面也发展得很快。总的来讲，资源也就是原材料的出口应尽量减少，和国外一样，让其形成一种成品或半成品：一方面，提高它本身的价值，另一方面，增强我国的经济实力。

四

有色金属，于中国经济发展而言，有着非常重要的作用，比如，钼矿、铜矿和金矿，等等。

20世纪50年代到70年代的时候，铜矿大部分主要都用于兵器工业，制造弹壳什么的。现在随着人们生活水平的提高，铜被做成很多生活用品，比如，街上卖的铜扣，实际它是铜锌合金。铜不像铁比较容易生锈，另外，它有一定的韧性，不容易断，所以不仅在工业上，民用生活用品也大量使用铜制品。咱们新中国刚成立时铜产品的产量相对还比较多，但随着工业使用量增大以后，现在已经不够用了，所以现在大量进口铜。电解出来铜的含量达到99.95%，就很纯了。1吨电解铜可能5万多块钱。

不同的矿种进口的地方不一样。铜的话，我们国家在智利设立了很多矿业公司，租用或者买断他们的地，然后开采，有些就从别的国家直接进口。主要进口的国家就是智利、秘鲁、赞比亚，赞比亚的铜还是比较多的。其他的比如说原来从菲律宾，还有一些其他地方，也进口铜，现在我们国家铜产品的用量还是很大。

新中国成立前，东北辽宁杨家杖子有钼矿，但开采的规模小，真正的规模性开采还是在新中国成立后。杨家杖子、河北、金堆城是当时全国比较大的钼矿。尤其最近几年，陕西金堆城这一个矿就很大，估计有1000多万吨的开采量，最近几年，东北一些地方也发现一些很大的矿带，所以总的来讲，中国钼矿资源还是比较丰富的。美国、俄罗斯钼矿也比较丰富。

钼的用途很广，钼钢的耐火温度高，过去好多武器都用锰钢，但锰钢有点脆，而钼钢耐高温，还有韧性，硬度也可以，属于战略物资，所以现在钼钢除用作制造武器外，也广泛用于钢管、地铁、催化剂等方面。比如，现在用的枪，以前是单发或者手枪，一二十发最多，现在都是多管而且一分钟发射好多子弹，这样的话枪管就容易发热，发热时间长了就会炸，或者是不能打了，但加入钼钢的话，它韧性好又耐高温，从战争需要来讲，打的时间就长了，当然消灭的敌人就多了。还有一个就是在化工原料方面，钼作为化工原料用处比较大。而且钼是能源金属，就好像是金属里面的能源一样，它可以和很多金属结合形成一种新的合金，这样的话，它可以提高金属的腐蚀性、耐磨性、耐高温的性质，而且可以和很多金属结合，所以叫能源金属。

金以前主要是一种硬通货，其作为一种货币金，纯度是99.99%；另一种是饰品金，一般来讲纯度95%以上就可以了；还有一种工业用的金，一般要纯度是99.99%，用途不一样，对金要求的纯度就会不一样。

现在金矿更多地应用于工业方面，并不再将它作为一种硬通货了。改革开放以后，我们国家把金更多地用在了工业上，像电子工业产品、汽车制造、飞机制造等，都大量应用黄金。金有很强的可塑性和延展性，它耐高温、也导电，铜金属制品有时候还会形成断裂，金制品就不容易断裂。金的韧性要比铜强得多。金矿有很多类型，分布比较广泛，但储量不是很大，我们国家现在黄金的产量是世界第一。我国山东胶东半岛，是我们国家第一大产金基地，估计一年起码产个十几吨不成问题。小秦岭包括河南和陕西，金矿也比较丰富。在四川、甘肃、新疆、云南、贵州和东北的一些地区等地，均有较多的黄金产地。如甘肃有个杨山金矿，现在工业储量已经有300吨，地质资源可能在500吨以上，一般来讲，金矿10吨以上就是大矿。金，我们除了自己冶炼还大量地进口。比如说，饰品金，戴的首饰之类的，大部分是进口过来的，自己生产的金很少用在饰品金方面。比如大的黄金店，国家一年才给上几十公斤的金，但是他们售出的金远远不止这个数量，这是从哪儿来的？都是从别的地方进口的。现在私人冶炼金也可以，不过纯度低一点而已，但有专门提纯的单位，提纯后再加工成金或金币等饰品。

金可以运用于军工制造，比如，美国有一次做航天器，将金打薄到半透明的薄膜一样的，金柔韧度好，不容易断裂，航天器的载重量都是用克来算的，多1克就要多花很多能源才能把它送上去，他们用雾化技术，在整个航天器里面喷了一层金薄膜，然后它的物理性质就会发生变化，本来金有很好的导电导热作用，但不知采用什么技术变薄了以后，结果还起到了绝热作用。航天器在空中飞行产生摩擦以后，温度很高，它可以绝热，这样的话，就可以减少航天器的自重量，自重量减少了，大大提高了航天器的使用价值。

金有很多特殊的性质，所以现在应用比较广泛。金和其他的金属元素一般不形成金属化合物，当然少数情况下也会有，像金锑矿，有几种元素，金和锑或金和银，金和银可以形成化合物，形成银金矿。按比例来讲，金多的话叫银金矿，银多的话叫金银矿，两个可以无限地混合。有时候铜的含金高，但实际上金是以独立状态存在的，并不是分子状态或离子状态。因此，作用于电子工业、汽车制造工业，金既不生锈，又不跟其他元素反应，稳定性很好。现在我们国家可能年产金近300吨，相比于新中国刚成立之初的20吨不到，翻了好多倍，300吨在世界上可能是产金第一大国。我们陕西也是一个金矿大省。

中国虽然是金属大国，但同样也是金属消费大国，所以很多金属都需要从国外进口，外国有一些真正的金属大国。

智利的铜矿（它主要是采矿和选矿，卖矿石，出口原料），从地质储量来讲，它的储量很大，但要真正从工业产品来讲的话，智利就大不如我们国家。赞比亚铜矿也很丰富。

金矿的话，南非、俄罗斯、加拿大、吉尔吉斯斯坦等国的金矿资源都比较丰富。

俄罗斯在世界上确实是个资源大国，它给好多国家输出石油，这几年迅猛发展最重要的因素就是因为石油涨价涨得很厉害，所以俄罗斯也就发财了。俄罗斯的铁矿、铜矿、钼矿，资源储量也十分丰富。在好多资源上，它都说得上是大国。俄罗斯国土辽阔，相对来讲，它占有的资源量也比较大，而且它成矿的地质环境也好。我们国家地质环境对某些矿而言不利于形成大矿。比如湖北大冶、陕西陕南都有铁矿，但都是小矿。几百万吨、几千万吨、一两亿吨，都形不成大型的铁矿床。比如湖北的矽卡岩型铁矿，有些类型的铁矿就容易形成大的沉积变质型大铁矿，而且是富矿。我们国家铁矿储量还算可以，但很多是贫矿，还要进行选矿，如果是富矿的话，就可以直接入高炉，不经过选矿，就可以直接冶炼了。先经过选，完了后再去冶炼，加工的成本就高了。

采贫富矿的指标随市场的变化而变化，不同的金属也不一样。比如国际上最近需要什么矿，这种矿的品位要求相对来讲就会低一些；这一阵大家都不需要了，市场不好，采矿的就采富矿，因为采富矿的成本低；要是市场好的话，就采不太富的矿，采出来和贫矿混合后卖，是一样的。但总体来讲，不同矿种，品位是不一样的，也不可能一样。比如铁矿，对我们国家来讲，45%以上就是富矿，在国外有些国家，就算不上是富矿。

工业要求上，以1976年为例，磁铁矿最低品位要大于55，边界品位50，甚至它的杂质多少都有限制，赤铁矿也一样；高炉富矿，它的品位要求45或40就可以了；褐铁矿，最低品位35就可以了。所以不同的矿石矿物组合的矿石，工业上的利用程度不同、用什么方法去冶炼及品位要求是不一样的。判断一个矿能不能开采，要根据当时工业技术的利用程度和当时当地的交通、水、电、人力及经济条件、生产环境等因素来决定。严格地讲，一个大型的矿床，进行工业开发利用，要对其经济指标进行全面测算。就是我们说的矿石品位达到多少,这个矿可以开采、选矿、冶炼等,要保住成本,而且还应略有富余。这样的话,对这个矿山来讲,它会提出一个指标(以前是由国家核实批准后,允许的开采指标是多少),大概来讲,铜是 0.5,富矿 1% 以上;金矿 3 克/吨,开采品位一般掌握在 5 克/吨,富矿就是 7~8 克/吨以上。

一个大型矿床,贫富矿分布是不均匀的,有富矿也有贫矿,开采时实际上要根据市场来定,这阵市场好,就可以贫富兼采,如果市场不好,主要开富矿。咱们以前说资本主义国家掠夺式开采,就是说它对殖民地的矿只采富矿,很快把那个矿采完,采完以后就只剩下贫矿,这就是掠夺性开采,相当于在很短的时间内把最好的矿拿走了。

五

中国经济的发展,离不开中国金属产业的发展,而中国金属产业的发展,又与地质学家们的努力息息相关。

地质工作者在满足我们国家工业生产需要的过程中发挥了很大的作用,尤其是在 20 世纪五六十年代。我们主要从地质理论上进行研究,研究成矿理论、成矿规律、成矿条件,可以利用这些规律来指导找矿。现在理论找矿要尽量与实际结合。像我在汉中煎茶岭搞过金矿,配合队里找矿,扩大了将近有 10 吨金金属,还是比较具体的,不是说,光进行理论研究就可以了。当时我们研究出了应用"铅同位素"的新技术新方法进行找矿,这种新方法当时在全国都是比较先进的。对已知矿体和预测地段采样,然后进行测试、研究、分析、对比,为进一步对预测靶位进行勘查,可以快速有效、准确地发现新的金矿体。这是一种快速评价预测区找矿的新方法,但费用较高,是应用新技术、新方法在找矿中的新思路,是国家重点科技攻关项目,后来获得了部属科技进步二等奖。

像我们这一批人,基本都是总工程师,负责技术工作。我们的理论基础比较扎实,比如地球化学,这是我们的专业课,在这之前,我们在学校要学普通化学、物理化学、分析化学、胶体化学、晶体化学,最后才学专业课地球化学,前面要学这么多的基础课,所以基础很扎实。我们分配的时候,国家困难时期刚过,需要有人去搞与生产有关的地质勘探,虽然我们学校不是理科大学,我们也不是真正学勘探的,但我们学的基础扎实,很快就可以适应生产性工作,在工作中发挥应有的作用。

具体到我自身来讲,20世纪80年代以后,我从事的基本上都是国家五年计划中的重点。每一个五年计划各个行业,它都有科研项目,像"六五""七五""八五""九五",一直到我退休后去了北京,也是搞东北"十五"计划里的一个国家科研攻关项目,都是比较大的课题。我基本上担任的都是技术负责,获的奖比较多。我知道我们同学有分到西南的、也有分到东北的,或者由于工作调动调到其他省的,也大都是在承担技术负责方面的工作,都在工作中起了很大的作用。

当时分配工作,研究单位只要本科以上学历的人,有的人在这儿不显山露水,但调到一个新的单位,大都能很快发挥重要的技术才能,马上就被重用了,成为单位的技术骨干。

目前,我国有许多金属大企业、大矿产地和地质大省,他们都十分重视矿产地质人才的培养,就全国大的金属企业而言,有云南锡矿、甘肃白银的铜矿、江西的钨矿、广西的铅锌矿和小秦岭金矿等。

具体到陕西的话,潼关金矿是比较大的,还有现在开采的双王、马鞍条,是秦岭南面的金矿带,包括采矿、选矿和冶炼;钼矿有金堆城、黄龙铺、宋家沟等;银矿如柞水的银硐子比较大;汞矿的话,山阳汞矿、公馆汞矿,都比较有规模;还有宝鸡凤县铅锌矿,也是比较大的。就全国范围来讲,陕西是个有色金属的重点省。当时,冶金部组织地质力量的时候分了两种，一部分到冶金系统，一部分到有色金属系统，陕西的大部分力量分到了有色金属系统，因为陕西是有色金属大省。

我们国家有色金属的大省也不少，包括甘肃、陕西、新疆（新疆因为它的稀有金属，像新疆阿尔泰那一带所谓的铍。新疆还有金矿及与金有关的矿，还是比较可以的），还有江西、云南、广西、湖南、辽宁、河南等。

这些矿产资源丰富的地区，都是中国地质人才培养的重要地区，都设有地质人才的培养机构。

六

而西北大学地质系，就是一个培养各方面地质人才的重要机构，西大地质系在中国地质事业发展中有很大的贡献。我是搞矿产的，对矿产方面的事情了解比较清楚，在矿产地质方面认识很多西北大学地质系的人，而对其他方面不太熟悉。我们搞有色金属跟他们搞煤矿啊石油啊不接触，不接触就不知道这里面有哪些是西大地质系毕业的人。1962年，我们从西北大学地质系毕业，毕业生全国各地都有，2000年以前，有时候开会，因为工作关系还有接触，后来退休以后就没有联系了。我当时是我们班年龄最小的一个，跟我同届毕业的大部分都比我大，有些现在已经去世了，有些再也没有联系。原来还知道谁在什么行业，比如，李崇修，我记得他是四川人，原来在云南锡矿工作，现在是否还健在不太清楚了；张国伟，搞大地构造的，原来是张伯声先生的研究生，1961年毕业的，是中科院院士，现在可能还承担一些国家地质研究项目；李春明，他后来分到了陕西有色勘察设计院，搞矿山设计；杨建琨在北京，他也是武警黄金部队的总工程师，后来调到武警黄金部队的总局去了。

总体来讲，我们西北大学地质系毕业的人不是很张扬，比较实诚，干什么事情就是实实在在的，不张扬，工作中有很好的职业操守。比如，有一次我在北京，有个老板想要买个钼矿（说是有3万吨储量），想找个做过钼矿的专家去评估一下，于是就通过我所在的单位找到了我，我就去了。当时，湖北武汉地质大学有位教授也去了，我们一块儿工作。去了后我并没有轻易听信他们的资料介绍，我知道他们都会引导我看最好的露头，我根据钼矿的成矿特点及当地宏观微观的矿化特征到现场去进行考察。看完后，我就谈了谈自己的意见（当时，老板连财务章及合同都带了，准备要买那个钼矿），我说，不要说3万吨，这个矿连1万吨的储量都没有。我问他们，3万吨是怎么算出来的，在对长、宽、品位、埋深、勘查程度等进行全面分析后，我提出连1万吨都没有，湖北那位教授也同意我的意见。老板一听心凉了，最后不买了。想卖掉矿的那个单位里有人是搞评估的，以前开会见过我，认识我，一路上就给我说他们的矿怎么好怎么好，希望我能点头，帮他们说几句好话，好卖掉那个钼矿，说那位老板要是买成了钼矿，3000万，给我1%的回扣，也有30万。但我们是有职业道德的，不能昧着良心，不能因为这个去说不客观的话，不行就是不行。这是我们在学校学习时，学到的最基本的职业道德准则，要实事求是，不能昧着良心，为了蝇头小利说假话。

我上学的那时候，很多老师给我的印象还是很深的，像一些老教授，首先，他们自身业务很精通。比如，张伯声教授，他给我们讲大地构造时，他对整个地球上的，包括大陆地貌、海洋底下，都相当熟悉。他指哪个地方，这地方是海底还是海沟，什么海沟，海深是多少，什么结构，了如指掌，一听就知道人家对自己的业务十分精通，功底很扎实。而且他给我们讲课不像现在的一些老师照本宣科，他根本不看讲义，讲什么课有什么内容，讲得很好。其次，老师们对教学尽职尽责。郁士元教授给我们讲测量学、地质勘查学，当时，他年龄已较大，满头花白，他还带我们到铜川煤矿实习。那时候，老师带我们去实习，就跟我们一块在野外跑，一实习就是几个月，很辛苦，不像后来接触到的有些老师，还是博士啊、教授啊什么的，但他们实践经验少，尤其搞地质，是实践性很强的一门学问，要多跑、多看、多动手，不怕辛苦，这样才能真正做到实践出真知。地质工作，我的体会，它就和大夫看病一样，你如果和病人不接触，积累不到实际经验，你看病的水平估计就不怎么样。比如，我派人到外面帮我看一个矿，不管他记录得多详细，也不及我自己亲自去现场看一看，所以，实践很重要。总的来讲，西北大学那时候学风还是很扎实的。比如说，学古生物，一位叫薛祥煦的女教授给我们代课，古生物有实习课，每个组发下去矿石标本，实习课的报告她都会给我们批改，很认真。当然我们也是认真地在学，不像现在蜻蜓点水一样。所以那时候，我们同学有分到科学院搞古生物、搞地层学研究的，这需要有古生物基础，分去的同学虽然不是那个专业，但原来在学校学得比较扎实，基础打得好，所以很快就能适应新的工作环境。